히말라야, 길을 묻다

이훈구 李勳求 LEE HOON KOO

1991년부터 동아일보 편집국에서 근무하고 있다. 디지털뉴스팀을 거쳐 30여 년 사진부 기자로 일하고 있다. 성균관대학교 상경대 산업심리학과를 졸업하고, 영국 Westminster University 대학원에서 Photographic Journalism(MA, 2004~2005)을 마쳤다.
1997년 한국보도사진전에서 금상, 같은 해 '올해의 저널리즘포토상'(한국언론학회), 2013년 김용택기자상을 수상했다.
2003년 3~4월 이라크 전쟁, 2002 한일 월드컵, 2008 베이징 올림픽을 취재했다.
저서로는 〈디지털 시대, 지식재산이 벤처다〉(공저, 전자신문사, 2000), 역서로는 〈뛰어난 자연사진의 모든 것〉(원저 John Shaw, Nature Photography Field Guide, 청어람미디어, 2008), 사진집 〈히말라야 流浪〉(사진예술사, 2013)이 있다.

히말라야, 길을 묻다

인간적인, 너무나 인간적인 신들의 땅

초 판 1쇄 인쇄 2014년 3월 1일 | **초 판 1쇄 발행** 2014년 3월 10일
개정판 2판 2쇄 인쇄 2025년 11월 05일 | **개정판 2판 2쇄 발행** 2025년 11월 15일
지은이 이훈구 | **발행인** 이성곤 | **편집인** 박홍인
책임편집 워크컴퍼니 편집부 | **교정·교열** 여규병 | **디자인** 워크컴퍼니 디자인팀
마케팅 워크컴퍼니 마케팅팀
펴낸곳 워크컴퍼니 | **주소** 서울특별시 강남구 강남대로132길 25 3-5층
문의 전화 02-534-5054 팩스 02-534-5089 | **이메일** dining01@barndining.com
출판등록 2006년 2월 14일(제2006-000321호)
가격 뒤표지에 있습니다
ISBN 979-11-88155-04-0 03910

히말라야, 길을 묻다

인간적인, 너무나 인간적인 신들의 땅

글·사진 **이훈구**

WALK COMPANY

히말라야 길섶에서 날 반기던 이름 모를 꽃과 풀,

위로와 휴식이 되어 준 개울과 호수,

내 발을 지치게 한 무수한 얼음과 돌멩이들,

시시각각 표변하는 하늘과 구름,

그리고 세찬 눈보라,

밤이면 여지없이 화려하게 피어난 수만 개의 별을

오늘도 그리워하며···

히말라야,
눈과 얼음의 나라에도 사람이 살고 있었네…

기자생활 20여년 만에 6개월이라는 긴 시간 동안 바깥 나들이를 했다. 2011년 8월부터 2012년 1월까지 히말라야 일대를 헤매고 돌아다녔다. 박정헌 대장이 이끄는 패러글라이딩원정대를 동행 취재를하게 된 것이다. 내 깜냥으론 힘든 여정이었다. 거의 매일 사진과 메모를 정리하느라 서너 시간밖에 못 잤다. 산속에서는 발전기를 돌려 가면서 텐트 안에 웅크리고 앉아 컴퓨터 작업을 하곤 했다.

히말라야 산맥은 직선 거리로 무려 2400㎞나 된다. 난 서쪽 끝 파키스탄 카라코람 히말라야에서 인도 히말라야와 네팔을 거쳐 칸첸중가가 있는 인도 시킴까지 카메라를 동무 삼아 발품을 팔았다. 눈과 얼음 구덩이의 땅. 하지만 그곳에도 어김없이 사람이 살고 있었다. 마침 2013년 3~4월엔 다시 파키스탄 고대문명의 발상지들을 둘러볼 기회가 있었다. 나로서는 둘 다 큰 행운이었다. 어쩌면 전생에 히말라야와 무슨 인연이 있었는지도 모른다.

많은 이가 히말라야에서 무엇을 보고 느꼈느냐고 물었다. 한동안 답할 수도 없었고, 달리 표현할 수도 없었다. 보고 배운 게 없어서가 아니라 뭐라 한마디로 긴 여정을 설명하기가 힘들었다. 그러다가 여러분의 도움으로 2013년 1월 서울 인사동에서 사진집 〈히말라야 유랑〉의 출판기념회와 전시회를 열었다. 내 나름대로 6개월 동안의 히말라야 원정을 나의 시각으로 정리하고 싶었던 것이다.

사실 이 지역에 대해서 아직도 우리가 모르는 게 수두룩하다. 심지어 많은 오해가 있기까지 하다. 가령 파키스탄은 매일같이 테러가 일어나는 위험 국가로 알고 있다. 인도는 힌두교인들이 더러운 갠지스 강에서 시신을 태우고 목욕하는 미개한 나라, 네팔은 온통 눈으로만 덮인 추운 나라라고 하는 것 등이 대표적이다.

파키스탄은 카라치, 퀘타, 페샤와르 일부 지역만 빼면 안전하고 평화로운 나라다. 8000m가 넘는 봉우리도 5개(세계 14개)나 되는 경치가 빼어난 나라다. 인도는 힌두교만이 전부가 아니다. 자이나교, 불교, 시크교 등 여러 종교와 인류문명의 발상지다. 물론 나도 코끼리의 다리만 만지고 왔는지도 모른다. 수년 전 출장 지역인 콜카타(캘커타)와 첸나이 등을 다 합쳐도 10분의 1도 채 못 봤을 것이다. 특히 히말라야를 접하고 있는 잠무 카슈미르 지역은 인도 땅이지만 우리가 생각하는 인도와는 매우 달랐다. 네팔은 온통 눈밭으로만 이뤄진 줄 알았는데 평야지대는 무덥고 열대과일들이 즐비했다. TV나 영화에서 7000m, 8000m를 등정하는 고산 산악인들의 모습 주변이 온통 눈밭이라 생긴 고정관념 때문일 것이다.

알면 알수록 인도대륙은 안갯속이었다. 손에 잡힐

듯 잡히지 않았다. 인류문명 발상지 중 하나인 이곳은 왜 오늘날 이렇게 되었을까? 왜 인도와 파키스탄은 분단되었나? 카슈미르 분쟁은 해결기미가 있는 것인가? 네팔 사람들에게 히말라야는 무엇이고 그들의 삶에 어떤 영향을 끼쳤을까?

우리나라는 아직도 히말라야 지역이 멀게만 느껴지는 게 사실이다. 그동안 우리는 미국, 일본, 중국 등 강대국들과의 관계에만 신경을 써 왔다. 현장에서 본 중국의 남방 진출 노력은 집요하고 끈질겼다. 이를 견제하려는 미국과 유럽 국가들의 대응도 냉정하고 치밀했다.

이 책은 히말라야 사람들의 이야기다. 그들의 살아 숨쉬는 '날 것의 삶'을 그대로 드러내 보이고 싶었다. 그들의 역사와 문화를 책상머리가 아닌 현장에서 살펴보고 싶었다. 아울러 복잡다단한 국제정치의 냉혹한 현실도 나름대로 짚어 보고자 했다. 많이 모자랄 것이다. 수박 겉 핥기로 지나친 곳도 있을 것이다. 하지만 어쩔 것인가. 나의 한계가 딱 여기까지인 것을. 그런 부분들은 후일 다른 분들이 채워 주리라고 믿는다. 난 그저 작은 징검다리 역할에 만족한다. 독자 여러분의 많은 양해를 구한다.

많은 분들의 도움이 없었다면 이 책은 결코 세상에 나올 수 없었다. 일일이 다 열거할 수 없지만, 출판을 흔쾌히 허락한 회사와, 작업을 독려하고 격려해 준 모든 선후배 동료들께 영광을 돌린다. 누구보다도 6개월 동안 고락을 함께한 박정헌 대장, 홍필표, 지금은 고인이 된 함영민 대원, KBS 김형운 PD와 김종환, 정하영, 홍성준 촬영감독, 총괄 김민수 대원께 고마움을 전한다.

체력도 정신력도 모자라는 필자의 짐을 들어 준 수많은 파키스탄, 인도, 네팔의 산 친구들, 이방인의 촬영을 수줍게 허락한 많은 히말라야 사람들을 빼놓을 수 없다. 그들은 이 책의 살아 있는 '주인공'들이다.

부족한 원고의 출판을 결정하고, 세 달 동안 밤잠을 설쳐 가며 편집과 디자인을 세밀한 부분까지 마무리하느라 애써 주신 워크컴퍼니 이성곤 대표, 박홍인 편집장 그리고 이번 개정판을 맡은 워크컴퍼니 디자인팀에게 감사를 드린다. 회사일로, 책 작업으로 분주한 필자를 가장 가까이서 묵묵히 지켜봐 준 아내 김선해와 아들 산하에게 고마움을 전한다.

2017년 3월 세종대로 네거리에서

반갑고 기쁘고 참 고맙다

제게 히말라야는 위대한 스승이요, 어머니입니다. 경외의 신 神 입니다. 보잘것없는 저에게 겸손과 지혜를 가르쳐 줬습니다. 또한 히말라야는 한없이 넉넉합니다. 나를 품어 줬고 마침내 온전히 받아 주었습니다. 2012년 1월 팡보체의 휴먼스쿨 행사를 위해 남체에서 고소 적응을 하고 있었습니다. 때 마침 6개월 대장정을 거의 마치고 산에서 내려오는 이훈구 기자와 박정헌 대장 일행을 만났습니다. 다들 얼굴은 검게 그을렸고, 얼굴은 온통 수염으로 뒤덮여 있었습니다. 그날 저녁 우리팀이 가져온 음식과 술은 금세 동이 났습니다. 그래도 전혀 아깝지 않았습니다. 히말라야 2400km를 거칠 것 없이 넘나들었던 젊은이들이 마냥 대견스러웠고 흐뭇했기 때문입니다. 이 기자가 2013년 초 〈히말라야 유랑〉 사진집을 냈을 때, 만사를 제치고 인사동 전시장으로 달려갔던 이유이기도 합니다.

히말라야 2400km는 사실 유랑길이 아닙니다. 고통과 인고의 긴 여정입니다. 추위와 고산증, 외로움의 연속입니다. 산을 따라가는 여정 중에 만나고 느낀 이야기 외에도, 파키스탄 북부 산중의 칼라시족 생활과 풍습, 와가보더의 국기하강식 풍경, 간다라 예술의 역사, 인도 요가의 고향 리시케시의 문화를 시시콜콜 곰살맞게 전한 것도 이 기자만의 독특하고도 따뜻한 시선일 것입니다.

엄홍길 | 산악인 엄홍길

희박한 공기 속에서, 처음으로 접하는 고산증과 싸우면서 사람과 산을 기록하는 일은 지난한 과정입니다. 호흡이 턱까지 차올라 사물을 구별하기조차 힘들고, 자신의 몸마저 가누기도 어렵습니다. 때로는 목에 걸린 카메라가 쇠사슬 같기도 하고, 기록에 대한 사진가의 의지마저 바람처럼 날려 버리는 곳이 히말라야입니다. 히말라야 횡단 180일 동안의 기록은 한 기자의 동행취재기가 아닌 어쩌면 두려움과 고통의 길 위에서 수행자의 시선으로 바라본 '아름다운 인고의 시간'이 아닌가 합니다. 우리는 길이 없는 곳에서 길을 찾으려 했습니다. 그리고 마침내 까마득히 높고 황량한 히말라야 오지의 세상을 문명세계에 드러낼 수 있었습니다.

저는 이 기록물들이 영원히 정지된 스틸 컷으로 세상에 머물러 주길 기원합니다. 이제 길고 긴 오지 여행에서 도시의 화려한 불빛을 그리워하지 않아도 되고, 높은 산정을 바라보면서 뒷걸음쳐 돌아가고 싶은 두려움을 내려놓아도 됩니다. 매일 24시간을 함께한 대원들의 지루한 일상을 지켜보지 않아도 아침은 찾아옵니다. 비로소 당신은 자유입니다.

박정헌 | 산악인·X-히말라야 원정대장 PARK 정헌

'성 castle을 쌓고 사는 자는 망할 것이며, 끊임없이 이동하는 자만이 영원히 살아 남는다'-개방사회를 향한 끊임없는 이동 마인드가 살길임을 강조한 말입니다. 이 책은 단순히 히말라야의 풍경과 그곳 사람들의 생활 모습을 담은 사진 에세이집이 아닙니다. 치열한 삶을 살아온 저자의 삶의 체취가 고스란히 녹아 있는 '히말라야 견문록'입니다. 평소 히말라야를 동경해 온 내게 이 책은 훌륭한 안내서가 될 것으로 확신합니다. 히말라야의 척박한 땅에서 굳건하게 살아가는 사람들의 이야기를 통해, 도시 일상에 지친 제게도 큰 위로가 될 것입니다. '아프니까 청춘'이라며 자신만의 상처에 갇혀 긴 시간을 고민하고 있는 젊은이들에게 꿈과 열정, 도전을 불러일으켜 주기에 부족함이 없습니다. 자, 이 책과 함께 '작은 방의 새장' 같은 답답한 일상을 벗어나 장엄한 히말라야를 향하여 떠나 봅시다.

이석연 | 변호사·전 법제처장 이석연

몇 년 전 히말라야에 발을 디뎠습니다. 이렇게 높고 거대한 땅이 있다는 걸, 처음 온몸으로 느꼈습니다. 탄성과 함께 고개가 절로 숙여졌습니다. 거대한 자연은 우리 하찮은 인간에게 계속 '겸손'해지라고 다그치는 듯했습니다. 히말라야는 도전과 성취, 기쁨의 땅이기도 하지만, 좌절과 실패, 슬픔으로 가득한 한 恨 많은 땅이기도 합니다. 무정하고 야속한 땅이기도 합니다. 박영석 대장이 안나푸르나의 설산에서 세상과 이별한 후, 히말라야를 다시 찾았습니다. 차디찬 고산 허공을 향해 천상병 시인의 '귀천 歸天'을 목 놓아 노래했습니다. 설산과 함께 스러진 영혼들에게 내가 할 수 있는 유일한 추도곡이었습니다. 6개월의 소중한 기록들이 회색빛 도시에서 살아가는 우리들에게 작은 위안을 주고, '나' 아닌 '타인'을 존재를 돌아보는 겸허함을 안겨 주길 희망합니다.

장사익 | 음악인 장사익

이훈구 기자 하면 떠오르는 게 밝은 웃음입니다. 자연과 사람들의 조화로운 생활, 인간에 대한 애정, 배려가 이 원고에도 고스란히 묻어 있습니다. 저녁 햇살의 힘을 받아 붉음을 잔뜩 품은 거대한 산봉우리와 그 빛 아래 그늘에 묻혀, 묵묵히 숨어 있는 검은 톤의 땅들은, 우리네 삶과 닮았다는 느낌입니다. 상반된 세계는 조화를 이룰 때 그 아름다움이 더하고 질서가 유지됩니다. 설산의 별들은 많은 이에게 미래의 꿈을 꾸게 하고, 히말라야 사람들의 얼굴과 일상 모습을 통해 삶의 경건함을 되새겨 봅니다. 히말라야라는 단어를 들을 때마다, 히말라야를 내 곁 가까이에 옮겨 놓은 이 기자를 떠올립니다.

정희선 | 성균관대 석좌교수·전 국립과학수사연구원장 정희선

목차

chapter 1

파키스탄 히말라야
The Pakistan Himalayas

chapter 2
인도 히말라야
The Indian Himalayas

chapter 3

네팔 히말라야

The Nepal Himalayas

척박하지만 그림처럼 예쁜 도시 북파키스탄 치트랄의 시장 어귀. 노인과 아이는 무슨 이야기를 나누는걸까? 삶은 짧은 여행이고 우리네 여행은 호기심으로 가득하다.

파키스탄의 수도 이슬라마바드 마르갈라 언덕에서 만난 저녁 노을.
세상 모든 사람들의 삶도 저 색깔처럼 황홀해졌으면…….

히말라야 다녀온 길
파키스탄 → 인도 → 네팔

로마자 지명은 해당 지역에서 쓰는 표기법이 제각기 다른 경우가 많습니다. 이 책에서는 지명을 국립국어원의 외래어표기법을 기준으로 표기했으나 외래어표기법이 명확하지 않은 지명 일부는 현지 표기법을 따랐습니다.

히말라야 14좌

파키스탄과 인도, 네팔을 비롯해 부탄, 중국, 티베트까지 이어진 세계 최대 산맥이다. '자이언트'라고도 불리는 8000m 이상의 14개 고봉을 가리켜 히말라야 14좌라고 한다.

• **1좌 에베레스트** Everest, 8848m 히말라야 산맥의 최고봉이자 지구에서 가장 높은 산. 네팔과 중국 티베트에 걸쳐 있다. 네팔어로는 '사가르마타', 티베트어로는 '초모랑마'라고 불린다.

• **2좌 K2** Karakoram2, 8611m 카라코람 산맥의 중앙부에 있는 제2봉. 에베레스트에 이은 세계에서 두번 째로 높은 고봉이며, 카라코람에서 두 번째로 탐사한 산이어서 K2라 불린다.

• **3좌 칸첸중가** Khangchendzonga, 8586m 네팔과 인도에 걸쳐있다. 다섯 개의 봉우리로 이루어져 있으며 그중 3개가 8000m를 넘는다.

• **4좌 로체** Lhotse, 8516m '남쪽의 산'이라는 뜻으로 에베레스트의 남쪽 봉우리를 의미한다. 네팔과 중국에 걸쳐 있으며 1956년 라이스가 이끄는 스위스팀이 첫 등반에 성공했다.

• **5좌 마칼루** Makalu, 8463m 에베레스트에서 동쪽으로 22km 지점. 네팔과 중국에 걸쳐 있다. 네 개의 날카로운 능선이 발달해 마치 피라미드처럼 보인다.

• **6좌 초오유** Cho Oyu, 8201m 에베레스트 산 서북쪽 28km 떨어진 곳에 위치. 티베트어로 '터키석의 여신'을 뜻한다. 1992년 한국 초오유원정대의 대원 3명이 등정에 성공했으며, 2007년에 오은선 씨가 국내 여성 산악인 최초로 등정에 성공했다.

• **7좌 다울라기리** Dhaulagiri, 8167m 산스크리트어로 '흰 산'을 뜻한다. 안나푸르나 제1봉의 서북쪽 약 35km 지점에 위치. 1960년 스위스의 M. 아이젤린이 이끄는 등반대가 첫 등정했다.

• **8좌 마나슬루** Manaslu, 8163m 안나푸르나 봉에서 동쪽으로 64km 떨어져 있다. 빙하로 가득한 계곡이 특히 많다. 산스크리트어 로 '영혼의 산'이라는 뜻. 1956년 일본이 첫 정상 정복에 성공했다.

• **9좌 낭가파르바트** Nanga Parbat, 8126m 히말라야 산맥 서쪽 끝에 있는 산으로 지형이 험해 등반 사고가 많다. 최초로 등산을 시도한 것은 영국의 머메리였으나 눈사태로 조난당했고, 1953년 독일·오스트리아 연합 등반대의 헤르만이 첫 등정에 성공했다.

• **10좌 안나푸르나** Annapurna, 8091m 네팔의 중앙에 위치. 산스크리트어로 '수확과 풍요의 여신'이라는 뜻이다. 1950년 프랑스 에르조그 등반대가 제1봉에 처음 등정에 성공해 세계 최초로 8000m급을 정복했다. 제2차 세계대전 후 히말라야 등반의 붐을 일으킨 산이다.

• **11좌 가셔브룸 I** Gasherbrum I, 8068m 가셔브룸은 티베트 방언으로 '빛나는 벽'이란 뜻. 가셔브룸 제1봉으로 도착할 때까지 빙하가 보이지 않아 '감춰진 봉우리 hidden peak'라고 불린다.

• **12좌 브로드피크** Broad Peak, 8047m 2좌인 K2로부터 불과 8km 떨어진 곳에 있어 처음에는 K3로 불렸다. '폭이 넓은 봉'이라는 뜻.

• **13좌 가셔브룸 II** Gasherbrum II, 8035m 일명 K4로 불린다. 중국 신장 웨이우얼자치구와 파키스탄의 경계인 가셔브룸 1봉의 서북쪽 5.5km에 위치한다. '빛나는 벽'이라는 뜻이다.

• **14좌 시샤팡마** Shishapangma, 8027m 유일하게 중국 티베트에 위치한 고봉으로 14좌 중에서는 가장 낮다. 중국 국경 안에 있어 14좌 중 가장 늦은 1964년 중국 원정대에 의해 처음 등정됐다. 시샤팡마는 티베트어로 '날씨 변화가 극심한 산'이라는 뜻.

파키스탄 히말라야는 카라코람 히말라야와 낭가파르바트가 있는 히말라야를 합쳐 부르는 이름이다. '카라'는 검정을, '코람'은 바위를 뜻하는데, 그만큼 인도와 네팔에 비해 산세가 험하고 거칠다.

파키스탄 히말라야
The Pakistan Himalayas

파키스탄 히말라야

The Pakistan Himalayas

곤도고로라에 올라가기 전 만난 설산과 빙하. 흰 눈밭과 고산식물들이 어우러져 있다.

파키스탄 북부지방 사람들은 대체로 보수적이다. 여인들의 활동은 매우 제한적이다. 외출할 때 얼굴을 가리는 건 당연하다.

여정의 시작,
파키스탄 히말라야

나라명 파키스탄 이슬람공화국 | **면적** 796,095㎢(한반도의 3.5배, 남한의 약 8배) | **인구** 1억9000만 명(2012년 7월 기준) | **수도** 이슬라마바드 | **종교** 이슬람교(96%), 힌두교, 시크교, 조로아스터교 등(4%) | **GDP** 2334억 달러 | **환율** 1PKR(파키스탄 루피)=11.1원 1USD=104.6 파키스탄 루피(2016년 5월 기준) | **언어** 우르두어, 펀자브어, 영어, 기타 언어 다수 | **정부 형태** 내각책임제

'순수한 땅'이란 뜻의 이슬람 국가 파키스탄. 하지만 실상 파키스탄은 세계에서 몇 안 되는 핵 보유국이기도 하다. TV에서 보아 온 파키스탄은 자살 폭탄 테러가 끊이지 않는 위험한 나라다. 실제로 카라치 Karachi, 퀘타 Quetta, 페샤와르 Peshawar 등 대도시와 분쟁 지역에서 자살 폭탄 테러가 끊이지 않는다. 예전에는 꽤 많은 여행자가 파키스탄을 찾았지만, 미국의 9·11테러 이후 그 발길이 줄어들어 현재는 '고립 국가'가 됐다. 실제로 접한 파키스탄은 몇몇 지역을 제외하고는 매우 평화로웠다. 산중 마을에서는 외국인이기에 더욱 환대를 받기도 했다. TV나 신문에 비친 파키스탄의 모습과는 다른 숨은 매력을 볼 수 있었다.

파키스탄의 자연은 꽤나 험난하다. 특히 이번 여정의 대부분을 차지한 북파키스탄에는 세계에서 가장 큰 산맥인 히말라야, 카라코람 Karakoram, 힌두쿠시 Hindukush가 몰려 있다. 해발 8000m 이상인 히말라야 14좌 중 5개(K2, 낭가파르바트 Nanga Parbat, 브로드피크 Broad Peak, 가셔브룸 Gasherbrum Ⅰ, Ⅱ)가 이곳에 있다. 7000m 이상 되는 산만 해도 무려 137개에 이른다. 하지만 남쪽에는 너른 펀자브 Punjab 평야도 자리한다. 평야의 풍요로움은 파키스탄 국민을 살찌우는 원동력이다. 험난한 지형 속에 너른 평야가 있듯이 정치·경제는 현재 불안정해 보이지만 많은 인구와 풍부한 자원이 있어 이 나라의 미래는 결코 암울하지 않다.

'순수의 땅' 파키스탄, 미완의 도시 이슬라마바드

2011년 8월, 파키스탄의 수도 이슬라마바드 Islamabad의 국제공항인 베나지르 부토 공항에 도착했다. 고 故 베나지르 부토[1] 여사의 이름을 딴 공항의 시설은 매우 낡았고, 공항 곳곳에서 총을 든 군인들을 볼 수 있었다. 검문검색이 심하겠다는 우려 때문에 입국 심사대로 향하는 발걸음에 절로 힘이 들어갔다.

사실 인천국제공항에서 파키스탄행 비행기에 탑승할 때부터 내심 긴장했었다. 도착하기 몇 달 전 알카에다의 오사마 빈 라덴 Osama Bin Laden이 미군 특수부대에 의해 사살됐는데, 그 현장이 부토 공항에서 승용차로 불과 한 시간 거리밖에 되지 않는다. 무사히 입국 심사대를 빠져나온 순간에도 긴장감은 쉽게 풀어지지 않았다. 심사는 생각보다 쉽게 진행되었다. 공항 로비로 나서니 많은 사람이 호기심 가득한 눈으로 나를 바라본다. 옷도, 피부색도 다른 이방인이 신기한가 보다. 몇 명이 짐을 들어 주겠다며 득달같이 달려들었지만, 모두 거절하고 짐을 챙겨 숙소인 이슬라마바드 호텔로 향했다. 비행의 피로부터 풀어야겠다는 생각뿐이었다.

8월 14일 그들의 축제, 독립기념일

다음 날 아침, 호텔 앞마당이 웅성거렸다. 호텔 직원들은 물론 호텔 밖 시민들의 발길도 분주해 보였다. 8월 14일, 한국보다 하루 빠른 파키스탄의 독립기념일이기 때문이다. 예전 파키스탄은 지금의 인도, 방글라데시와 함께 인도제국이란 이름으로 영국의 지배를 받았다. 제2차 세계대전이 끝나고 영국이 인도제국의 독립을 허용하고 권력을 이양하기로 한 시점에서 힌두교와 이슬람 간의 갈등이 심화되었고, 이에 이슬람 교도들은 피카스탄이란 이름으로 인도보다 하루 빠른 1947년 8월 14일에 독립선언을 했다. 파키스탄은 이후 서파키스탄과 동파키스탄으로 구분되었다. 서파키스탄이 현재의 파키스탄이고, 동파키스탄은 방글라데

1) **베나지르 부토**
Benazir Bhutto
1953-2007
이슬람 국가 최초의 여성 지도자. 아버지 줄피카르 부토가 총리로 재직하다가 군사 쿠데타로 실각하자, 민주화 운동에 투신했으며, 1988년 총리에 취임했다. 2007년 12월 선거 유세 도중 피살됐다.

샤파이살 모스크, 파키스탄 최대의 이슬람 사원이다. 사우디아라비아의 파이살 왕이 선물했다.

이슬라마바드에 도착한 날 밤, 한낮의 더위를 식히는 여름비가 내렸다. 앞으로 있을 쉽지않은 여정을 예고하듯, 두꺼운 구름뒤에서 연신 천둥번개가 내리쳤다.

'순수의 땅' 파키스탄,
미완의 도시 이슬라마바드

시다. 동서 파키스탄의 갈등이 심화되면서 동파키스탄이 인도를 등에 업고 방글라데시로 1971년 독립했다. 그래서 오늘날까지도 방글라데시에서 인도의 영향력은 강력하다.

파키스탄은 지정학적으로 매우 복잡한 곳이다. 중국, 인도, 아프가니스탄, 타지키스탄, 이란 등과 국경을 마주하고 있는데, 얼마 전 아프가니스탄에 미국과 유럽연합의 군대가 주둔하면서 파키스탄에도 미국 등 서방 국가의 영향력이 만만치 않게 작용하게 되었다. 여기에 중국까지 가세했다. 중국은 막대한 경제력을 동원해 남방 진출에 공을 들이고 있는데, 그 실례가 파키스탄 북부 카라코람 산맥을 관통해 중국으로 연결되는 '카라코람 하이웨이 Karakoram Highway, KKH' 건설이다.

많은 국가의 각축에도 파키스탄은 꿋꿋하게 정체성을 지키고 있다. 그 저력은 뭘까. 파키스탄은 영리하다. 미국과는 전통 우방으로서의 지위를 확보하고, 중국과의 관계도 돈독히 유지한다. 2011년 9월 27일 자 파키스탄 유력 신문들의 1면 톱기사는 이를 단적으로 잘 보여 준다. 모든 신문이 하나같이 중국 부총리의 파키스탄 방문을 다루는데, 당시 파키스탄의 길라니 Gilani 총리와 중국 부총리의 화기애애한 회담 내용이 주를 이룬다.

그들이 게재한 기사에 따르면 중국 부총리는 "중국은 언제 어디서든 파키스탄의 주권과 독립, 영토에 대해 확고한 지지를 보낸다. 당신의 친구가 나의 친구고 당신의 적은 나의 적이다. 그리고 당신의 안보가 곧 나

유서 깊은 바리 이맘 사원은 작고 수수하지만 순례자들로 북적인다.

의 안보다."라고 말했다. 이에 길라니 총리는 "중국과의 우정은 산보다 높고 바다보다 깊으며 무쇠보다 단단하고 꿀보다 달다."라고 화답했다.

한편 양국은 앞으로 고위급 군사 회담도 열 것이며 정보기술(IT), 무역, 문화, 국방 등 전 분야에 걸쳐 교류를 확대할 것을 약속했다. 양국의 성명에서 그 진득한 돈독함이 엿보인다. 주변 강대국들 사이에서, 파키스탄의 줄타기가 얼마나 대단한지 새삼 느끼게 되는 대목이다.

이슬라마바드 사원 순례와 마르갈라 언덕

들뜬 호텔의 분위기를 뒤로하고 이슬라마바드를 구경하기 위해 거리로 나섰다. 언뜻 보면 도시가 매우 깔끔하다. 중심부만 다니면 어느 선진국에 온 듯한 착각마저 든다. 8차로 이상의 도로 좌우에는 대규모 정부청사와 신형 고층건물들이 들어서 있다. 시내 여기저기에 숲과 공원이 잘 가꿔져 있고, 도시 주변에는 높은 산들이 우뚝우뚝 서 있다. 옥에 티라고 해야 할까. 관공서 주변과 도시 진입로 곳곳에 겹겹이 군과 경찰의 검문소가 있다. 아마도 수십 군데는 되는 것 같다.

이슬라마바드의 명소 중 으뜸인 샤파이살 모스크 Shah Faisal Mosque로 길을 잡았다. 이슬라마바드 북쪽 마르갈라 언덕 Margalla Hill 아래에 자리 잡고 있는 이 모스크는 한때 파키스탄뿐 아니라 아시아 최대의 이슬람 사원이었다. 사우디아라비아의 파이살 국왕이 지어 선물한 곳으로 터키의 건축가 베다트 달로카이 Vedat Dalokay가 설계했다. 동시에 10만 명의 신자가 기도할 수 있을 만큼 규모가 상당한데, 건축 기간만 10년(1976~1986)이 걸렸다. 건축 비용은 무려 1억2000만 달러. 동서남북 네 귀퉁이의 첨탑인 미너렛 Minaret이 멋진데 높이가 88m다. 그 모양이 미사일과 흡사해 미국 CIA에서 내부를 조사했다는 에피소드도 있다.

다음에 찾은 장소는 외교단 지역 부근에 있는 바리 이맘 사원 Bari Imam Shrine이다. 바리 이맘은 17세기 신비주의 이슬람이라 할 수 있는 수피즘 Sufism의 큰 스승이다. 이슬라마바드의 수호성인으로 받아들여져 사원은 언제나 순례자들로 붐빈다. 샤파이살 모스크에 깔끔하고 유복해 보이는 순례자가 많다면, 이곳은 가난하고 힘들어 보이는 순례자가 대부분이다. 그래서 경제적으로 여유 있는 순례자가 주변 식당에서 음식을 사서 사원에 바치면, 그 음식은 빈자들의 한 끼 식사로 배분된다.

자동차로 10여 분쯤 북쪽 마르갈라 언덕 쪽으로 올라갔다. 서울의 남산 순환도로를 올라가는 느낌이랄까! 이슬라마바드와 인접 도시 라왈핀디 Rawalpindi를 한눈에 볼 수 있는 다마네코 Daman-e-koh가 자리한다. 이곳은 시민들의 소풍 장소이자 최고의 전망대다. 파키스탄의 다른 시골 마을에서는 상상할 수 없는 고급 레스토랑이 자리하고, 산길 중간중간에서 데이트하는 연인들의 모습을 쉽게 볼 수 있다.

시내로 내려와 환전소를 찾았다. 1달러에 98루피. 재밌는 것은 100달러나 50달러 지폐만 그렇게 높게 쳐주고 10달러나 20달러 지폐는 각각 90루피, 92루피밖에 안 쳐준다. 또 지폐가 조금이라도 찢어졌거나 더러우면 환전이 안 된다. 100달러짜리 지폐를 선호하는 이유는 부자들이 좋아하기 때문이란다.

이곳의 부자는 우리나라의 보통 부자보다 훨씬 부유하다. 파키스탄의 빈부 격차는 우리가 상상하는 것보다 크다. 부자들은 집 안에 실내수영장을 설치하는 것은 보통이고, 심지어 어떤 부자는 작은 동물원을 만들어 호랑이도 키운다고 한다. 요즘 우리 사회에서 화두가 되고 있는 '경제 민주화'가 이곳 파키스탄에서는 요원한 주제다.

이슬라마바드 옆 도시 라왈핀디의 외곽에 바리아 타운 Bahria Town이란 곳이 있다. 파키스탄 최고의 부촌이다. 한국으로 치면 서울의 평창동과 구기동 고급 빌라촌 같은 마을이다. 규모는 두 지역을 합친 정도로 수천 채의 빌라가 들어서 있다. 그런데 그 지역의 땅 주인이 본래 한 사람이라고 한다. 말리크리아즈 후사인 Malikriaz Hussain이란 부동산 재벌이 그 주인공으로 불모지였던 이곳을 대규모로 개발해 분양했다. 마을엔 커다란 쇼핑센터와 스파, 마사지숍 등이 들어서 있고, 24시간 전기가 끊기지 않는다. 실제 마을을 둘러보니 여느 가옥과 달리 최신식 빌라로 구성되어 있다.

라왈핀디에서 만난 서민의 삶

2013년 5월 11일 파키스탄 총선이 있었다. 정치적, 종교적, 인종적으로 복잡다단한 이 나라의 선거에서 제1 야당인 파키스탄 무슬림연합 PML-N의 대표인 나와즈 샤리프 전 총리가 승리했다. 부토 여사가 몸담았던 파키스탄 인민당 PPP은 정권을 뺏겼고, 부토 여사의 남편 길라니는 총리 자리에서 물러났다. 파키스탄 인민당은 높은 실업률과 전기 부족 등 경제 문제를 해결하지 못하고 각종 부정부패에 휩싸이면서 국민의 신뢰를 잃었다.

나와즈 샤리프는 과거 두 차례나 총리를 지낸 인물로 이번 취임이 세 번째다. 철강 재벌인 그는 많은 유권자가 몰려 있는 펀자브 지역에서 지지를 얻으면서 승리했다.

파키스탄 최고의 부촌 바리아 타운. 쇼핑센터와 마사지 숍 등이 있으며 파키스탄에서 24시간 전기가 공급되는 유일한 지역이다.

남부 지역의 빈민촌. 정치가 불안정해 빈민 계층의 미래도 밝지 않다.

라왈핀디 전통시장의 식료품점. 갖가지 식재료와 양념, 향신료 등이 즐비하다.

시민들은 파키스탄 정치에 대해 매우 부정적이다. 이슬라마바드에서 만난 사람들도 정치를 혐오하다시피 했다. 그들은 소수의 정치 엘리트 가문이 자기네들끼리 몇십 년 동안 정권을 주고받으며 "다 말아먹는다."라며 분개했다. 정치 세습을 통해 부와 권력을 자식들에게 대물림한다는 것이다. 그리고 "파키스탄에 미래는 없다."라며 한숨을 내쉬었다.

어둑어둑해질 무렵 숙소가 있는 라왈핀디로 가기 위해 외곽순환도로를 타고 이동했다. 라왈핀디는 이슬라마바드와 붙어 있는 전통적인 주거 도시다. 수도 이슬라마바드 보통 시민들의 생활이 거의 이곳에서 이뤄진다고 보면 된다. 오토바이, 자전거, 트럭과 자가용 그리고 우마차 등 온갖 교통수단이 거리를 메우고, 그 틈새를 시민들이 요리조리 잘도 걸어 다닌다. 네거리에서 한번 차들이 꼬이면 옴짝달싹 못한다. 교통경찰관의 통제에도 아랑곳 않고 경적을 울리고 고함을 질러 댔다.

정체가 풀리기를 기다리는 동안 운전사 아크람과 이야기로 시간을 보냈다. 그에게 하루 종일 걸어 피곤하다고 말했더니 "이곳에선 돈으로 못 살 것도 없고 안 되는 것도 없다."라고 귀띔해 주었다. "혹시 안마 아가씨 생각이 있느냐?"고 은근히 유혹한다. "자본주의 국가에서 행해지는 온갖 나쁜 문화(?)도 얼마든지 가능하다."라며 너스레를 떨었다. 최신 외제차부터 전자제품까지 밀수를 통해 다 조달된다는 게 그의 말이다. 씁쓸함을 감출 수 없었다. 아! 나쁜 것부터 먼저 배운다더니. 아크람의 말을 반쯤 흘려듣는 동안 혼잡한 곳을 빠져나올 수 있었다.

숙소로 가는 길에 아크람이 보여 줄 게 있다며 어느

라왈핀디 공원 입구. 베나지르 부토 여사가 2007년 12월 총선 유세 도중 살해당한 곳이다.

공원 입구에 차를 세웠다. 2007년 12월 부토 여사가 총선 유세 중에 암살당한 라왈핀디 공원이었다. 정문에 부토 여사의 사진과 그림이 여럿 걸려 있었다. 그녀는 암살로 세상을 떠났지만, 많은 파키스탄 사람들은 지금도 그를 그리워한다.

부토 여사는 일생 동안 군부 독재와 이슬람 극단주의를 반대했다. 이런 그의 정치적 행보는 세계적으로 인정받았다. 부토 여사의 아버지 역시 파키스탄의 역사에 한 획을 그은 사람이다. 아버지 줄피카르 부토는 파키스탄 인민당을 창당하고 나중에 대통령과 총리를 지냈다. 부토 여사는 이슬람국의 뛰어난 여성 정치인이라는 명성을 얻었지만, 정적들의 총탄에 생을 마감한 비운의 총리였다. 파키스탄은 아직도 부정부패가 뿌리 깊다. 정치권의 무능함은 말할 것도 없다.

부토 여사의 일생을 돌이켜 보면서 상념에 잠겼다. 어렵고 위험한 시절일수록 이를 해결하는 영웅들의 노력은 빛이 난다. 지금도 그녀를 열망하는 파키스탄의 현실이 어느 정도 체감되면서 가슴이 먹먹하고 어깨가 무겁게 느껴졌다. 영웅은 사라졌어도, 도시의 북적대는 차들의 행렬, 사람들의 고단한 일상은 계속될 것이다.

라왈핀디 시장의 옷가게 풍경. 울긋불긋 원색의 여성 의류들이 보수적인 이슬람 사회의 느낌과 대조를 이룬다.

사람 사는 사회는 어디나 같다. 이슬람교가 온 나라를 지배하고 있지만 욕망, 자유를 향한 인간의 몸부림을 다 막을 순 없다.

파키스탄에는 술이 없다?

흔히 이슬람 국가인 파키스탄에서는 술을 마실 수 없다고 생각한다. 그래서 파키스탄에는 술 자체가 없을 거란 고정관념을 가진 사람도 꽤 있을 듯하다. 그러나 파키스탄에도 술은 있다. 무려 140년 넘게 합법적으로 술을 만들고 있는 회사가 존재한다. 무리 Murree라는 회사로 8년산, 12년산 몰트위스키와 맥주를 생산하는데, 술맛이 나쁘지 않다. 특히 맥주 맛은 꽤 훌륭하다. 이 회사가 설립된 배경은 1860년 영국 제국주의 시절 군인들과 체류 영국인들에게 공급하기 위해서다. 사실 현행 파키스탄 법률에 명시된 술 금지 조항은 없다. 다만 이슬람의 종교적 규정으로 음주자에게 채찍 형벌 조항은 있다. 파키스탄에는 기독교, 불교, 조로아스터교, 시크교 등 다양한 종교의 신자들이 있어 이들의 음주까지 막을 수는 없기 때문이다. 술을 사기 위해서는 해당 종교인이라는 증명서를 제출해야 한다. 필자가 머물렀던 라왈핀디의 한 호텔 안에 주류 판매소가 있어 많은 사람이 북적거렸다. 무리맥주 20개 한 상자가 400루피다. 위스키는 병당 800루피. 우리 돈으로 환산하면 8000원 정도다. 한국보다 오히려 싸게 술을 맘껏 즐길 수 있는 곳이 파키스탄이다. 재밌는 점은 이슬람 신자 중에도 술을 즐기는 사람이 꽤 많다는 것이다. 이 회사의 사장도 "아마 판매되는 양의 99%를 이슬람 신자들이 은밀하게 마실 것이다."라고 말했다는데 틀린 말은 아니다. 북부 파키스탄에는 밀주를 만드는 집이 많다. 아예 공공연하게 술을 마시는 마을도 흔하다.

치트랄 시에서 칼라시 계곡으로 넘어가기 전 만난 마을. 힌두쿠시 산맥 저 너머가 알렉산더 대왕의 원정 통로다.

신비와 유혹의 땅, 칼라시 계곡

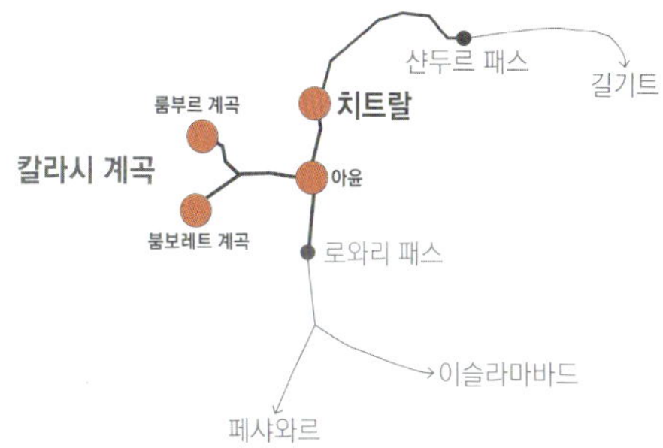

파키스탄 히말라야의 시작은 치트랄 칼라시 계곡이다. 이곳은 힌두쿠시 산맥 350km에 걸쳐 뻗어 있다. 예전 행정구역 이름은 NWFP North-West Frontier Province. 번역하자면 '서북변경주'쯤 될까. 이름부터 버린 자식 같은 느낌이다. 그래서일까. 지역 명칭과 부족 이름을 따서 키베르파크툰콰 Khyber Pakhtunkhwa라는 새로운 지명이 붙여졌다.

이곳은 파키스탄의 수도인 이슬라마바드와는 정치, 경제, 문화 등 모든 부문에서 완전히 동떨어져 있다. 파키스탄 주류 지역과 인종, 언어, 문화가 많이 달라 파키스탄이지만 파키스탄의 느낌이 적다. 우리가 익히 아는 간다라 미술의 발상지이고, 주도는 페샤와르 Peshawar다. 페샤와르의 인근이 바로 알렉산더 대왕의 정복 코스다. 그래서일까. 주민들의 생김새는 서구인에 가깝다. 학계에서는 먼 옛날 아프가니스탄 동북부에서 이동해 온 것으로 추정하고 있다.

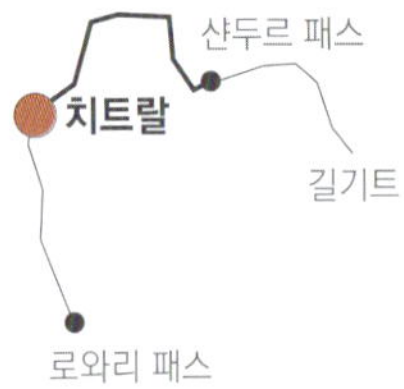

힌두쿠시의 옛 왕국 치트랄

수도 이슬라마바드에서 차를 타고 치트랄 Chitral로 가는 길은 두 갈래다. 하나는 디르 지역을 통해 로와리 패스 Lowari Pass, 3118m(패스는 고개를 뜻한다)를 넘는 코스, 다른 하나는 길기트 Gilgit를 거쳐 샨두르 패스 Shandur Pass, 3810m를 넘는 코스다. 겨울에는 눈이 많이 쌓여 10월부터 4월까지 모든 길이 끊긴다. 특히 샨두르 패스는 5월에야 길이 열린다. 지금은 포장도로가 많이 생겼지만, 아직도 대부분 자갈길과 흙길이다. 여름엔 잦은 산사태로 며칠씩 길이 끊기는 일이 잦다.

그래서 차보다는 항공편이 편하다. 하지만 치트랄행 항공권을 구하는 일은 쉽지 않다. 처음 치트랄을 찾은 것은 2011년이었다. 당시 항공권을 구하는 데만, 나흘이 걸렸고, 그나마 확보한 비행기 티켓도 다음 날 출발이었다. 가격도 비싸 외국인은 내국인의 두 배 가격으로 편도만 105달러였다. 다행히 이번에는 하루 만에 구할 수 있었다.

이슬라마바드 베나지르 부토 공항에서 30명 남짓한 손님을 태운 소형 비행기를 타고 페샤와르를 넘어 북쪽에 위치한 치트랄 공항으로 향했다. 비행기가 이륙하자 힌두쿠시 고봉들이 눈앞에 펼쳐졌다. 설산이 서쪽과 북쪽으로 끝없이 이어지는 풍경의 황홀함이란! 4월인데도 눈이 엄청 쌓여 있었다. 치트랄 공항에 가까워질수록 산중턱에 성냥갑만 한 집들이 빽빽이 들어차 있는 모습이 보였다. 한 시간이 채 안 돼 치트랄 공항에 닿았다. 작은 산중 마을 공항엔 무장한 병력이 곳곳에 배치돼 경비가 삼엄했지만, 풍경은 절경이다. 저 멀리 힌두쿠시 산맥 최고봉 트리치미르 Trichimir, 7760m가 장군처럼 버티고 서 있는데, 치트랄 도시와 그림같이 잘 어우러졌다.

신비와 유혹의 땅,
칼라시 계곡

치트랄 시내 중심부에 있는 치트랄 성. 성 너머 멀리 보이는 설산이 힌두쿠시에서 가장 높은 트리치미르 산이다.

치트랄의 첫 외국인 방문자

공항에서 나와 일제 중고 지프를 탔다. 가이드 겸 운전사로 이슬라마바드에서 함께 온 아크람이 다짜고짜 시내 한가운데 위치한 경찰서를 향해 차를 몰았다. 외국인은 도착해서 가장 먼저 외국인 등록부터 해야 한단다. 아프가니스탄과 가까운 데다 산악 지역이라 안전 문제를 고려해야 하기 때문이다. 특히 치트랄 서쪽은 아프가니스탄과의 경계여서 종종 탈레반이 출몰한다. 그래서 입국 절차가 까다롭다.

경찰서로 향하는 길 옆으로 회색 치트랄 강이 펼쳐지고 자갈길과 포장길이 수시로 바뀐다. 치트랄 시내를 돌아다니는 사람은 거의 남자다. 장도 주로 남자들이 보는 듯하다. 가장 눈에 띄는 건 단연 파슈툰 모자다. 아프가니스탄인이 즐겨 쓰는 모자인데 이곳 사람들도 애용하는 듯했다.

경찰서 옆 외국인 등록 사무소에서는 직원들이 앉아서 담배를 피우고 있었다. 권위적인 느낌이 물씬 풍겼다. 나중에 알았지만 사복 형사들이었다. 애써 외국인에게 친절하게 보이려 사복을 입었지만 경찰 특유의 위화감은 떨칠 수 없었다. 한쪽 벽면에는 외국인 방문 현황판이 붙어 있었다. 나라별, 연도별로 일일이 손으로 기입해 통계를 낸다. 마침 내가 올해 이 지역을 방문한 첫 외국인이란다. 이런 가문의 영광이 있나! 2011년 한국 원정대와 함께 찾았을 때는 30번째 방문객이었는데!

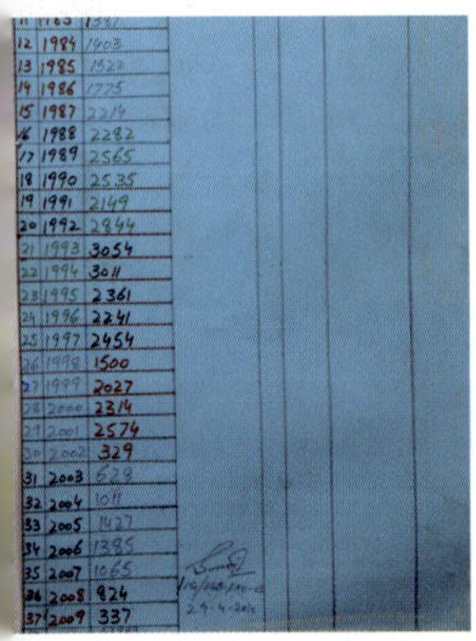

마을 외국인 등록 사무소에 걸린 방문 현황판. 2000년대 이후로 방문자 수가 급감했다.

이런저런 인적 사항을 적고, 여권 복사까지 마친 후 등록 사무소를 나와 막 차를 출발시키려고 할 때 젊은 경찰관 한 명이 좌석에 턱 앉는다. 외국인 여행자 보호 목적의 무장 경관이었다. 그의 이름은 암자드. 치트랄 태생으로 치트랄 바깥을 평생 한번도 나가 본 적이 없단다. 아크람에게 "안 따라와도 된다."라고 말했으나, 아크람은 "노!"라고 답했다. 외국인이 원하지 않더라도 규정에 따른 그의 의무란다. 영 거북하지만 이곳 법을 따를 수밖에!

붐보레트에서의 하룻밤

산길을 오르내리길 두 시간여, 칼라시 Kalash 계곡 입구에 도착했다. 앞에서 통관세라는 입산료를 받고 있었다. 요금은 200루피. 경찰 검문소에서 내면 된다. 통관세 영수증에는 '지역 발전을 위해 이 세금을 쓴다'라는 문구가 적혀 있다. 계곡 초입을 지나면 다리가 나온다. 이 다리를 중심으로 왼쪽은 붐보레트 계곡 Bumboret Valley, 오른쪽은 룸부르 계곡 Rumbur Valley이다. 양쪽 계곡 모두 칼라시족이 살고 있는데, 큰 마을이 있는 붐보레트 계곡부터 방문하기로 했다.

깎아지른 듯한 절벽 길을 한 시간쯤 갔을 무렵, 갑자기 아크람이 "칼라시! 칼라시 우먼!" 하고 외쳤다. 사진집과 여행책에서 익히 보아 온 칼라시족 여인이 울긋불긋한 전통 의상을 입고 밭일을 하고 있었다. 파키스탄의 전통 의상과는 다른 옷에 눈길이 갔다. 신기했다. 이런 깊은 산골에 파키스탄과는 문화와 종교가 전혀 다른 민족이 고립돼 살고 있다니.

하룻밤 묵을 숙소에 도착했다. 마을 주민이 운영하는 호텔 '알렉산더'다. 이곳 사람들은 자신들이 알렉산더 대왕의 후손이라고 굳게 믿고 있다. 하지만 이 계곡은 알렉산더 군대가 지나간 코스가 아니다. 기원전 334~323년 알렉산더 대왕은 페르시아와의 전쟁에서 승리한 뒤 아프가니스탄과 파키스탄 페샤와르 쪽 카이버 Khyber 고개를 거쳐 인더스 강으로 향했다. 이 노정은 최초로 동서양 문화가 만나는 대사건이었다.

외국인이 방문했지만 마을 주민들은 그다지 신기해

칼라시 붐보레트 계곡 마을의 여인들. 현란한 목두리 장식과 의상이 특색 있다.

칼라시 마을의 집은 하나같이 나무와 돌을 이용해 지었다. 목조 조각 양식이 고대 그리스와 비슷해 그들은 자신들이 그리스계 후손이라고 믿고 있다.

하지 않았다. 예전부터 많은 관광객을 봐 왔기 때문이다. 언덕과 집 입구에 장승과 비슷한 간다우 Gandaw가 여기저기 서 있다. 부모나 조부모 등이 죽으면 그들의 모습을 나무에 조각해 세워 놓은 것으로 조상을 기억하기 위한 것이다. 영정과 같은 것이리라. 칼라시족은 불교나 기독교처럼 체계를 갖춘 종교가 없다. 하지만 칼라시족은 종교가 있다고 말한다. 그 종교가 바로 이름도 같은 '칼라시'다. 유일신 개념으로 성경이나 꾸란 같은 경전은 없고 구전으로 이어진다. 언어도 파키스탄과 다르다. 독자적인 코와르 Khowar어를 사용한다. 알파벳으로 표기하며 42개의 음소로 이뤄졌다. 이 중 몇 개의 음소는 세계 어디서도 찾아보기 어렵다. 칼라시의 모든 학교에서는 공용어인 우르두어 외에도 코와르어를 가르친다.

마을 풍경이 참 특이했다. 화려한 여인들의 족두리 장식과 의상은 외지인들의 눈길을 받기에 충분했다. 하지만 일부 마을 주민은 사진을 찍을 때마다 돈을 요구했다. 카메라를 들기만 해도 "머니, 머니!"를 외쳤다. 마을 주민에 대한 환상이 한순간에 깨졌다.

마을을 방문했을 때는 축제가 한창이었다. 축제가 열리는 커다란 회당을 지나는데, 한 여인이 손짓을 하며 뭐라고 말을 건넸다. 아크람도 코와르어를 다 알아듣지 못해 동행한 경찰관이 통역해 주어야 했다. 자기 집에서 차를 한잔 마시고 가라며 대가는 필요 없단다. 그냥 외지인을 대접하고 싶다고 했다. 기꺼이 여인의 초대에 응했다. 그의 집 식당에 앉아 있자 그는 가족 사진을 보여 주고, 칼라시 전통 장식물을 선물로 줬다. 자신의 집을 방문한 외국인 관광객들이 보내 온 사진, 자신의 얼굴이 실린 신문 잡지도 보여 줬다. 그리고 한국 사람을 매우 좋아한다고 말했다. 인근 로와리 터널

부보레트 마을 뒷산 언덕에서 바라본 칼라시 마을의 고즈넉한 풍경.

공사와 수력발전소를 바로 한국 회사가 건설하는데, 그 소문이 마을에 퍼져 한국에 대한 이미지가 좋았다. 우편물도 안 오고, 전화도 없는 곳이지만 그는 세상 소식을 꽤 많이 알고 있었다. 자식들을 도시에서 공부시키고 싶지만, 경제 사정이 넉넉하지 못해 그럴 수 없다며 안타깝다는 말을 했는데, 마냥 고립무원이기만 한 마을은 아니란 생각이 들었다.

저녁 무렵 호텔로 돌아오니, 이번에는 호텔 주인이 불렀다. 호텔 투숙객들이 모두 모여 파티를 하기로 했단다. 마침 음악가들도 이 호텔에 묵고 있으니 그들과 술 한잔하며 즐기라는 말로 참여를 권했다. 그의 초대를 흔쾌히 승낙하고 파티장으로 가니 인근 주민과 호텔 주인의 친구 가족, 그가 말한 젊은 음악가들이 모여 있었다. 이 고장의 특산주인 멀베리 Mulberry술이 마련되어 있었다. 파키스탄에서 술이라니! 무려 40도다. 이 술은 보통 가정에서 멀베리와 살구를 넣어 증류해 만든다. 호텔 사장은 내가 올해 자신의 호텔을 방문한 첫 번째 외국인이라서 환영 파티를 준비했다며 인사를 대신했다. 치트랄에 도착하면서부터 어딜 가든 첫 번째 외국인 방문객이란 수식어가 따라붙는 듯했다.

치트랄 전통 음악의 연주와 노래가 이어졌다. 몇 잔의 술이 돌자 그들은 춤을 추기 시작했다. 그들의 춤은 아리랑춤과 비슷하지만 좀 더 리듬감이 있고 역동적이다. 객들은 춤추는 사람에게 얼마간의 지폐를 던져 주었다. 그러면 그 춤꾼은 돈을 머리나 옷깃에 꽂고 춤을 추다 악사에게 다시 던져 주었다. 악사들의 노고에 보답하는 방법으로, 우리에게서는 찾아보기 힘든 독특한 문화였다. 그 자리에서도 한국 건설 회사가 지역을 개발해 줘서 매우 고맙다는 말을 들었다. 한국인은 그들의 형제이자 친구라며 지극한 친밀감을 드러냈다. 먹

을거리가 부족할 텐데도 아낌없이 내줬다. 다음 날 아침 동행한 경찰관 암자드에게서 이 지역 경찰관 세 명이 밤새 호텔 주변을 지켰다는 얘기를 들었다. "예전에 탈레반들이 아프간 국경 너머 이 마을까지 왔었다."며 이를 염려해 경비를 선 것이라고 덧붙이며 사람 좋은 웃음을 지었다. 내가 아무리 올해 처음 방문한 외국인이지만 이 정도로 보호해 주다니! 힘든 생활 속에서도 손님에게 친절한 모습에 가슴이 찡해졌다.

그리스계라 믿는 칼라시족

아침식사 후 마을 이장 세자다칸 씨를 만났다. 그의 집은 제법 컸고 무게감이 느껴졌다. 그와 이런저런 이야기를 나누다가 "칼라시족이 정말 그리스계라고 믿느냐?"라고 물었다. 그는 딱 부러지게 그렇다고 답하지 못했다. 다만 외부 사람들이 자기 마을의 집이나 문양, 조각들을 보고 그리스와 같다고 알려 줬다는 것이다. 그는 사진 촬영의 대가로 돈을 요구하는 마을 사람들에 대해 마음이 편치 않다는 말도 덧붙였는데, 파키스탄 남부 펀자브와 외국에서 온 관광객들이 돈을 주다 보니 어느새 인심이 변했다며 아쉬움을 토로했다. 작별 인사를 나누고 집 밖으로 나오다 문기둥에 붙은 현판을 보니 집의 기증자가 그리스의 어느 사회 단체로 적혀 있다. 이곳의 도로 등 제반 공공시설의 많은 부분이 그리스 정부와 사회단체의 지원을 받아 유지되고 있었다. 명확한 과학적 근거가 없지만, 그리스와의 교류는 이어지고 있었다.

마을에서 내려오다 여인들만의 공간 '버샬리'를 슬쩍 엿볼 수 있었다. 남성들의 출입은 물론 주변에서 얼쩡거리는 것조차 절대 금기인 장소다. 여인들이 버샬리 담 너머로 우리 일행을 바라보았다. 아마도 여럿이 모여 빨래하는 중인 듯했다. 용기를 내어 조심스레 대문 입구를 살펴봤다. 그러다 현판을 찍으려고 다가가다가 무심코 문턱을 밟았다. 순간 지켜보던 여인들이 일제히 고래고래 큰 소리를 질렀다. 깜짝 놀라 황망히 뒤로 물러섰다. 버샬리는 여인들이 생리 기간에 집을 떠나 머무는 곳이다. 또 출산 후에도 한 달 정도 이곳에서 휴식을 취한다. 칼라시 종교에 따르면 모든 생물은 깨끗한 것 Pure, Onjesta과 불결한 것 Impure, Pragata으로 나뉜다. 신전, 제단 같은 곳은 깨끗하지만, 여성의 생리 같은 것은 불결한 것으로 여긴다. 재밌는 것은 그런데도 여인들은 이곳을 좋아한다는 점이다. 집안일이나 농사일에서 잠시 해방될 수 있기 때문이다. 안내를 맡았던 학예사는 이런 독특한 제도가 오늘날 '여성복지'가 아니냐며 은근히 자랑했다.

오후에 칼라시 민족박물관에 들렀다. 그곳 학예사에게도 "그리스계의 후손이라고 믿느냐?"라고 물었지만 시인도 부인도 하지 않았다. 그 역시 알렉산더 대왕이 이곳을 지나지 않은 것은 맞지만, 마을 집 대문의 문양이 그리스와 유사하다고 했다. 또한 아프가니스탄의 누리스탄 지역은 이곳에서 가까운데 예전 알렉산더 대왕이 그 지역을 점령하고 돌아가면서 그 지역에 병들고 부상당한 그리스 병사들을 남겨 두었다고 덧붙였다. 마을에 정착한 그 후손들이 이곳 칼라시 계곡으로 넘어왔다는 것이다. 갈수록 알쏭달쏭하지만, 분명한 것은 이곳 사람들의 머리칼이나 눈동자 색깔, 얼굴 생김이 인근의 다른 마을 사람들과는 다르다는 점이다. 알렉산더 대왕의 후손이냐 아니냐를 떠나서 칼라시족이 자기들만의 독특한 문화와 전통 관습을 지켜 왔다는 것이 더 뜻깊은 일이 아닐까 생각하며 작별 인사를 나누었다.

금남의 집 버샬리. 출산과 생리기간에 노동에서 벗어나 머물 수 있는 여인들의 생활공간이다.

룸부르 계곡의 또 다른 칼라시족

또 다른 칼라시족이 사는 룸부르 계곡을 향했다. 왔던 길을 되짚어 붐보레트 계곡 입구로 가다 중간 검문소 갈림길에서 오른쪽으로 향한다. 깎아지른 듯한 절벽 아래 실낱같은 길을 따라 다시 한 시간쯤 올라가니 마을이 나온다. 이 마을은 붐보레트 계곡 마을보다 작고 주민도 적다. 하지만 이슬람 이주민이 적어 상대적으로 칼라시의 본래 모습이 더욱 뚜렷하게 남아 있다. 칼라시인이 70%, 이슬람 이주민이 30%다.

마을 입구에 이르자마자 첫 번째 호텔 주인이 뛰쳐나왔다. 자기 집에서 꼭 묵었으면 좋겠다며, 숙박료 할인과 운전사와 경찰관 숙박은 공짜로 해 주겠다는 흥정을 해 왔다. 자신의 가족도 다 소개해 주고, 밤새 서로 이야기를 나눌 수 있다고 너스레를 떤다. 아크람은 더 좋은 곳이 있을지도 모르니 다른 곳으로 가자고 했지만, 곧바로 승낙했다. 이렇게 열심히 노력하는데 거절하고 나오기가 미안했다.

마당에서는 공놀이를 하거나 집안일을 하는 아이들이 있었다. 재봉질로 칼라시 전통 의상을 짓는 딸들도 보였다. 호텔 너머로 보이는 냇가에서는 마을 여인들이 머리를 감고 빨래를 하고 있었다. 붐보레트 계곡 마을보다 훨씬 오밀조밀하고 친근한 풍경이다.

호텔 주인 무네 씨의 열두 살 된 딸 야리사는 온종일 잔디 위에 앉아 옷을 만들고 있었다. 실제로 아침에 처음 봤을 때부터 저녁 해 질 때까지 작업에 몰두하고 있었다. 실을 번갈아 바꿔 가며, 박음질을 하고 꽃무늬를 정교하게 수놓고 있었다. 무슨 옷이냐고 물으니 며칠 뒤 있을 칼라시 봄 축제 때 입을 옷이란다. 보통 엄마에게 자수를 배우는데, 이렇게 7~10일을 온종일 매달려야 옷 한 벌이 완성된다.

설산 눈이 녹아 흘러내리는 계곡 물가가 빨래터고 몸단장을 하는 곳이다.

저녁이 되자 주인은 약속대로 자기 가족이 기거하는 공간으로 저녁 초대를 했다. 외국인이 낯설지 않은지, 아이들이 가끔씩 웃으며 눈길을 줄 뿐 스스럼이 없다. 이곳은 대가족 체제로 형제가 노부모를 모시고 한 집에서 산다. 식사가 끝나자 아이들은 모두 TV 앞에 매달려 있다. 인도 드라마와 영화에 푹 빠져 있다. 우르두어도 학교에서 배우기 때문에 대부분 이해한다고 한다. 하지만 공부에 열성적이지는 않다. 그저 맘껏 놀거나 집안일을 돕는 것이 아이들의 일이다. 사방에 펼쳐진 산과 작은 들이 그들의 놀이터이자 교실이다. 경제적으로 부족한 이 마을 사람들은 대도시 페샤와르나 이슬라마바드에 있는 학교에 아이들을 보낼 생각은 감히 하지도 못한다.

다음 날 아침 치트랄로 떠나는 나를 위해 가족이 모두 나와 배웅했다. 주인 부부는 손수 짠 칼라시 남자들의 허리띠를 선물로 주었다. 아이들의 해맑은 눈망울이 마음에 걸렸다. 꼭 다시 오겠노라고 약속하며 애써 웃음을 지으며 발걸음을 재촉했다.

칼라시족 지도자들은 미래를 걱정한다. 전통문화는 갈수록 옅어지고, 푸근했던 인심은 날로 각박해졌기 때문이다. 무엇보다 가장 큰 고민은 종교 문제다. 얼마 전부터 이슬람 이주민들이 부쩍 늘어났는데, 붐보레트 계곡의 4개 마을 주민 3500명 중 70%가 이슬람계 외지인이다. 칼라시족은 30%에 불과하다. 그래서일까. 이슬람 모스크의 대형 스피커에서 흘러나오는 기도 소리가 시간마다 온 산골짜기를 메웠다. 칼라시 마을과 정말 안 어울렸다.

장승과 비슷한 간다우 조각. 그러나 여기서는 돌아가신 조상을 기억하는 목각인형이다.

마을을 나와 시내를 건너 옛 공동묘지를 가니 목관들이 큰 나무 밑에 수십 개가 널려 있었다. 예전에는 매장 풍습이 없어 시신을 목관에 넣고 그냥 이곳에 안치했다고 한다. 생전에 고인이 쓰던 패물이며 유품을 같이 두는데, 값진 부장품은 외지인이 다 훔쳐 갔다고 한다.

칼라시 계곡은 파키스탄 정부 관광 홍보 책자에 단골로 다뤄지는 지역이다. 전통 복장을 입은 칼라시 여인들의 모습은 홍보 사진의 메인으로 등장한다. 파키스탄 문화와 인종의 다양성을 홍보하는 데 이보다 좋은 소재가 없다는 것이 정부의 판단인 듯하다. 그러나 주민들은 중앙정부의 지원이나 배려가 많지 않다며 불만이 많다.

교육을 받고 일자리를 구하기 위해 칼라시족 젊은이들이 하나 둘씩 바깥 큰 도시로 떠나가고 있었다. 그리고 문명의 이기는 계속 이 계곡으로 밀려들고 있다. 다시 이곳을 방문할 때면 이 마을은 얼마나 바뀌어 있을까. 어쩐지 지금의 모습을 잃고 도시와 비슷해진 모습이 연상되어 생각을 중단했다. 그냥 추억을 담아 가야겠다. 안녕! 칼라시!

칼라시의 소녀들은 어릴 적부터 엄마에게서 옷 만드는 방법을 익힌다. 한 벌을 짜는 데 꼬박 열흘이 걸리기도 한다.

위성안테나는 바깥세상과 통하는 문명의 이기다.

한국인의 땀이 서린 로와리 터널과 수력발전소

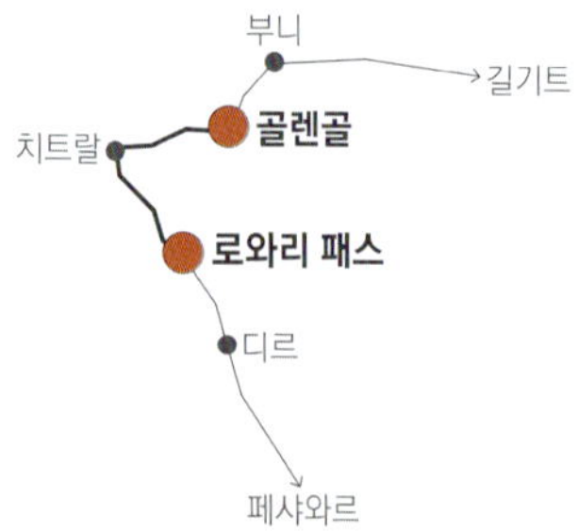

칼라시에 대한 아쉬움을 뒤로하고 로와리 터널로 향했다. 다시 치트랄 방향으로 가다가 서남쪽으로 내려가는 고갯길로 들어섰다. 파키스탄 북부 지역의 수천 년 교통난을 한번에 해결하는 로와리 터널의 역사를 꼭 소개하고 싶었기 때문이다. 또 캄캄한 어둠의 세상에 빛을 비춰 주는 수력발전소 건설 현장도 방문하고 싶었다. 두 곳 모두 한국 기업이 담당해 많은 한국 근로자들이 땀을 흘리고 있는 곳이다. 파키스탄에 오기 전부터 그들의 활약상을 익히 들었다.

로와리 패스 Lowari Pass는 파키스탄 남쪽 디르 Dir와 서북쪽 치트랄 사이에 있는 3118m의 고갯길이다. 오십 굽이 길이라 험하지만, 주변 풍광이 아름답기로 유명하다. 보통 10월부터 4, 5월까지 눈이 쌓여 모든 통행이 끊긴다. 치트랄로 하루 한 번씩 오가는 항공편의 티켓 가격은 주민들에게는 매우 큰돈이다. 내국인 할인 요금으로도 왕복 100달러가 넘는다. 그나마 날씨가 안 좋으면 결항은 다반사. 그런 만큼 수천 년 동안 파키스탄 남부와 북부는 이 험난한 지형 때문에 물자와 문화의 교류가 미미할 수밖에 없었다. 해마다 눈길을 짐을 지고 넘다가 수십 명이 동사하거나 추락사했다. 그런데 바야흐로 이 고갯길 아래 해발 2400m 지점에서 남북 간 터널이 뻥 뚫리고 있었다. 그 역사의 주역이 바로 한국의 중견 건설업체 삼부토건 기술진이다.

터널 현장에서 만난 한국, 그리고 한국인들

그들을 만나러 가는 길에서 본 산맥 정상부는 하얀 눈이 덮여 있었다. 눈이 녹아내려 개울물이 지프의 바퀴까지 물이 차올랐다. 차가 서게 되면 급히 주변 마을 사람들의 힘을 빌려야 했다. 다행히 중간중간 그토록 귀찮고 까다롭게 굴던 군과 경찰의 검문소는 수월하게 통과할 수 있었다. 그냥 '삼부'라고 말하면 무사통과다. 더 물으면 '삼부 엔지니어'라고 하면 된다. 그들의

로와리 터널 공사 현장으로 가는 길. 해마다 수십 명이 동사했던 죽음의 고갯길이다.

24시간 체제로 공사에 여념이 없는 로와리 터널 공사 현장, 2017년 개통돼 파키스탄 고산지대와 남쪽이 총 10.4km터널로 연결돼 인적, 물적 교류가 활발해졌다.

명성은 이 근처뿐 아니라, 파키스탄 지식인들도 다 알고 있었다.

드디어 도착한 로와리 터널 북쪽 공사장 입구. 북쪽 책임자 김종엽 차장이 반갑게 맞아 주었다. 그는 반가워하는 수준을 넘어 매우 놀라워했다. 전화 연락은 받았지만, 이 험한 오지까지 정말 올 거라고 생각하지 못했다고 한다.

당초 이 건설 현장은 중국 건설회사가 맡았다가 포기하고 철수한 곳으로 파키스탄 육군 공병부대가 이어받았지만 그들도 역시 속수무책이었다고 한다. 기술적인 한계로 모두 포기해 버린 것이다. 그런 곳을 한국의 건설회사가 맡아 성공적으로 공사하고 있었다. 삼부토건의 김성환 대리는 "처음 왔을 때 본 중국과 이곳 공병부대에서 해 놓은 공사 수준은 터널이 아니라 땅굴을 파 놓은 것 같았다."라고 이야기해 주었다. 터널이 관통된 2009년 1월 13일은 임시 경축일로 지정돼 치트랄 전 지역이 축제의 도가니였다고 한다. 한국과 한국 기술진에 대한 명성이 온 나라에 퍼졌음은 물론이다.

파키스탄 중앙정부나 이 지역 주민들은 로와리 터널의 중요성을 매우 잘 알고 있다. 총 10.4km의 로와리

한국인의 땀이 서린
로와리 터널과 수력발전소

부르카를 입고 어디론가 가는 치트랄 여인들.

터널은 2017년 완공됐다. 눈 많은 겨울철 이동이 불가능했던 고산지대와 남쪽이 연결된 것이다. 이 역사적인 공사는 난항을 거듭했다. 겨울철엔 눈사태, 여름철엔 산사태가 비일비재하다. 한겨울엔 하루 아침에 1m씩 눈이 쌓인다.

2013년 2월 초 설날엔 한국인 기술자 2명이 출구길에 눈사태로 차와 함께 매몰됐다가 가까스로 구조됐다. 2009년엔 아래 스와트 지역에서 정부군과 교전하다 퇴각하던 탈레반들이 이곳 숙소에 20여 발의 총을 난사했다. 한국 기술진은 한동안 철수했다가 내전이 끝난 뒤에야 다시 들어왔다고 한다.

그 이후 사설 경비 외에도 군 병력이 대폭 증강됐다. 눈에 잘 안 띄지만 산 위엔 대공포, 박격포, 기관총으로 중무장한 병력이 경계하고 있다고 들려주었다. 이슬람 현지 근로자들을 설득하고 그들의 문화에 적응하며 공사를 진행한다는 게 생각보다 쉽지 않았을 것이다. 일하다가도 갑자기 기도 시간이 됐다며 터널 밖으로 나가는데, 보통 한 시간 동안 기도를 한다고 한다. 더욱이 이슬람 교리에 따라 하루에 다섯 번씩 한다. 이런 사람들을 데리고 이 큰 작업을 한다는 것이 보통 어

이방인들을 가까이에서 보기 위해
소녀들이 산 위에서 내려왔다.

골렌골의 수력발전소 현장. 이곳 역시 우리 기업의 기술로 건설되고 있다.

려운 일이 아닐 거란 생각이 들었다. 문제는 이뿐만 아니다. 길이 막히면 건설 자재 공급이 늦어져 공사가 지연되기도 한단다. 그래도 다행인 것은 북부 지역의 건설 노동자들은 남부에 비해 성실하다는 것이다.

북쪽 방향에서 터널 안으로 들어가 현장을 둘러본 후 남쪽 현장 본부로 이동했다. 트럭과 기중기가 바삐 움직이고 발파 작업 준비로 분주했다. 다행히 당장 계획된 발파 작업이 없어 겨우 통과할 수 있었다. 남쪽 현장 본부에 도착해 차에서 내리는 순간, 한국 직원들이 뛰쳐나오며 소리치고 있었다. "지진! 지진! 빨리 나와요." 인사할 겨를도 없이 영문도 모른 채 마당 밖으로 같이 달려야 했다. 이곳 역시 지진 위험 지역이다. 동쪽 카라코람 하이웨이 Karakoram Highway, KKH 쪽은 몇 번씩 큰 지진이 일어나 많은 사상자를 냈고, 서쪽 산 너머 아프간과 이란 지역도 지진이 자주 발생한다. 얼마간 시간이 흐르고 지진이 멈춘 듯하자 그제야 직원들이 모국에서 온 여행자를 반갑게 맞아 주었다. 다들 믿기지 않는 듯한 눈치였다. 자신들을 만나기 위해 일부러 찾아왔다고 하니 오히려 이것저것 질문 공세다.

현장에는 13명의 한국 엔지니어가 근무한다. 인사, 총무, 장비, 폭파 등 각 분야의 전문가가 모두 모였다. 대부분 중동 등 외국의 공사 현장을 거쳐 다시 이곳에서 만났다. 가족은 고국이나 이슬라마바드, 라호르 Lahore에 떨어져 살고 있다고 한다. 제대로 아빠와 남편 노릇 한번 못 하고 이국땅을 떠돌아 늘 가족에게 미안하다는 건설 역군들!

점심시간이 되자 직원식당에 현장 엔지니어들이 모두 모였다. 위성안테나를 통해 한국 방송을 볼 수 있는

트럭을 물청소하는 아이.
파키스탄 트럭들의 외관은
세계에서 가장 화려하다.

이 시간이 그나마 위안이란다. 음식은 한국 음식에 정통한 네팔인 요리사가 있어 어느 정도 비슷한 맛을 느낄 수 있었다. 휴가 갔던 직원들이 가져온 고국의 고추, 깻잎 등이 함께 나왔다. 문득 궁금증이 들었다. 이들은 오랜 타지 생활의 외로움과 스트레스를 어떻게 풀까. 현장 부소장은 24시간 같이 지내기 때문에 집안의 크고 작은 소식은 모두 공유한다고 말한다. 아침 먹을 때 눈빛만 봐도 잘 잤는지, 무슨 생각을 하는지 금방 안다는 것이다. 그래서 서로 의지하고 위로한단다.

또 다른 한국 건설 현장, 골렌골

치트랄 동북쪽 방향 골짜기 골렌골 Golen Gol에서 수력발전소를 짓고 있는 또 다른 현장으로 이동하기로 했다. 치트랄에서 길기트 방향으로 약 40분을 달리다 보면 커다란 골짜기들이 나타난다. 힌두쿠시 산맥의 새끼 산맥들이다. 이 골짜기 사이에 수력발전소 건설 현장이 있다. 이곳 역시 삼부토건이 책임지고 있다. 한국 직원은 모두 22명. 2011년 2월에 시작돼 2015년 8월 완공을 목표로 하고 있다.

파키스탄은 엄청난 전기 부족 국가다. 땅덩어리는 남한의 8배인데도 전기 생산량은 총 1만4337MW, 발전기는 33기(2012년 기준)에 불과하다. 한국이 발전량 8만1737MW에, 발전기만 4400개나 되는 것에 비하면 매우 열악하다. 만성 전기 부족 때문에 시골은 물론 수도 이슬라마바드조차 하루에도 몇 번씩 전기 공급이 중단된다. 그래서 파키스탄 정부는 북부 고산지대에 총 65개의 수력발전소를 만들 계획이다. 고산의 눈이 녹아 만들어진 호수에서 물을 끌어와 높은 곳에서 낮은 곳으로 물을 떨어뜨려 터빈을 돌리고 전기를 만들어 내는 방식이다. 이곳 발전소는 430m의 낙차를 이용해 전기를 생산하게 된다. 발전소가 완공되면 114MW의 전기가 생산되는데 이 정도면 공장이 없는 치트랄 지역에는 24시간 전기 공급이 가능하다.

전화 통화만 했던 현장 소장을 사무실에서 만났다. 반갑게 맞아 주었다. 하지만 그의 얼굴에서 많은 고민이 느껴졌다. 가장 큰 문제는 자금난이다. 파키스탄 정부 발주처로부터 자금이 약속한 때에 제대로 들어오지 않아 자재 구입비와 현장 인건비조차 미뤄지기 일쑤라고 한다. 파키스탄 정부는 발전소 건설 명목으로 사우디아라비아와 쿠웨이트 정부로부터 많은 자금을 지원받지만, 그 돈이 이곳까지 내려오지 않는 것이다. 전기가 없는 곳에서 온갖 중장비를 가동하기 위해서는 발전기가 필요하다. 여기에 드는 기름 값만 한 달에 3억5000만 원이다. 또 설계를 맡은 독일 회사와도 업무를 맞추는 데 어려움이 많다고 했다. 500여 명의 치트랄 현지 노동자들은 업무의 숙련도가 떨어져 일일이 기술 교육을 하며 진행하고 있었다. 파키스탄에서는 정해진 공기 안에 마무리하는 공사가 매우 드물다고 한다. 그래도 이 공사를 성공시켜야만 다른 발전소 건설도 맡을 수 있어, 한국 기업의 자존심을 걸고 일한다고 말한다.

건설 현장은 부니 Buni 마을로 가는 방향에 있었다. 사무실 사람들과 작별 인사를 나누고 현장을 찾았다. 차로 10여 분 달리니 골짜기 사이에 거대한 구조물을 만드는 작업이 한창인 현장에 도착했다. 기초 작업은 끝나고, 고개 너머에서 물을 모아 파이프를 연결하면 그 수로를 타고 물이 내려오게 된다. 수력발전을 하기에는 최적의 조건을 갖춘 곳이 히말라야 지역이다. 산이 높고 물이 많기 때문이다. 노동자들의 표정은 밝아 보였다. 멀리서 폭파음이 메아리친다. 공사장의 온갖 기계음과 오가는 차량들의 소음을 뒤로한 채 현장을 빠져나왔다.

탈레반은 어떤 사람들일까?

본래 탈레반은 1980년 소련이 아프가니스탄을 침공할 때 미국으로부터 막대한 자금과 무기를 지원받았다. 아이러니하게도 당시 파키스탄 정부와 미국 CIA가 탈레반을 키웠던 것이다. 탈레반은 1992년 친소 정권을 무너뜨렸다. 그리고 1996년 수도 카불에 입성하며 권력을 차지한다. 신정일치에 기반을 두고 이슬람 원리주의를 내세워 나라를 경영했다. 문제는 9·11테러 이후다. 알카에다가 이들과 연계됐다는 사실을 안 미국과 영국 연합군이 맹렬하게 공격해 두 달 만에 산악과 국경 지대로 내쫓겼다. 이들은 현 아프가니스탄 정부와 미국, 영국 등 모든 서방 세력을 적으로 간주했다. 유엔기구 관련 인사들에게까지 살인, 테러, 납치 등의 공격을 서슴지 않았다. 그들 표현대로 '지하드 Jihad' 즉 성전 聖戰이다. 파키스탄 내에도 이들 탈레반 세력이 많다. 2013년 6월 22일 낭가파르바트에서도 무장 괴한의 총기 난사로 외국인 관광객을 비롯한 11명이 사망했다. 그 범인들 또한 파키스탄 탈레반이다. 이들에 대한 소문은 무성하다. 그중 하나가 아이들을 산속으로 납치해 세뇌 교육을 한다는 것이다. 이슬람 원리와 서방에 대한 적개심 등으로 무장시켜 인간 폭탄으로 의식 개조를 하는데, '자살 폭탄 테러를 하면 천당 간다.'라고 가르친다고 한다. 파키스탄 정보부는 탈레반 전사를 붙잡으면 우선 '정상적인 인간'으로 만드는 데 집중한다고 한다.

힌두쿠시 산맥의 지형은 독특하다.
거칠고 험한 산 중턱에 자그마한 평지가 있으면 어김없이 농사를 짓고 있다.

고산증이 만나게 해 준 친절한 부니 마을 사람들

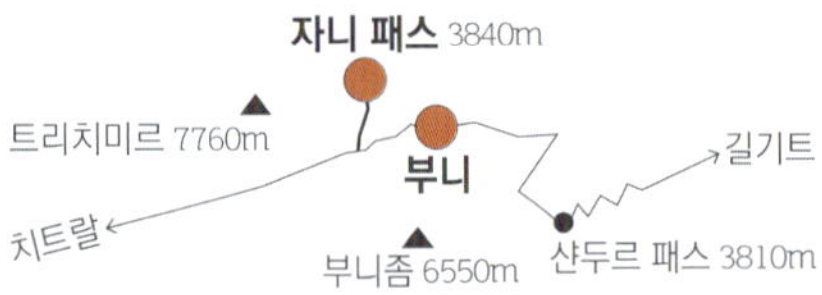

부니 Buni 마을로 가는 길은 포장과 비포장 도로를 반복하더니, 어느 순간부터 울퉁불퉁 자갈길이 쭉 이어졌다. 힌두쿠시 산맥에서 가장 높은 트리치미르 산 Trichimir, 7760m이 바로 코앞에 있다가 멀어지고 다시 나타나길 반복한다. 왼쪽으로 깎아지른 듯한 절벽이 이어지고 그 아래로 강물이 흐른다. 절벽 위의 언덕엔 마을들이 아기자기 들어서 있다. 태곳적 그 모습 그대로를 보는 듯했다. 2011년에 이어 2013년 4월 두 번째로 이 마을을 방문하는 길이다. 왜 이 마을을 다시 찾는 걸까?

치트랄에서 부니 마을로 가는 길. 태고의 지형이 이런 모습이었을까?

고산증으로 쓰러지다

처음 이곳을 찾았던 2011년 당시 꼭 다시 만나자고 약속했던 가족을 보기 위해서다. 당시 나는 박정헌 대장이 이끄는 히말라야 2400km 패러글라이딩 원정대를 동행 취재했었다. 패러글라이딩 국가대표 출신 홍필표, 함영민 대원과 함께였다. 원정대는 첫 비행 출발지였던 자니 패스 Zani Pass, 3840m로 향했다. 자니 패스는 1895년 영국군이 이곳을 점령하기 위해 들어왔다가 치트랄 군대와 공방전을 벌인 곳이다. 자니란 영어식 이름도 이때 붙여진 듯하다. 영국 돌격대는 이곳에서 한때 포위됐다가 샨두르 패스 쪽에서 온 지원병력 덕에 간신히 살아났다. 고개 서쪽은 힌두쿠시 산맥의 트리치미르가 위용을 떨치고 있고, 앞에는 힌두라즈 Hindu Raj 산맥의 최고봉 부니좀 Buni Zom, 6550m이 자리 잡고 있다.

자니 패스 정상에 올라서자마자 고소 증세를 겪었다. 죽을 것만 같았다. 이때 회복하러 내려가던 길에 처음 만난 사람들이 부니 마을 가족이다. 고산증은 정말 무섭다. 2011년 8월 18일 2640m의 우툴 Uthul 마을에서 1박 후 다음 날 새벽 3840m의 자니 패스 정상까지 올라갔다. 그때 갑자기 머리가 지끈지끈하더니 참기 힘들 정도로 아파 왔다. 고산증 증세는 사람마다 다르다고 하는

부니 마을에서 만난 한 소녀. 파키스탄 북부 사람들의 얼굴에는 동서양인의 장점이 다 담겨 있다.

데, 나는 우울증과 무력증이 동반되었다. 매일 그날 취재한 화상을 컴퓨터 외장하드에 옮겨야 하는데, 노트북을 꺼내기도 싫었다. 급기야 환청이 들렸다. 한 대원이 “이 기자님!” 하고 부른다. 날 부르는 소리에 옆을 돌아보니 대원이 없다. 이상했다. 그 대원은 평소 나를 ‘형’이라 불렀지 기자라고 부른 적이 없었다. 그런데 그가 또 “이 기자님!” 하고 부른다. 다시 돌아보니 그 대원은 저 멀리 30m쯤 떨어져 있다. 그 순간 ‘아! 이게 환청이구나’라는 생각이 들었다. 출발 전부터 우려했던 고산증이 드디어 찾아온 것이다. 고산증은 낮은 곳으로 내려가는 게 특효약이다. 일단 내려가야 낫는다.

고산증이 만나게 해 준
친절한 부니 마을 사람들

가이드와 치트랄 경찰서부터 동행한 카림 니가 Karim Nigha 씨와 함께 부니 마을로 내려갔다. 그런데 카림이 이 마을이 자신의 고향이라며 자기 집으로 가자고 권유했다. 도착한 집 입구의 포도나무엔 포도가 주렁주렁 달려 있었고, 담쟁이가 푸르렀다. 집 안으로 들어가니 소년 소녀들 10여 명이 놀고 있다가 처음 본 외국인에게 몰려왔다. 대부분은 수줍어하며 바라보기만 하고 자기들끼리 모여 ‘깔깔깔’ 웃었다. 지금도 그 아이들이 왜 웃었는지 이유는 알 수 없지만, 외국인이 신기해서가 아닐까. 이곳 사람들은 30~40년 전 한국의 시골처럼 대가족으로 함께 모여 산다. 카림에게 이들은 모두가 사촌, 팔촌이다.

정부가 운영하는 PTDC 호텔. 북파키스탄 여행자들에겐 가격이 합리적이고 안전한 숙박시설이다.

[2] **실크로드** Silk Road
중국에서 중앙아시아를 거쳐 중동으로 수출한 주된 교역품이 비단이어서 붙여진 이름. 처음 이 명칭을 사용한 사람은 독일의 지리학자 페르디난트 리히트호펜이다. 정수일 교수는 실크로드의 개념을 오아시스길을 넘어 한반도와 일본, 로마까지로 확대했다.

닭과 양고기가 들어간 융숭한 현지식 식사를 마치고 나서, 가족의 모습을 카메라에 담고 싶다고 부탁했다. 이곳 사람들의 얼굴에는 동서양인의 장점이 골고루 들어 있다. 그도 그럴 것이 이곳은 예로부터 동서양의 교류가 많았던 실크로드[2] 근처가 아닌가!

원정을 마치고 서울로 돌아와서도 한동안 이 마을 사람들이 머릿속에서 떠나지 않았다. 일상과 사람에 지칠 때도 이들을 떠올리면 힘이 솟았다. 언젠간 다시 볼 날이 있겠지 기대했는데 그 꿈은 빨리 이뤄졌다. 2년 만에 다시 이곳을 찾았으니 말이다.

마을에 들어서자마자 카림의 자녀들이 인사를 해 왔다. 아들은 훌쩍 커 버려 기억의 모습과 많이 달라져 있었다. 나이는 어른만 먹는 게 아니었다. 나를 기억하느냐는 질문에 모두들 고개를 끄덕이며 웃음을 지어 보였다. 주변 집들도 방문했다. 노트북으로 사진을 전송하기 위해 신세를 졌던 니가 씨 앞집 아주머니도 반갑게 맞아 주었다. 전에는 미처 몰랐던 가족 관계도 차근차근 설명해 주었는데, 대부분 모두가 친척지간이다. 샤닐라, 메위시, 메라즈, 라힐라, 알리샤, 이나라. 2013년 초 출간한 사진집 <히말라야 유랑 流浪>의 주인공인 아이들이다. 그들을 모두 다시 만났다. 그 반가움이란!

저녁엔 카림의 아버지와 작은아버지 그리고 남동생

들도 찾아왔다. 저녁은 소박하지만 풍성했다. 멀베리 술과 닭고기 요리를 즐기며 담소를 나누었다. 카림은 무슬림인데도 술을 좋아한다. 무슬림이라고 모두 술을 금하는 것은 아니다. 북부 지역은 이슬람 신자들이 많지만 상대적으로 술에 관대하다. 더구나 카림은 일반인이 아닌 경찰관이 아닌가!

부니 마을 읍내와 호수에서 즐긴 여유

다음 날 아침, 읍내를 둘러보았다. 마을이 제법 큰데도 동네 사람들이 모두 알고 지내는 듯했다. 서로 인사하며 안부를 묻는데 한참이나 걸렸다.

거리에서 여인들을 보기란 쉽지 않다. 간혹 보이는 여인들은 머리가리개를 하고 있었다. 어느 여인네는 온통 까만 천으로 머리부터 발끝까지 가리는 부르카 Burka를 쓰고 있었다. 소녀들은 대체로 부르카보다는 활동하기 편하고 얼굴을 드러내는 히잡 Hijab을 하지만 엄격한 집안은 성년이 안 된 소녀라도 부르카나 니캅 Niqab을 두르게 한다. 대개는 남편이나 아버지의 뜻에 따른다. 카림의 동생이 교사로 일하는 학교도 방문했다. 학교 이름에 모델스쿨 Model School이 붙어 있었다. 처음에는 패션모델 양성 학교로 생각했다. 알고 보니 교육부에서 인정하는 교과과정을 가르치는 정규 학교나 모범적인 학교라는 의미였다.

'한국담배인삼공사 제조' 라고 써 있는 솔 담배

가게에서 담배를 사려고 이리저리 살펴보니 파인트리 Pine Tree라는 이름이 눈에 띄었다. 좀 더 살펴보았더니 제조사에 한국담배인삼공사의 이름이 떡하니 찍혀 있었다. 북파키스탄 산속 마을에서 추억의 '솔' 담배를 발견하다니! 신기하고 반가웠다. 판매대의 담배 밑에 깔아 둔 한글 신문이 보였다. 한국 사람이면 알 만한 경제신문이었다. 어떻게 한국의 신문이 돌고 돌아 이역만리 이곳까지 왔을까? 가이드에게 물어보니 그도 모르겠다며 신기한 듯 씨익 웃는다.

마을을 떠나기 전 강가를 거닐었다. 산 정상에 아직 채 녹지 않은 눈이 남아 있는 강 너머 풍경도 감상했다. 강가엔 아름다운 조약돌이 지천으로 깔려 있었다. 저마다 반들반들 기기묘묘한 형상이다. 문득 "언제 다시 이곳을 찾아올 수 있을까?"라는 생각이 들었다. 작고 특이한 돌을 몇 개 주웠다. 동네 아이들도 서로 자기 것이 어떠냐며 선물로 건넨다. 아쉽게도 모두 받을 수는 없었다. 아직 여정의 초반이기에, 지나치게 무거운 여행 가방을 들고 다니기는 부담스럽기 때문이다. 몇 개만 가방에 챙겨 넣었다. 이때 가지고 온 돌은 지금도 오롯이 마을 강가의 물내음을 풍기며 서재 한편을 지키고 있다.

카림 가족과 헤어지기 전 이슬라마바드에서 준비한 선물을 카림에게 전달했다. 카림의 어머니에게는 옷을 지을 천을, 다른 부인들에게는 약간 값나가는 머리핀과 브로치를, 여자아이들에겐 작은 장식물을, 그리고 남자 꼬마 형제들에겐 장난감 헬리콥터와 차를. 일일이 나눠 주기가 어려워 카림에게 잘 나눠 주라는 당부와 함께 준비한 것들을 맡겼다. 사실 여건만 허락한다면 더 머물고 싶었다. 하지만 일정이 촉박했다. 카림은 나에게 말린 멀베리를 잔뜩 안겨 주었다. 전날 술안주로 먹을 때 맛있다고 말했던 걸 기억하고 준비한 것이다. 소소한 말 한마디까지 놓치지 않고 배려하다니. 얼마나 풍성한 인심인가.

마을을 조용히 빠져나왔다. 가이드가 학교 끝날 때까지 기다려 아이들 얼굴을 보고 떠나자고 말했지만, 나는 바로 가자고 재촉했다. 여러 가족과 인사를 일일이 나누는 시간도 오래 걸리지만, 헤어지는 아쉬움에 발길이 떨어지지 않을 것 같았다.

부니 마을 옆 작은 호수. 산 그림자가 호수에 쏙 담겨 그림을 만들었다.

파키스탄 여행 중 만난 이슬람 여성들의 다양한 의상. 단정하고 우아한 분위기의 옷도 있지만 전반적으론 억압적이라는 느낌이 든다.

이슬람 여성의 의상은 보호일까? 억압일까? 베일은 본래 햇볕이 강한 고대 메소포타미아에서 유래된 풍습이다. 그런데 이것이 이슬람권에서 '여성의 의무'가 되었다. <꾸란> 24장 35절은 '히잡 구절'로 꼽힌다. 요약하면 '믿는 여성은 유혹하는 어떤 것도 밖으로 드러내면 안 되며, 가슴을 가리는 머리 수건을 써야 한다'라는 내용이다. 결국 이슬람권에서 베일은 무슬림 공동체의 정체성을 표시하고 여성을 성적 유혹으로부터 차단하기 위한 의상이다. 하지만 최근 프랑스 정부는 자국 이슬람 여성들에게 '히잡 금지' 조치를 내렸다. 유럽인의 시각에서는 여성 인권 억압의 상징처럼 보이기 때문이다.

이슬람 여성의 의상은 여러 종류가 있지만 크게 네 가지로 분류할 수 있다.

히잡 Hijab 얼굴이 모두 드러나며 머리 부분만 천을 둘러 머리카락과 귀를 가린다. 알라가 <꾸란>에서 명령한 형태로 대부분의 아랍권에서 가장 많이 쓴다. 미성년의 여학생들이 많이 이용한다.

니캅 Niqab 눈을 빼고 얼굴 전체를 가린다. 면사포 형태로 눈만 빼고 가리거나, 머리카락을 천으로 덮은 후, 또 다른 천으로 눈 아래를 둘러 눈만 드러나게 한다. 파키스탄과 모로코 여성들이 주로 쓰며 색상이 다양하다.

차도르 Chaddor 망토처럼 헐렁하게 입는 외투로 검은색이 많다. 보통 이란 여성의 전통 복장을 말한다. 속에는 별도의 옷을 다시 입는다. 고위직 여성의 경우 멋진 양장을 속에 입고 차도르를 두르기도 한다.

부르카 Burka 아프카니스탄에서 기원한 것이라고 전해지는 가장 보수적인 의상으로, 머리끝부터 발끝까지 모두 가린다. 눈 부분은 걸을 때 밖을 보기 위해 망사처럼 구멍이 뚫려 있다. 장갑으로 손까지 가리기도 한다. 시야가 안보여 걷는 도중 종종 사고가 발생하기도 한다.

샨두르 패스의 소녀, 샤나이 굴샨의 눈망울

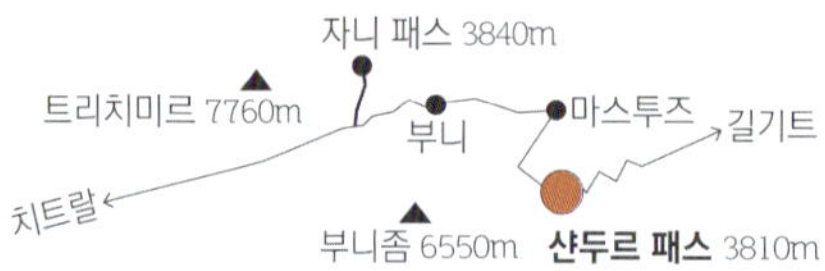

동쪽 길기트 Gilgit 방향으로 이동하기로 했다. 치트랄에서 길기트로 가는 길은 대표적인 트레킹 코스다. 부니좀 산을 옆으로 두고 가파른 고개를 넘으면 마지막 샨두르 패스 Shandur Pass, 3810m를 만나게 된다. 이 고개를 중심으로 치트랄과 길기트 지역으로 나뉘며, 길기트로 가기 위해선 샨두르 패스를 지나야 한다.

세계에서 가장 높은 폴로 경기장

샨두르 패스는 돌산이 병풍처럼 둘러싸고 있는 데다 광활한 풀밭과 호수가 어우러져 환상적인 풍경을 연출한다. 폴로 경기로도 유명한 마을이다. 매년 7월 7일부터 9일까지 폴로 경기가 열릴 때면 파키스탄뿐 아니라 전 세계에서 관광객이 몰려든다. 이곳의 폴로 경기장은 세계에서 가장 높은 곳에 있는 경기장이기도 하다. 관중석은 마치 로마시대의 전차 경기장처럼 돌로 만들어져 있어 색다른 느낌이 든다. 이 경기는 정부의 지원 아래 1936년부터 이어져 오고 있는데, 치트랄과 길기트 지역의 승부가 유난하다. 많은 경기 중에서도 이 경기에 사람들이 가장 열광한다. 경기가 시작되면 파키스탄 전역과 외국에서 몰려온 관람객들의 텐트로 고원은 형형색색 텐트 꽃밭을 이룬다.

로마시대의 전차 경기장처럼 돌로 만들어진 샨두르 패스의 폴로 경기장

폴로의 기원에 대해서는 여러 설이 있지만 페르시아의 군대 훈련에서 비롯됐다는 게 다수 의견이다. 물론 파키스탄, 특히 북부 스카르두 Skardu 지역에서는 자기들이 폴로를 만들었다고 강하게 주장한다. 폴로 Polo란 단어가 스카르두에서 사용하는 발티 말로 '공 Ball'을 뜻한다는 점에서 어느 정도 신빙성이 느껴진다.

폴로는 파키스탄에서 크리켓만큼이나 인기가 높다. 특히 치트랄, 길기트, 스카르두 지역에선 열광적이다. 폴로는 말을 타고 하는 하키라고 보면 된다. 여섯 명의 선수가 말과 함께 한 팀을 이룬다. 만일 말이나 선수가 다쳐서 퇴장하게 되면 상대편도 같은 수의 선수와 말

치트랄 지역과 길기트 지역을 나누는 샨두르 패스. 강물과 초지가 산 아래로 펼쳐져 지상낙원을 연상케 한다.

산중 마을 목동의 딸 샤나이 굴샨. 호기심 어린 눈망울 속에 거친 야생의 느낌이 그대로 들어있다.

이 퇴장한다. 제법 신사적이다. 한 번 나간 말은 경기 중 교체할 수 없기 때문에 체력이 매우 강인해야 한다. 특히 북부 산간지역의 폴로 게임은 매우 격렬해서 시즌마다 심장마비로 죽는 말이 여럿이라고 한다.

낭가파르바트 Nanga Parbat 아래 라마 호수에서 열린 폴로 경기를 우연히 구경했는데, 말 타는 솜씨들이 승마선수 못지않았다. 말의 입에서는 거품이 쉬지 않고 뿜어져 나오고, 지친 콧김이 차디찬 공기 사이로 뻗어 나온다. 더구나 이곳은 산소가 산 아래보다 훨씬 부족하다. 이런 격렬함과 스릴 때문에 더 인기가 있는지도 모르겠다. 중세 유적지 같은 폴로 경기장 옆 풀밭에 텐트를 쳤다. 저녁 해가 뉘엿뉘엿 트리치미르 쪽 산맥으로 기울며 야영장 옆 작은 호수에 황홀한 석양빛이 비친다. 어느새 여정의 고단함마저 석양과 함께 사라져 가고 있었다.

야생 소녀, 샤나이 굴샨

다음 날, 어른 한 명과 소녀 한 명이 우리에게 다가왔다. 300여 m 떨어진 언덕 위의 집에서 내려온 가족으로 소녀의 이름은 샤나이 굴샨 Shanay Gulshan이다. 이제 겨우 아홉 살인데, 다듬어지지 않은 금발을 하고 있었다. 손과 발은 온통 고산 지역의 추위에 부르텄다. 샤나이는 말을 한마디도 하지 않았다. 웃지도 않았다. 가지고 간 폴라로이드 카메라로 사진을 찍어 줘도 눈만 약간 둥그레질 뿐 표정에 변화가 없었다. 소녀의 아버지와 가이드의 도움을 받으며 대화할 때도 무표정으로 일관했다. 무엇이 소녀에게서 표정을 빼앗아 갔을까.

이 언덕엔 마을이라곤 없고, 대여섯 채의 돌집이 각각 외따로 떨어져 있다. 대부분 양과 소를 키운다. 9월 고산에 눈이 내리기 시작하면 가축들을 몰고 아랫마을로 내려간다고 한다. 오후에 샤나이의 집을 방문했다. 산의 돌을 주워 쌓아 올리고 돌과 돌의 틈새는 흙과 동물의 분변으로 메워 만든 허름한 집이다. 부엌과 거실, 침실이 따로 없다. 양 네 마리, 염소 여섯 마리, 소 네 마리가 전 재산이다. 집 안에서는 양젖으로 요구르트를 만들고 있었다. 논도 밭도 거의 없는 이곳에서 가축의 젖은 엄청난 식량이다.

샨두르 패스를 내려오니 시냇물이 흐르고 그 주변으로는 풀밭이 펼쳐졌다. 한 폭의 그림이 따로 없다. 옛날 아담과 하와가 살았던 에덴동산이 이런 곳이었을까. 수많은 양과 소가 한가로이 풀을 뜯고 강에서 목을 축인다. 한 가족이 오토바이를 타고 와 낚시를 즐기고 있다. 가까이 다가가 보니 송어다. 이곳 사람들도 풍류를 즐긴다. 생업을 위해 고기를 낚는 것 같지는 않아 보였다. 날이 어둑해지니 양치기들이 배불리 먹은 양 떼를 몰고 아랫마을로 이동한다. 양치기 아빠 옆에는 회초리를 든 아이들이 소리를 지르며 양몰이를 한다. 문자 그대로 목동들이다. 하나같이 능숙한 솜씨다. 이들에게 냉장고나 세탁기 등의 편리한 문명의 이기들은 없지만 산, 물, 초지 등이 에덴동산 같은 자연환경이 함께한다. 친환경이니 자연보호니 하며, 그나마 사라지지 않은 빈약한 자연을 보호하기 위해 아등바등하는 한국인으로서는 무척 부러웠다. 한가득 부러운 감정을 안고 더 깊은 산으로 길을 재촉했다.

여정 중에 수백 마리의 양떼를 만나는 일은 다반사다. 이 많은 양을 보통 한두 명이 몰고 간다.

훈자 마을 언덕 이글네스트에서 본 레이디 핑거 봉우리(뒤쪽 가운데). 여인의 손가락처럼 뾰족해 붙여진 이름이다.

실크로드의 숨은 바람 계곡, 훈자

샨두르 패스에서 길기트 방향인 동쪽의 험산 절벽 비포장길을 따라가다 보면 판두르 Phandur, 구피스 Gupis, 가쿠치 Gakuch 마을을 차례로 만난다. 이 세 마을로 가는 산길은 벌써 가을이 완연했다. 사실 여름부터 피지만 가을을 상징하는 코스모스가 만개해 있고, 길가의 나뭇잎은 서서히 노란 물이 들고 있었다. 아침에 출발한 여정은 깜깜한 저녁이 돼서야 길기트를 만나는 것으로 일단락되었다. 안내인은 길기트에서는 "특히 여성들 사진 촬영에 유의하라."라고 당부했다. 수니와 시아파 간 갈등도 심하고 매우 보수적인 곳이라 위험하단다. 아닌 게 아니라 길기트 입구 초입부터 군인들이 총을 들고 서 있다. 저녁에도 기관총을 장착한 지프가 거듭 순찰을 돌았다.

길기트 초입에 있는 고산 산양 조각상

훈자로 가는 길목, 길기트

다음 날 길기트 시내에서 위성통신 장비인 인말샛 부품을 새 걸로 교체하고, 현지 휴대전화를 충전했다. 생각보다는 통신 요금이 싸다. 길기트는 북쪽으로는 중국, 서쪽으로는 치트랄, 동쪽으로는 스카르두로 이어지고 남쪽으로는 수도 이슬라마바드로 통한다. 한마디로 사통팔달 교통과 교역의 요충지이며, 파키스탄 북부의 중추 도시다. 수도 이슬라마바드에서 차로 16~20시간 걸린다. 실크로드 중추 교역 도시라는 과거의 화려했던 명성에 걸맞은 큰 매력을 느끼지는 못했다. 도시는 많은 마차와 차량들로 먼지와 매연이 가득했다. 그저 빨리 떠나고 싶었다.

길기트 하면 고선지 장군을 언급하지 않을 수 없다. 당시 길기트는 티베트(토번)의 지배를 받고 있었다. 중국 당나라 시절, 고구려 유민으로 끌려간 고사계의 아들 고선지 장군이 747년 이곳을 정벌했다. 당나라 군은 돌아갈 다리를 허물고 배수진을 쳐 전투에 임했다고 한다. 오늘날엔 파키스탄 영역이지만, 당시 당나라의 서쪽 국경 확장에 지대한 기여를 한 전투다. 고선지 장군이 없었더라면 오늘날 중국 영토가 서쪽으로 그리 확장되진 않았을 거란 추측도 무리가 아니다.

한 영국 학자는 '한니발, 나폴레옹의 원정보다 더 위대한 원정'이라고 평가하기도 했다. 신라 혜초 스님도 이곳을 지나간 것으로 알려졌는데, 실제 다녀가지는 않았다고 한다. 혜초 스님은 '이런 곳이 있다더라' 정도로 언급한 것이 정설이라고 한다.

카라코람의 보석, 훈자 마을

길기트의 여정을 마무리하고 장수 마을로 알려진 훈자Hunza로 향했다. 길기트에서 북쪽 길로 접어들면 곧바로 그 유명한 카라코람 하이웨이KKH를 만난다. 카라Kara는 '검은색'을 뜻하고 코람Koram은 '바위'를 뜻한다. 온통 웅대한 바위산에 기가 눌릴 정도다. KKH는 파키스탄 북부와 중국 신장 웨이우얼자치구를 연결하는 산악 도로다. 카라코람 하이웨이의 끝은 놓인 쿤제라브 패스Khunjerab Pass로 해발 4693m다. 공사는 1966년에 시작해 1978년에 끝났다. 첨단 장비도 없이 진행한 공사에서 3000여 명이 희생됐다. 인민의 피땀으로 만든 도로다.

도로를 달리다 보면 공사 현장의 안내 간판에서 중국의 한자가 적혀 있는 것을 볼 수 있다. 중국 쪽에서 건설 책임을 맡고 있다는 증거다. 중국으로서는 전혀 손해 볼 게 없는 공사다. 중국은 동북공정만 신경 쓰는 게 아니라 서남쪽 진출에도 엄청난 공을 들이고 있기 때문에 이 공사는 서남쪽 진출의 교두보를 닦는 것과 마찬가지다. 그런데 이름만 고속도로지 우리가 알고 있는 고속도로가 아니다. 상당 구간이 비포장에 흙돌길이다. 그 옛날 실크로드 시절에 비하면 고속도로가 틀린 말은 아닐 것이다. 하지만 변변한 휴게소도 없다. 흙먼지는 자욱하고, 사람과 양떼와 소떼가 뒤섞여 길 한가운데를 점령하는 고속도로라니! 이런 고속도로는 전 세계를 둘러봐도 이곳밖에 없을 것 같다.

KKH는 상당 부분이 실크로드와 일치한다. 실크로드는 제8대 불가사의 중 하나다. 그 험준한 고산준령의 돌산을 파헤쳐서 만든 실크로드엔 옛사람들의 피와 땀이 배어 있다. 〈동방견문록〉으로 잘 알려진 베네치아 상인 마르코 폴로도 이 길을 지났다. 요즘은 화려하게 장식한 파키스탄 트럭들로 가득하다.

옛 실크로드와 KKH가 헤어지고 만나기를 반복했다. 길을 세 시간 정도 달려 KKH에서 완전히 빠져나오니 아담한 언덕 마을이 나타난다. 국내의 한 광고에서 장수 마을로 소개되었던, 우리나라 배낭 여행자들이 즐겨 찾는 훈자가 바로 이곳이다. 지도에 칼리마바드Kalimabad라고 표시된 곳으로 전체 인구가 6만 명이다. 마을 중심부 언덕에 위치한 아담한 힐탑 호텔에 여장을 풀었다.

다음 날 호텔 밖 주차장에서 장비를 꾸리던 중 뒷산 울타르 피크Ultar Peak, 7388m 쪽에서 귀가 따가울 정도로 천둥소리가 난다. 멀쩡한 날씨에 천둥소리라니. '눈사태Avalanche'라는 사람들의 외침이 들렸다. 본능적으로 카메라를 들어 셔터를 눌렀다. 다행히 눈사태는 마을까지 덮칠 정도는 아니었지만, 가슴이 두근거렸다. 영화에서나 보았던 눈사태를 눈앞에서 본 건 처음이었다.

마을에서 차로 20여 분 언덕을 올라가면 이글 네스트Eagle's Nest라는 전망 좋은 바위산이 있다. 이글 네스트는 언덕 위 바위마다 뚫려 있는 구멍이 독수리 둥지를 닮았다고 해서 지어진 이름일 뿐 실제로 독수리가 살거나 알을 낳는 건 아니다. 훈자 전체를 조망할 수

길기트에서 훈자로 가는 카라코람 하이웨이(KKH)는 도로 대부분이 옛 실크로드와 겹친다. 오른쪽 산 아래쪽으로 난 길이 옛 실크로드다.

있는 가장 좋은 전망대이기도 하다.

남쪽으로는 멀리 라카포시 Rakaposhi, 7788m 산 정상이 하얀 눈 모자를 덮어쓰고 있고, 동쪽으론 골든 피크 7027m가 보였다. 골든 피크는 해 질 녘에 황금빛으로 물든다 해서 지어진 이름이다. 바로 위쪽엔 형태가 멋지기로 유명한 레이디 핑거 Lady Finger, 6000m가 우뚝 서있다. 이름 그대로 여인네의 뾰쪽한 손가락 모양이다. 레이디 핑거 뒤편으로 울타르 피크가 수호신처럼 버티고 서 있다.

언덕 아래 마을에는 옛 훈자 왕국 시절에 있었다는 성채 두 개가 보였다. 티베트의 포카라 궁과 흡사한 발티트 성 Baltit Fort과 알티트 성 Altit Fort이다. 발티트 성에선 1945년까지 훈자 왕이 살았다. 지금은 우리 조선 왕조 왕손들처럼, 존재는 하지만 군림하진 않는다.

마을 사람들은 외지인들에게 매우 친절하다. 할아버지도 영어가 유창하고, 발음이 정확하다. 관광객이 많이 와서도 그렇지만, 교육열이 남다르다. 이는 종교적인 이유가 크다. 많은 지역이 수니와 시아파가 대부분인데, 이곳은 이스마엘파 이슬람이 많다. 이 종파의 수장은 스위스에 살고 있다. 이 종파가 가장 강조하는 점은 교육과 영육 간의 조화로운 건강이다. 조기 교육에 대한 열정 또한 남다르다. 특히 여성도 똑같이 교육하고 존중해야 한다는 점에서 선진적이고 개방적이다. 무슬림에 대한 새로운 이해가 생겼다.

발티트 성은 티베트 건축 스타일로 만들어진 고즈넉한 성채로 훈자 마을을 한눈에 조망할 수 있다.

마을 골목 어귀에서 만난 훈자 마을의 소녀.

금주를 철통같이 지키는 이슬람 국가이지만, 이곳에서도 술을 맛볼 수 있었다. 훈자워터라는 별명이 붙은 '멀베리 술'이다. 상당수의 마을 사람들이 마시지만, 합법적으로 유통되지는 않는 듯했다. 자정이 넘어, 호텔 주인 알리 자베드 씨가 훈자워터를 우리에게 살짝 내놓았다. 오랜만의 알코올 섭취여서 사람들이 자다 말고 로비로 몰려왔다. 자베드 씨는 경찰 단속이 가끔은 있다며 주의를 준다. 라마단이 끝나기 전인 지난주, 경찰이 밀주업자 집을 급습해 100L를 압수했다고 한다.

알쏭달쏭한 훈자 마을의 기원과 언어

훈자에는 크게 세 개의 마을이 있는데, 세 곳 모두 사용하는 언어가 다르다. 20여 분 떨어진 거리의 아랫마을과 윗마을의 언어가 다르다니 이해가 안 되었다. 마을의 한 카페에서 커피를 마시다가 옆자리에서 앉은 일본 도쿄외국어대 요시에 사토코 Yoshie Satoko 박사 일행과 이야기를 나누었다. 요시에 박사는 매년 이곳을 방문해 이곳 언어를 연구하고 있다. 그녀 말에 따르면, 훈자 중심부 칼리마바드 마을의 언어는 언어학적으로 고립어로, 그 기원을 전혀 알 수 없다고 한다. 마치 스페인의 바스크 지방 언어처럼 이웃 지역과 언어 계통이 완전 다르다는 것이다. 물론 표준 우르두어를 쓰면 대화가 안 통하는 건 아니라고 한다.

언어의 차이만큼이나 훈자 주민의 기원도 알쏭달쏭하다. 역사학자들은 9세기경에 마을이 형성된 것으로 추정한다. 어떤 이는 이란 쪽에서, 어떤 이는 타지키스탄이나 아프가니스탄 쪽에서 이주했다고 한다. 가장 낭만적인 가설은 알렉산더군의 동방원정 때 세 명의 병사가 페르시아 여인을 데리고 탈영했는데, 이 마을에 숨어 정착했다는 이야기다. 일부 마을 주민은 이 이야기를 믿으면서 아랫마을에 가면 그들이 쓰는 언어 중 특정 단어들이 알렉산더 대왕 시절 군인들만 쓰던 용어라고 주장한다. 호텔 사장 자베드 씨는 동방원정군 중 아픈 군인들이 있어 그들을 이곳에서 치료하게 하면서 정착했다는 이야기도 있다고 들려주었다. 마치 칼라시 마을처럼…. 그러나 요시에 박사는 이 지역의 언어가 그리스계 언어와는 전혀 관계가 없다고 단언했다. 많은 고고학자의 연구에 따르면 그 시절 유물이 한 점도 출토되지 않았다고 한다. 역사 자료를 봐도 당시 알렉산더 대왕은 지금의 훈자에서 서쪽으로 한참 떨어진 페샤와르 근처를 통과해 인도 쪽으로 진군했을 뿐이다.

나중에 훈자에서 차로 여섯 시간 거리인 스카르두에서 새로운 이야기를 들었다. 파키스탄 역사에 정통한 샤비르 후세인 씨는 훈자 피플의 기원과 그간의 미스터리에 대해 명쾌하게 설명해 주었다. '훈자 사람들은 본래 오늘날 타지키스탄과 중국 위구르 쪽에서 이주해 와 산중에서 가축을 기르며, 도적질을 일삼던 혼합 민족'이라는 것이다. 그러던 중 발티스탄 왕국(지금의 스카르두 지역, 본래 조상이 티베트인이고 이곳 사람들은 아직도 티베트 언어를 알고 있다)의 공주가 훈자로 시집을 갔는데, 산중 생활이 너무 답답해 미칠 지경이었다. 결국 참다 못한 공주는 아버지인 국왕에게 울면서 하소연했다. 공주의 호소에 왕은 목수, 철공 기술자, 약사 등 모든 인력을 훈자에 보내 오늘날 훈자의 기반을 건설했다는 것이다. 그는 100% 확실한 역사적 사실이라고 단언했다. 그러고 보니 발티트 성의 건축 양식이나 언어의 독립성 등을 볼 때 모두 근거 있는 해석인 듯하다. 그는 "비록 과거 역사는 외부의 도움으로 유지됐지만 오늘날 훈자는 매우 아름답고, 교육 수준도, 소득도 높은 마을이 되었다."라며 부러워했다.

사계절 각기 다른 아름다움이 있는 훈자 마을은 배낭 여행자들에게 사랑받을 만한 멋진 곳이다.

100세 노인을 찾기 어려워진 장수 마을

훈자에 도착하기 전부터 궁금한 점이 있었다. 왜 이곳이 장수 마을로 유명한지…. 오죽하면 영국 BBC에서 장수 비결의 실체가 무엇인지를 알기 위해 다큐멘터리까지 제작했을까! 여러 명의 주민들에게서 얻은 공통적인 대답은 이젠 장수 마을이 아니라는 것이다. 한결같이 그 이유를 KKH 때문이라고 했다. 예전엔 모든 것을 자급자족하고 근면하게 일해 조미료도 안 쓰고, 그야말로 웰빙 음식만 먹어 실제 장수하는 마을이었다고 한다. 특히 마을 곳곳엔 살구나무 천지인데 살구가 장수 비결 음식 중 하나라고 말한다.

그런데 KKH가 생기면서 상황이 바뀌었다. 공산품이 대량 유입되고, 관광객이 늘면서 일을 안 해 몸을 부지런히 움직이지 않으니 비만도 생기고, 이젠 100세가 넘은 노인을 찾기가 힘들어졌다. 원정팀이 도착하기 몇 달 전 한국에서 어느 연구진이 방문해 100세가 넘은 노인들을 찾아다녔다고 한다. 그런데 마을의 작은 은행에서 노인에게 지급하는 연금 수급자 명단을 입수해 분석해 보니 100세 이상 노인이 단 세 명뿐이었다고 한다.

아침에 눈을 뜨니 산이 온통 짙은 구름에 가려져 있다. 동화 속 풍경처럼 운치가 있어, 창문 너머로 마을과 산의 모습을 카메라에 담았다. 동네를 한 바퀴 어슬렁거리다 보니 왁자지껄한 소리와 음악이 들린다. 어느 집 옥상에서 한바탕 음악과 춤 잔치가 벌어지고 있었다. 마을 민속발표회에 나갈 음악인들이 모여 전통악기를 연주하는데, 자연스레 동네 노인들과 젊은이들이 춤사위를 펼쳤던 것이다. 점심도 안 먹는지(아! 그러고 보니 라마단 기간이었다) 덕분에 하루 종일 이국 땅 풍악과 춤사위를 공짜로 감상할 수 있었다.

마을 주민 만주르 씨가 대원들을 저녁식사에 초대했

다. 이곳에서는 라마단이 끝나는 날 친지들끼리 인사도 하고 집에서 자축하며 성대하게 차린 음식을 먹는 전통이 있다. 전통적인 훈자 음식이라며 수프 같은 국물을 내왔는데 한국의 고깃국과 흡사해 입맛에 맞았다. 메인 요리는 양고기, 소고기, 차파티와 볶음밥이었다. 식사하는 내내 아이들은 여러 대의 카메라와 피곤에 지친 이국의 방문자들에게 호기심 어린 눈을 잠시도 떼지 않았다.

만주르 씨가 술을 내왔다. 일행은 약간 당황스러웠지만 이슬람 국가에서 술을 마실 수 있다는 즐거움에 처음의 당황감은 잊고 술을 즐겼다. 술기운으로 잠에 푸욱 빠졌던 그날의 기억이 새롭다.

만주르 씨는 호탕한 성격으로 술을 매우 잘 마셨지만 술은 약했다. 일행과 같은 양을 마셨지만 나중에 주인장 혼자만 취해 버렸다.

미야자키 하야오도 반한 칼리마바드

발티트 성을 둘러보기 위해 길을 나섰다. 발티트 성은 아담하고 단아하다. 그리고 편안한 분위기를 풍긴다. 700여 년 전 국왕 아야쇼 2세가 리틀 티베트라 불리던 발티스탄의 공주를 신부로 맞으면서 티베트 건축 방식으로 지은 것이다. 얼핏 보면 티베트 라사에 있는 포탈라 Potala 궁과 모양이 흡사하다.

이곳의 유명 인사는 문지기 아저씨다. 콧수염을 길게 만들어 〈아라비안나이트〉 영화 속 인물 같다. 보통 때는 콧수염을 말아 올려 양쪽 귀에 걸어 놓는다. 집이 훈자가 아니라서 일주일에 한 번 집에 다녀온다고 한다. 성심껏 우리를 위해 특별 안내를 해 주고 그 귀한 콧수염까지 풀어 주었다.

콧수염이 멋진 발티트 성 문지기

또 하나의 성인 알티트 성은 언덕 너머에 있다. 마을 정보통인 호텔 사장 자베드 씨가 알티트 성에서 마을 여성들을 만날 좋은 기회가 있다고 귀띔했다. 여성 사회적 기업 Woman Social Enterprise이라는 NGO에서 마을 여성들에게 목공예와 배관, 전기, 생활 가구를 만드는 교육을 한다는 것이다.

교육 담당 여직원인 24세의 파라 나딤 씨를 소개받았다. 그에게서 여성의 지위 향상과 소득 증대 관련 사업에 대한 설명을 들었다. 그녀의 안내로 찾아간 성문 안쪽 작업장에는 여성들이 삼삼오오 짝을 이뤄 의자 등의 가구를 만들고 있었다. 여성들이 원색의 옷을 입고 땀을 흘리며 대패질과 망치질, 톱질을 하는 모습이 낯설었다. 처음엔 남성들의 방문을 쑥스러워하던 여성들은 나중엔 웃음과 농담을 던지면서 경계심을 풀었다. 선진적인 사업을 심산유곡 훈자에서 하고 있다니, 참으로 놀라웠다. 역시 이곳은 다른 이슬람 지역과 달리 여성의 사회적 활동 지원에 적극적이란 걸 새삼 깨달았다.

훈자의 중심부인 칼리마바드 마을을 걷다 보면 종종 한국의 배낭 여행자들을 만난다. 길을 가다 보면 "한국에서 오셨죠?"라고 말을 걸어온다. 이곳이 한국 배낭 여행자들이 많이 찾는 명소가 된 지는 오래됐다. 식당에서 또 다른 한국인이 말을 걸어온다. 50대 중반으로 주소도, 자세한 직업도, 이름도 알려 주지 않고 별명이 '김남희'라고만 한다. 한국 동명의 가수와 얼굴이 비슷하다 해서 붙여졌단다. 중국, 태국, 미얀마, 라오스, 인도, 네팔 등 몇십 년째 안 가 본 데가 없는 보헤미안이자 돈키호테 같은 아저씨다. 중국에서 머물다가 5월에 넘어왔는데, 이곳이 좋아 눌러앉았단다. 훈자 마을에는 자기 같은 보헤미안이 많다고 알려 주었다. 그도 그럴 것이 이 마을의 자연환경에 흠뻑 빠지고, 이곳 사람

새 신부의 화려한 장신구와 문신 메흐디.
훈자 마을 사람들은 대체로 훈자 마을 사람하고만 결혼한다.

결혼식장의 신랑 신부

들의 친절함을 느끼다 보면 누구라도 한번쯤 눌러앉을 생각을 할 것 같다.

〈미래소년 코난〉을 만든 일본 만화영화 감독 미야자키 하야오가 그랬다. 우연히 KKH를 지나 이곳에 온 미야자키 하야오는 이곳의 자연에 반했다. 이곳을 배경으로 〈바람 계곡의 나우시카〉를 만들기도 했다. 그러고 보니 대학 시절 본 그 영화의 산세가 연상된다. 상상 속의 산인 줄 알았는데! 여기 오기 전 만난 〈파키스탄, 카라코람 하이웨이 걷기 여행〉의 저자 전우석 씨도 그랬었다. 부지런한 기록광이자 산악인인 김창호 씨도 그런 사람 중 하나다. 그들은 한국에서 거의 카라코람의 선구자들이다.

라마단이 끝난 후 첫 토요일, 마을 전체가 결혼잔치로 부산하다. 결혼식장은 바로 우리 호텔. 호텔 주인은 취재진에게 결혼식장 촬영 허가를 신랑신부 가족에게 받는 대신, 찍은 사진들을 선물로 주면 어떻겠느냐고 제안했다. 물론 오케이다. 신랑이 모스크에 가서 예를 갖춘 뒤, 신부집에 가서 신부를 혼례장까지 데리고 온다. 간단한 원로의 기도 후 또 다른 원로가 신랑신부를 소개한다. 훈자 마을 사람들은 대부분 훈자 마을 사람과 결혼한다고 한다.

이국땅에서 보는 결혼식 구경은 언제나 즐겁다. 더욱이 초대까지 받다니 이런 호사가 어디 있으랴! 신랑 아셰드 씨는 28세, 신부 살마 씨는 27세다. 이곳에선 제법

나이가 많은 신부다. 신랑은 길기트에서 회사원으로 일하는데, 혼례는 전통대로 고향에서 올린다. 현지 가이드는 제법 여유 있는 집안이라 그런지 결혼식도 화려하고 외모도 준수한 편이라고 알려 주었다. 보기에도 하객들의 성장한 옷이 눈에 띈다. 산골 마을의 결혼식과는 사뭇 다른 느낌이었다. 훈자는 이 근처에서 생활 수준이 높은 편으로, 부유한 사람이 꽤 많고 일반인들도 경제 사정이 넉넉한 편이기 때문이다.

원색의 화장, 화려한 목걸이, 귀고리, 순금 팔찌. 가장 눈길을 끄는 건 결혼식 때만 한다는 팔의 문신이다. 우르두어로 메흐디 Mehdi라고 부르는데, 인도의 헤나 같은 거다. 팔 전체에 그려진 문양이 매우 인상적이었다. 예식 시간은 우리 예식장처럼 20분도 채 안 되는 것 같다. 예식이 끝나자마자 신랑신부는 호텔 밖으로 나와 대기한 차를 타고 신혼집이 있는 길기트로 곧바로 떠났다. 이곳은 신혼여행 풍습이 없다.

참을 수 없는 훈자의 매력

훈자는 명성 그대로 자연 풍광과 문화, 역사, 사람 모두 멋진 곳이었다. 훈자에서 가장 전망이 좋은 호텔인 이글 네스트 호텔을 운영하는 자베드 씨가 "한국인들이 좋고 정말 고맙다."라고 말을 건넸다. 그는 호텔을 증개축하면서 은행에 많은 빚을 졌다. 그런데 예전에 많았던 미국과 유럽, 일본 방문자들의 발길이 뜸해져 걱정이었다고 한다. 때마침 한국 배낭 여행자들의 수가 매년 늘어 그들 덕분에 경제적으로 안정을 찾아 가고 있다고 덧붙였다. 한국 여행자들이 현지인들에게 도움이 되고 있다니, 기분 좋은 소식이다.

마을의 한 주민은 서방 국가의 관광객이 줄어든 것은 9·11테러가 중요한 분기점이었다고 말했다. 9·11 이전엔 파키스탄에 미국인이나 유럽인이 많이 찾았는데, 이후부터 파키스탄은 위험한 나라로 낙인찍혀 관광객이 급격히 줄었다고 한다. 또 그는 "실제로는 얼마나 아름답고 안전하냐?"라며 소리를 높였다.

그래도 뉴스를 보면 남쪽 카라치나 국경 부근에서 매일 사건 사고가 일어나지 않느냐는 반문에 그 몇몇 사람 때문에 파키스탄 보통 국민이 피해를 본다는 것이다. 사람의 생명이 가장 중요하고 인생은 짧은데 계속되는 국내 테러 사건들이 참으로 안타깝다고 말했다.

파키스탄 북쪽 깊숙이 박혀 봄, 여름, 가을, 겨울 사계절 빛깔을 달리하며 아름다움을 뽐내는 훈자 마을! 이 그림 같은 마을을 어렵게 찾아오는 용감한 배낭 여행자들이 있어 훈자는 아직도 외롭진 않아 보인다. 아마 지금보다 이슬람 사회에 대한 경계심이 누그러지고, 아프가니스탄과 파키스탄에서 테러가 줄어들면 이 지역은 다시 예전의 화려한 명성을 되찾을 것이다.

마을 소녀들. 이곳 사람들의 얼굴은 다른 지역과 확연히 구별이 갈 정도다.

마을 언덕 이글 네스트에 놀러온 훈자 여인들. 누구라도 훈자를 찾으면 이곳 풍광에 반할 수밖에 없다.

카라코람 히말라야 산행의 시작 마을인 후세. 여기서부터 곤도고로라를 넘어야 K2를 만난다.

거칠고 검은 땅, 카라코람 속으로

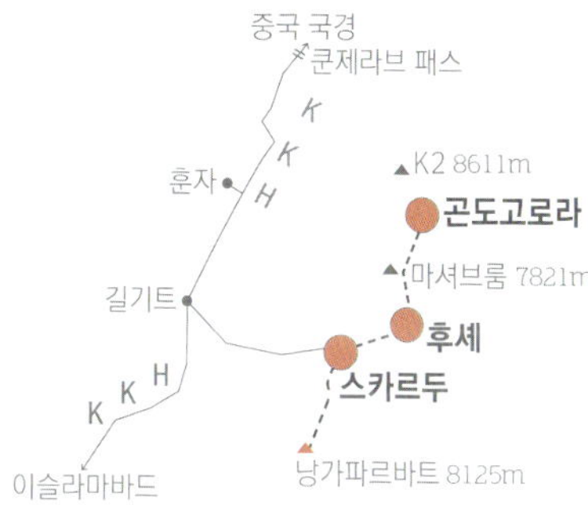

스카르두 Skardu 가는 길은 패러글라이딩 원정대와 함께했다. 훈자 마을에서 스카르두로 이어지는 길은 지프 세 대와 주방물품을 실은 트럭 한 대가 달렸다. 울퉁불퉁한 돌길과 먼지가 풀풀 날리는 흙길을 번갈아 달리다 보니 자동차 옆 유리창에 머리를 수십 번이나 부딪쳤다. 이러다가 내 머리의 뇌세포가 남아 있을지 은근히 걱정이 앞섰다. 다행히 교통사고 걱정은 안 해도 될 것 같았다. 지금껏 수백 km를 달려왔지만, 교통사고 현장은 단 한 번도 보지 못했다. 그도 그럴 것이 평균시속 20~30km의 엉금엉금 거북이 운행이니 사고가 나는 것이 더 신기할지도 모른다. 다만 길 중간중간 고장으로 서 있는 차는 수십 대를 목격할 수 있었다. 몇십 년 된 중고차가 대부분이라 툭하면 탈이 난다.

비포장과 낭떠러지 길, 본격적인 탐험의 시작

파키스탄 북부 지역, 스카르두로 향하는 길에 위치

한 카라코람 산군은 근육질이 우람한 남성 같다. 거칠고 장대하다. 거대한 암석덩어리와 자갈 그리고 흙이 아무렇게나 뒤섞여 태고의 모습 그대로 파키스탄의 히말라야 산맥 가운데 가부좌를 틀고 있다. 비포장도로는 아슬아슬 수백 m 낭떠러지 위의 강 옆을 따라 끝없이 이어졌다. 길은 온통 자갈투성이인 데다 너무 비좁다. 오고 가는 두 차량이 서로 비켜갈 때마다 가슴이 조마조마하다. 조금만 삐끗하면 그대로 낭떠러지로 곤두박질이다.

사실 이곳을 지날 계획은 아니었다. 길기트 다리가 무너지는 바람에 돌아가느라 이 길로 들어서게 된 것이다. 가슴은 있는 대로 졸이고, 여정은 더 길어졌다. 천 길 낭떠러지 아래로 흐르는 강물은 그 속을 알 수 없는 뿌연 흙탕물이다. 콸! 콸! 콸! 천둥소리인 양 거친 성질을 드러내며 끊임없이 요동치며 흘러간다. 처음엔 무섭더니 시간이 흐르자 어느새 익숙해졌다. 거센 물살도 눈에 익었다. 다소 소란스러운 친구의 수다처럼 들릴 지경이다. 문득 요란하게 장식한 파키스탄 화물차가 느릿느릿 올라오는 게 보였다. 파키스탄 화물차는 온갖 형형색색 장식물로 차를 장식하고 조명 또한 화려하다. 멋진 트럭 경연대회를 열면 단연 이곳의 화물차가 으뜸일 거다. 어릴 적 보았던 시골의 꽃상여가 떠올랐다.

카라코람 등반의 베이스캠프, 스카르두

카라코람 하이웨이 KKH를 타고 훈자에서 길기트까지 네 시간, 다시 길기트에서 스카르두까지 여덟 시간, 저녁 9시가 넘어서야 스카르두에 도착했다. 스카르두는 치트랄처럼 파키스탄의 변방이다. 종족도 다르고, 중앙정부의 통치 권력이 오랫동안 미치지 않은 곳이다.

스카르두는 카라코람 히말라야 등반을 시작하는 등반대들이 모든 물자를 준비하는 기지다.

지금도 어느 정도 자율성을 보장받고 있다. 각종 면세 혜택도 있다. 하지만 거꾸로 말하면 중앙정부의 관심과 지원이 적은 독립 지역이나 마찬가지일 것이다.

스카르두는 발티스탄 Baltistan 지역의 중심 도시로 카라코람 히말라야 등반을 꿈꾸는 모든 등반대가 이 도시를 베이스로 해서 출발한다. 예전에는 티베트 땅이었기 때문에 분쟁 지역인 라다크 Ladakh 지방과 더불어 '리틀 티베트 Little Tibet'란 이름이 붙었다. 이곳 사람들은 옛 티베트말을 알아 듣는다. 그래서 이곳 주민들은 대부분 이슬람 신자이지만 달라이 라마와 티베트 민족의 현 상황에 대해 동정심을 갖고 있다. 그 대신 파키스탄 중앙 정부에 대해선 반감이 크다.

이 지역의 최대 번성기는 3세기경이다. 당시 간다라 Gandhara 지방(아프카니스탄과 페샤와르 근처)에서 불교가 전래됐고, 8~9세기엔 티베트 왕국이 번성했다. 훈자의 알티트 성과 발티트 성도 이곳 스카르두에서 건너간 티베트 건설 기술자들이 만든 것이다. 그러나 찬란했던 티베트 불교 왕국은 15세기 이슬람군의 침공으로 무너졌다.

그 이후 스카르두 지방의 종교는 이슬람이 주류를 이룬다. 종교는 이슬람이지만 마음속 깊은 곳에선 파키스탄이 아닌 것이다. 또한 이곳은 인도와의 군사적 긴장 관계가 계속되는 분쟁 지역이기도 하다. 이른바 군사분계선 개념인 LOC Line of Control 지역이다.

카라코람의 산맥은 카라코람 산맥이나 카라코람 히말라야로 불리기도 한다. 엄밀히 구분하자면 길기트 지역을 중심으로 북쪽은 카라코람, 동남쪽은 히말라야에 속한다. 카라코람 히말라야에는 K2, 브로드 피크, 가셔브룸 I, 가셔브룸 II 등 8000m급 고봉들이 몰려 있다. 곤도고로라 Gondogoro La 고개에 오르면 이들을 한눈에 볼 수 있다. '라 La'는 고개 Pass를 뜻한다. 파키스탄에는 언급한 4개의 산 외에 낭가파르바트를 포함하여 8000m급 봉우리가 5개다. 세계에서 가장 거친데, 이곳 지역민들의 자부심 또한 대단하다.

곤도고로라를 넘기 위해 후셰 Hushe 마을에서 본격적인 산행을 시작했다. 스카르두에서 차로 네 시간을 달려 산중 마을에 도착하자 언제부터 기다렸는지 포터들이 줄지어 몰려들었다. 원정대는 8명인데, 포터는 30명이 족히 넘는다. 남루한 옷차림에 너덜너덜한 운동화를 신은 포터도 있었다. 거친 피부에 야윈 몸매들. 고급 등산 장비로 완전무장한 대원들의 모습과 완벽한 대비를 이룬다. 미안한 마음이 들 정도다. 함성이 아직도 귀에 쟁쟁하다. 포터들이 등정 대원들의 짐을 20kg씩 나눠 지느라 소란스러웠다.

개인 포터를 따로 배정받았다. 고산 적응이 늦고 체력이 약한 탓이다. 한 살배기 아들을 둔 23세의 자킬 씨가 파트너였다. 그는 가난 때문에 학업을 중단했는데, 다시 학교를 다니기 위해 포터 일을 시작했다.

죽음의 고개, 곤도고로라

아침 식사로 맹맹한 미역국과 차파티를 먹고 곧바로 산행에 올랐다. 산행이라기보다는 가파른 자갈밭길과 빙하 위를 하염없이 걷는 고행길이었다. 걸어갈수록 기온은 떨어지고 산소는 희박해졌다. 안전 로프도 없는 수직 절벽 사이로 난 작은 길, 보기만 해도 아찔했다. 절벽에 몸을 딱 붙이고 스틱도 접어야 한다. 배낭 줄이 나무나 바윗돌에 걸리는 것도 적잖이 신경 쓰였다. 몇 cm만 벗어나도 그대로 세상과 이별이다. 아래는 천 길 낭떠러지다. 파키스탄 정부는 많은 입산료를 챙기면서 '왜 이런 곳에 안전장치를 안 했을까?'라는

거칠고 검은 땅,
카라코람 속으로

후셰 마을에서 가을걷이를 하고 있는 노인. 흰 수염과 깊은 주름에서 세월이 느껴진다.

원망도 들었다. '어쩌다가 내가 이곳까지 왔나' 하는 후회와 공포감이 밀려왔다. 이런 위험천만한 벼랑길을 건넌다는 건 원정도 탐험도 아닌 모험에 가깝다. 며칠씩 계속된 산행, 고산 증세와 탈진이 뒤섞여 빙하 지역 위 너덜길에서는 초주검이 되었다. 온통 커다랗고 뾰족한 돌 세상! 포터 자킬 씨가 카메라 장비를 들어 주었는데도 몸이 무거웠다. 몸뚱아리 하나 추스르기도 버거워 드러눕고만 싶었다. 길을 가는 내내 오만 가지 상념이 스쳤다. 가족, 친구들의 낯익은 얼굴들도 잠깐씩 나타났다 사라졌다. 생각도 사치스러웠다. 그저 무념무상의 상태로 걷는 게 최상이다.

후셰 마을을 출발한 지 5일 만에 쿠스팡 Khuspang에 닿았다. 곤도고로라 바로 아래의 마지막 캠핑지다. 해는 이미 넘어가고, 어두컴컴할 무렵에야 마지막으로 기진맥진해서 도착했다. 일행이 박수를 보내 왔다. 산행이 시작된 이래 언제나 꼴찌를 면하지 못하고 있었다. 모두들 극도의 피로감으로 표정이 무겁고 말이 없었다. 잠시 잠깐 새우잠을 자고 몇 시간 뒤 다시 일어나야 한다. 새벽 2시 곤도고로라를 넘기로 했기 때문이다. 몇몇 전문 포터들(레스큐어라고 불렀다)은 미리 출발했다고 한다. 일행의 안전을 위해 산 정상 길목에 로프를 설치하기 위해서다.

오밤중에 차파티와 달걀로 간단하게 요기를 했다. 식사 시간 동안 대원들은 묵묵히 먹기만 했다. 아무도 말이 없다. 그런데 밖에서 갑자기 포터들이 웅성댔다. 20kg의 짐이 너무 무겁다며 15kg으로 줄여야 한다고 주장하고 있었다. 너무 추운데 장갑, 양말 등 월동 장비도 없으며, 로프도 부족하다고 떼를 부렸다. 파키스

탄의 포터들은 인도와 네팔의 포터에 비해 드세다. 그들은 올라갔다가 내려오는 데 개인당 4000루피씩 더 줄 것도 요구했다. 몇 번씩 포터 대장과 반복되는 고성과 이어지는 언쟁…. 우여곡절 끝에 타협은 이뤄졌고, 이내 곤도고로라를 향해 출발을 서둘렀다.

막판에 나를 포함해 네 명의 포터는 출발하지 못했다. 고소 증세를 보였기 때문이다. 결국 잔류 결정이 내려졌고 다른 지역에서 만나기로 했다. 긴 협상 끝에 일단 오르기로 한 포터들은 짐을 메자마자 함성을 질렀다. 결의를 한데 모으기 위한 외침이다. 1980년대 대학가 시위 현장에서 들었던 전투경찰들의 기합 소리와 비슷하다. 이내 포터들의 랜턴에 불이 켜지고, 그 불빛들이 새벽 어둠을 가르며 긴 줄을 만들고 그 빛 너머 만년설이 거대한 방벽처럼 희미하게 비쳤다.

곤도고로라 일정을 마친 일행은 알리 캠프로 곧장 내려갔다고 한다. 이후 콩고르디아와 발토로 빙하를 걷고 걸었으며, 파이주 Paiju, 아스콜리 Askoli까지 오는 데 꼬박 일주일이 걸렸단다. 빙하퇴적지 Moraine의 너덜길은 대원들의 발걸음을 더욱 힘들게 했다고 전해 들었다. 자갈길 위를 걸을 땐 중심을 잃기 쉬운 데다 하중도 더 실리기 때문이다.

원정대는 야생 동식물의 천국 데오사이 고원을 거쳐 낭가파르바트 아래 타라싱 Tarashing 마을로 이동했다. 나도 그들과 합류하기 위해 타라싱 마을로 향했다. 마

어느 정도 높이까지는 나귀가 포터 두세 명분의 짐을 지고 나른다.

을에서 합류한 대원들은 한결같이 발바닥이 부르텄고, 한 촬영감독은 양말에 핏물까지 배어 있었다.

타라싱 마을로 가는 협곡 샛길은 엄밀히 말해 차도가 아니다. 마치 카라코람 산맥의 천 길 낭떠러지처럼 벼랑 아래에서 흙탕물이 아우성친다. 절벽 가장자리까지 바퀴가 닿아 흙길이 밀리는 게 보인다. 극도의 공포감이 밀려온다. 차라리 눈을 감는 게 편했다.

이렇게 몇 시간을 달려 저녁 무렵 낭가파르바트의 관문인 타라싱에 도착했다. 마을에 있는 산장 두 개 중 하나인 루팔 산장에 장비를 내려놓았다. 저녁 무렵이라 낭가파르바트는 짙은 구름에 가려 좀처럼 얼굴을 보여 주지 않았다.

킬러 마운틴, 낭가파르바트

다음 날 낭가파르바트의 루팔 벽 바로 아래 헤를리히코퍼 Herligkoffer 베이스캠프로 이동했다. 카라코람 산맥 등반 때와 달리 나귀들이 포터 역할을 대신한다. 나귀 주인은 뒤에서 긴 막대기로 길잡이 역할을 한다. 나귀 한 마리가 포터 3인분의 무게인 60~70kg을 감당한다고 한다. 중간에 나귀 한 마리는 더 버티기 힘들었는지 주저앉더니 아예 옆으로 드러누워 일어날 생각을 않는다. 주인이 한참을 채찍과 큰 목소리로 호통을 친 후에야 몸을 다시 일으켰다. 작은 빙하 고개를 두 개 넘어 고갯마루에 서니 낙원 같은 루팔 마을의 풍경이 펼쳐졌다.

양쪽 높은 산 사이로 드넓은 밀밭과 감자밭이 펼쳐

낭가파르바트 루팔 벽 방향은 수많은 도전가의 목숨을 앗아간 '킬러 마운틴'이다. 왼쪽부터 함영민 대원, 박정헌 대장, 홍필표 대원.

지며 그 사이로 마을이 옹기종기 엎드려 있다. 산머리 쪽 나무들은 이미 노랗게 물들고 있었다. 그러고 보니 이곳은 벌써 가을이다. 마을 앞 들판에서는 가을걷이가 한창이었다. 밀을 베거나 감자 캐는 모습이 눈에 띄었다. 밭일을 하는 이는 거의가 아낙네들뿐이었다. 남자들은 돈을 벌기 위해 도시로 나갔기 때문이다. 아니면 포터로 일하거나 양과 소, 말 등을 돌보기 때문에 낮에는 보기 힘들단다.

이곳의 아이들은 고달프다. 3~5세짜리 아이들이 집안일을 하는 모습은 흔하다. 양치기 일은 기본이고, 겨우내 쓸 땔감이나 가축 먹이 등을 나른다. 깊은 산골엔 교육을 못 받는 아이들도 수두룩하다. 후셰에서 만난 한 포터는 아들만 학교에 보내고, 딸들은 보내지 않았다고 들려주었다. 모두 돈 때문이다. 어느 마을을 지나칠 때, NGO에서 담벼락에 써 놓은 문구가 떠올랐다. (어린이들을 놀게 합시다! Let the children play!, 어린이들은 놀 권리가 있습니다 Children have the right to play.) 아동의 노동 문제도 이 나라가 안고 있는 사회 이슈 중 하나다.

마을 풍경을 카메라에 맘껏 담았다. 가을 오후의 광선이 부드럽고 평화롭다. 대원들과 포터들은 한참을 앞서 갔다. 오늘도 꼴찌다. 어둑해질 무렵 베이스캠프에 도착했다. 앞쪽에 루팔 벽이 거인처럼 버티고 있다. 반 이상이 짙은 구름에 가려 낭가파르바트의 모양새를 짐작할 수 없다. 저녁에 밖에 나와 보니 별들이 눈앞에 쏟아질 듯 장관이다. 루팔 벽 건너 쪽 산들을 배경으로 별들을 카메라에 담았다.

다음 날 아침, 강렬한 아침 햇살이 텐트 안으로 비집고 들어왔다. 늦잠을 자고 싶어도 눈이 부셔 오래 버틸 수가 없다. 텐트 입구를 나서자마자 나도 모르게 탄성을 내질렀다. 눈앞에 낭가파르바트의 수문장 루팔 벽이 하늘 꼭대기까지 펼쳐진 것이다. 엄청난 위용에 저절로 주눅이 들었다. 낭가파르바트 8125m는 8000m급 14좌 중에서 베이스캠프 3600m와의 고도 차가 4500m나 된다. 가장 오르기 힘든 곳 중 하나다. 이곳은 양 옆으로 산들이 호위하듯 뻗어 있고 그 사이로 풀밭이 형성돼 있다. 산악인들 사이에선 가장 아름다운 베이스캠프라고 평가받는다. 베이스캠프와 정상 사이의 어마어마한 고도 차는 클라이머에겐 엄청난 고행길이다. 다시 말하면 캠프 바로 코앞에서 4500m나 높은 산이 거대한 기둥처럼 하늘로 뻗어 있는 것이다. 사진으로 이 위압적인 입체감을 표현하기 어렵다는 게 답답할 정도다.

낭가파르바트의 낭가 Nanga는 힌두어로 '벌거벗은 Naked', 파르바트 Parbat는 '산 Mountain'을 뜻한다고 한다. 나무가 없이 바위만 있어 붙은 이름인 듯하다. 낭가파르바트는 해마다 7mm씩 높아지는데, 인도-파키스탄판과 아시아판이 충돌해 우뚝 솟은 산군에 속하기 때문이란다. 파키스탄 8000m급 산들 중 낭가파르바트가 유일하게 히말라야 산맥 본류와 직접 맞닿아 있다. 물론 카라코람 산맥도 히말라야 산맥의 연장으로 보는 게 다수 의견이다. 여기부터 인도, 네팔, 부탄 쪽으로 히말라야 산맥이 이어져 뻗어 간다.

루팔 벽은 에베레스트 남서벽, 안나푸르나 남벽과 더불어 가장 오르기 힘든 벽으로 꼽힌다. 북쪽으로는 디아미르 Diamir 벽이 있는데, 대부분의 산악인들은 이 루트로 오른다. 낭가파르바트의 별명은 죽음의 산 Killer Mountain이다. 1895년 7월 영국 앨버트 머메리 Albert Mummery가 최초 등반을 시도했지만, 가이드와 함께 행방불명됐다. 독일인들에겐 더더욱 악몽의 대상이다. 1934년 빌리 메르클 등반대원 10명 전원이 사망했고,

뒤이어 1937년 독일 정예 멤버로 이뤄진 16명조차 눈사태로 전원 이 산에 뼈를 묻었다. 사상 최초로 8000m급 14좌 등정에 성공한 라인홀트 메스너의 낭가파르바트 악연도 빼놓을 수 없다. 1970년 등반 파트너이자 동생인 귄터 메스너와 함께 루팔 벽을 통해 등정에 성공했지만 하산길에 사고로 동생이 죽는 불운을 겪었다. 동생에 대한 애정 때문인지 자책인지 알 수 없지만, 메스너는 1978년 최초 무산소 에베레스트 등정에 성공한 후, 곧바로 낭가바르바트로 다시 와 단독 등반에 성공한다. 아마도 동생에 대한 추모가 아니었을까. 낭가파르바트는 이처럼 전설도 많고 사연도 많다. 14좌 완등을 시도하던 고미영 씨도 2009년 이곳에 영혼을 맡겼다. 고미영 씨는 필자의 회사에서 이런저런 부탁을 했을 때, 한번도 거절하지 않고 도움을 준 따뜻한 친구였다. 다른 일 다 제쳐 놓고 후배 산악인들과 함께 흔쾌히 시간을 내주었다. 그는 만나는 상대가 누구든 상대를 편안하게 하는 매력 있는 산악인이었다.

故 산악인 고미영

새벽 만년설을 품고 있는 루팔 벽을 배경으로 무수한 별을 다시 카메라에 담았다. 겨울 날씨지만 추운 줄을 몰랐다. 어느새 초승달이 북쪽 하늘에 떠올랐다. 한참을 서성이다가 아침을 맞이했다. 동녘에 해가 떠오르면서 봉우리부터 붉게 물들기 시작한다. 붉은 기운이 서서히 짙어지면서 금세 눈부신 햇빛이 낭가파르바트의 어둠을 벗긴다.

파키스탄 국민 축제, 폴로 경기

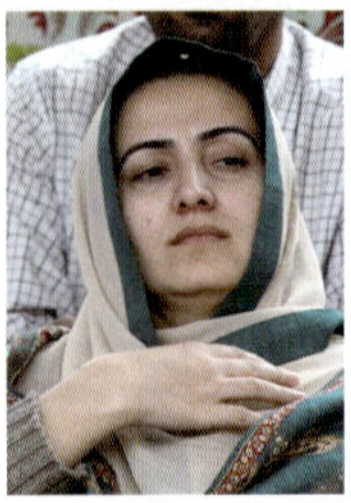
파키스탄 여성 정치인
사디야 다니스

낭가파르바트를 떠나기에 앞서 두 시간 거리 떨어진 라마 호수Rama Lake에서 폴로 축제가 열린다는 소식을 접했다. 내일이 마침 결승전이란다. 며칠간 심산유곡에서 보낸 탓에 폴로 경기장에 들르자는 의견에 일행들은 모두 반겼다. 필자도 치트랄과 길기트 중간 지점인 샨두르 패스 폴로 경기장을 보았을 때, 폴로 경기를 꼭 취재하고 싶었었다. 해발 2345m에 위치한 아스토르를 거쳐, 차로 한 시간을 더 달려 라마 호수에 도착했다. 이곳은 파키스탄에서도 손꼽히는 캠핑장이자 국민 관광지다. 폴로 경기장도 아름답지만 주변 지역은 또 다른 낙원이다. 아름드리 소나무와 삼나무가 빽빽한데, 수령이 100년은 넘은 듯하다.

운전사가 폴로 경기 전야제가 경기장 잔디밭에서 열린다고 알려 왔다. 그러면서 귀엣말로 예쁜 VIP 게스트가 참여한다고 덧붙였다. 이 말이 예쁜 여가수와 댄서들의 춤판이 벌어진다는 걸로 와전돼 식사하자마자 모두들 몰려갔다. 어둠 속에서 발전기를 돌려 불을 밝힌 산중 축제장. 어찌된 일일까? 소문과 달리 온통 남성들의 소리만 왁자하다. 사정을 모르는 이들은 의아해한다. 잠시 후 요란한 경찰차들의 호위 속에 주지사와 한 여성이 신형 지프에서 내렸다. 길기트-발티스탄주 문화관광장관 사디야 다니스Sadiya Danis 씨였다. 보기 드문 우아한 분위기에 가끔씩 짓는 미소가 아름다웠다. 그녀는 이곳 주민들의 스타였다. 정치인이었던 남편이 살해당한 후 대신 정치 일선에 등장했다고 한다. 가이드 메붑도, 운전사 아크람도 모두 그녀를 선망의 눈초리로 바라본다.

척박한 파키스탄 북부에서 여성 정치인으로 선풍적인 인기를 누리는 그녀는 명문가의 딸로 태어나 살해된 비운의 정치인 베나지르 부토 여사와 이미지와 인생 역정이 흡사하다. 정당도 파키스탄국민당Pakistan People's Party, PPP으로 같다. 이날 밤 전야제는 여가수도 무희들도 없었다. 그런데도 마을 주민들은 즐거워했다. 한동안 그들의 축제를 관람하다 수백 년 된 노송,

낭가파르바트에서 차로 두 시간 거리인 라마 호수 지역의 풍광. 폴로 경기가 열리는 곳이다.

폴로 경기는 이곳에서 가장 인기 있는 스포츠 중 하나다. 이날 만큼은 모든 가족이 함께 축제를 즐긴다.

삼나무 숲 안에 텐트를 치고 잠들었다. 그리고 오랜만에 늦잠을 즐겼다.

다음 날 아침, 폴로 경기장 주변은 인산인해다. 원색의 새 옷으로 화려하게 차려입은 여인들이 우르르 몰려든다. 비록 이슬람 국가이지만, 이곳은 국민 관광지인데다 오늘은 1년 중 가장 큰 폴로 축제 날이기 때문이다. 모두 소풍이라도 온 듯 즐거운 표정이다. 만나는 사람마다 처음 본 우리 일행에게 말을 건다. 어제 본 VIP들이 관용차에서 내렸다. 우리 일행은 본부석 안 VIP석으로 안내받았다. 산속 마을 축제장에 나타난 유일한 외국인 팀이어서 환대가 극진했다.

곧바로 경기가 시작되었다. 길기트 지역과 디아미르 지역의 결승전. 프리스타일 방식으로 규칙은 간단했다. 스틱으로 공을 쳐서 골대에 밀어 넣으면 된다. 이때 상대 팀의 사람과 말을 고의적으로 치지 않아야 한다. 공이 골대를 통과하면 1점이다. 다시 말해, 말을 탄 6명(상대편까지 합쳐 필드 위의 선수는 모두 12명이다)의 선수들이 축구처럼 나무 공을 나무 스틱으로 쳐서 골문 안에 넣으면 득점하는 방식이다. 사람 발 대신 스틱, 사람 몸 대신 말이 뛴다. 예상과 달리 매우 거칠고, 선수들이 말 위에서 서로 부딪치며 격돌했다. 그때마다 운동장엔 흙먼지가 자욱하게 일었다. 운동장 주변은 100% 남성들의 차지다. 여성들은 뒤편 산 위에 앉아 차분히 경기를 지켜본다. 이곳이 이슬람 땅임을 실감케 한다.

전반전 30분이 끝나자, 어제 본 여성 정치인 사디야 장관이 운동장을 가로질러 갔다. 그녀는 산 위에 웅크리며 경기를 지켜보고 있는 여성들 쪽으로 움직였다. 조용히 관람하던 이슬람 여인들은 환호성을 지르며, 흡사 소녀 팬들처럼 흥분했다. 경호팀의 보호에도 아

여인들이 폴로 경기장 주변 언덕에 모여 경기를 지켜보고 있다.
운동장 바로 옆 자리는 남성들의 차지다.

길기트-발티스탄 주의 문화관광장관이 폴로 경기 휴식 시간에 여인들이 있는 언덕을 찾았다.

랑곳하지 않고, 악수를 청하고 휴대전화로 사진을 담기에 바쁘다. 가이드인 술레만의 통역을 빌리자면 그녀는 "이슬람 사회에서 여성의 외출이 힘든데, 이런 날 여러분이 많이 모인 곳에서 만나게 돼 기쁘다."라고 말했다. 옆에서 지역 신문의 사진기자가 필자를 잡아끌어 소개해 준다. 그 덕분에 악수도 하고 간단한 인사를 할 수 있는 영광을 누렸다. 경기는 길기트가 대도시여서 압도적으로 이길 것이란 예상과 달리 7 대 5로 시골 디아미르팀의 승리로 끝났다.

인도 히말라야 쪽으로 향해야 할 시간이 다가오고 있었다. 낭가파르바트 너머가 바로 인도 히말라야다. 그러나 바로 넘는 것은 불가능하다. 인도와 파키스탄 양국 군대가 포진한 군사적 긴장 지역이기 때문이다. 파키스탄과 인도는 견원지간이다. 하는 수 없이 지금껏 왔던 KKH를 타고 이슬라마바드를 다시 거쳐 수천 km를 되돌아가 와가보더로 이동해야 했다. 그곳이 유일한 파키스탄-인도 국경 마을이다.

부모가 들판에서 감자를 수확하는 동안 까까머리 꼬마들은 바위 위에서 시간을 보내고 있다.

풍요의 땅 펀자브 평야 그리고 무굴제국 영광의 도시 라호르

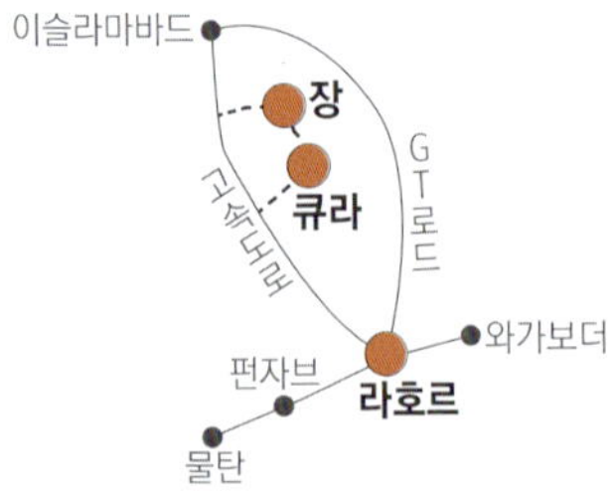

이슬라마바드 지역 아래 동남쪽의 넓은 땅을 펀자브 Punjab라고 부른다. '펀자브'는 다섯 개의 강을 뜻하는 페르시아어다. 수틀레즈, 라비, 비즈, 젤룸, 체나브 강이 속해 있다. 땅이 넓고 인구도 많아 파키스탄의 중심 지역이다. 가장 큰 도시는 라호르 Lahor와 암리차르 Amritsar. 1947년 파키스탄과 인도로 분리됐을 때, 라호르는 파키스탄에, 암리차르는 인도에 복속됐다. 당시 이슬람교도와 힌두교도 1000만여 명의 대이동이 있었다고 한다. 이슬람교도는 북쪽 라호르로, 힌두교도는 남쪽 암리차르로 이동 중 갈등의 골이 깊었던 이슬람교도들과 힌두교도, 시크교도들 사이에서 폭력과 살육이 난무했다. 서로 죽고 죽이는 대학살은 25만~50만 명의 희생자를 낳았다. 풍요한 펀자브 땅이 피로 물들었고, 당시 발생한 수많은 가족의 이산은 지금도 이어져 오고 있다. 이슬라마바드에서 라호르로 가는 길은 크게 두 가지다. 하나는 GT로드 Grand Trunk Road고 다른 하나는 유료 고속도로다. GT로드는 무굴제국 1526~1857에서 건설하기 시작해 영국 제국주의 때 완성된 국도다. 아프가니스탄 카불에서 파키스탄 라호르, 인도의 델리와 콜카타까지 이어졌다. 또 하나의 길 유료 고속도로는 파키스탄 전역에서 가장 잘 만들어진 하이웨이다. 이 길은 대우그룹이 한창 해외사업을 활발하게 펼칠 때 만들어졌다.

달콤한 혹은 짭짤한

고속도로를 타고 한 시간쯤 라호르 쪽으로 내려가다가 GT로드로 우회전해 세 시간 정도 달리다 보면 장 Jhang이라는 마을이 나온다. 마을 언덕 공동묘지 입구에 작은 사당인 히르 란자 사당 Heer Ranjah Shrine이 있다. 촉촉이 비가 내리는데도 마을 사람들과 순례객들이 모여 참배를 한다. 옛 인도 제국 시절 유명한 사랑 이야기가 있는 곳이다. 비극적 사랑 이야기의 주인공은 히

이슬라마바드에서 라호르로 가는 도중 만난 고성 마을. 펀자브 평야의 풍요를 누려 온 복 받은 땅이다.

하르 란자 사당과 이곳을 찾은 순례객들.
젊은이들이 많이 찾아온다.

르와 란자로, 그들은 사랑에 빠지지만 카스트제도에 따른 신분 때문에 그 사랑을 이룰 수 없었다. 결국 란자가 히르를 떠나고, 히르는 독살당한다. 이 소식을 들은 란자가 히르에게 돌아와 자살한다는 이야기다. 마치 로미오와 줄리엣과 같다는 생각이 들었다. 인도 영화와 드라마의 소재로도 많이 알려졌다. 신혼부부나 연인들은 이 사당을 찾아와 사랑의 약속을 다짐하곤 한다. 사당에는 서로의 결속을 뜻하는 실타래들이 곳곳에 묶여 있었다. 이날 순례객들 중에는 젊은 여성이 상당히 많았다. 대개의 이슬람 성전이 이방인과 카메라에 매우 민감하게 반응하지만 시골의 작은 사당이라서 그런지 관리인은 내부 촬영도 흔쾌히 허락해 주었다. 참배객 여인들도 흰 이를 드러내며 연신 눈웃음을 보냈다.

라호르로 내려가기 전, 세계에서 두 번째로 크다는 소금 광산 Salt Mine 큐라 Khewra로 이동했다. 이슬라마바드 기준으로 남쪽 160km 지점. 태양이 이글거리는 황무지를 한 시간쯤 달렸을까, 겉보기엔 평범한 붉은빛 가득한 산이 나타난다. 수십만 년 전 바다가 솟아올랐을 때 그 바닷물이 말라 소금 광산이 된 것이라고 한다. 광산 입구부터 소금으로 만든 조명과 촛대 등 갖

큐라 소금 광산은 세계에서 두 번째로 큰 광산이다. 소금 조각 아래 조명을 해 분위기가 환상적이다.

가지 장식물 가게가 늘어서 있었다. 단체 관광객과 수학여행 온 학생들로 시끌벅적하다. 각종 소금 리조트 시설에도 발길이 끊이지 않는데, 소금탕이 건강에 특효란 소문 때문이다. 운영은 광업공사가 맡고 있으며 입장료는 외국인의 경우 10달러다. 여기에 광산 안쪽 1km까지 가는 기차를 타려면 600루피를 더 지불해야 한다. 이곳의 소금 광산은 기원전 320년부터 시작되었다. 현재 약 2억2000만 t의 암염이 매장되어 있으며 소금갱의 길이가 무려 40km에 이른다. 거대한 산 전체가 온통 바위 소금이라고 보면 될 듯하다. 협궤 꼬마 기차를 타고 광산 안으로 들어섰다. 군데군데 소금 조각상이 눈에 띄고, 형형색색의 인공조명이 환상적인 분위기를 연출했다. 지상과는 또 다른 세상이다.

풍요와 영광의 도시, 라호르

남쪽에 위치한 무굴제국 영광의 도시인 라호르로 향했다. 이슬라마바드에서 라호르까지는 약 280km나 떨어져 있지만 고속도로 덕분에 세 시간이면 도착할 수 있다. 고속도로 좌우에는 끝을 알 수 없는 펀자브 평야가 펼쳐진다. 이곳에서는 논농사 외에도 오렌지,

라호르 박물관에는 옛 인도 문명의 흔적이 한데 모여 있다.

라호르 성채 입구에 있는 모자가게. 주렁주렁 걸린 현대적 디자인의 모자가 퇴색한 담벼락과 대조적이다.

망고, 면화 농사가 이뤄진다. 광활한 펀자브 평야는 풍요로움 그 자체다.

펀자브 평야를 거쳐 도착한 라호르는 역사, 문화, 교육의 중심 도시다. 11세기 이후 펀자브의 수도였던 덕분에 휘황찬란한 유적이 많다. 16세기 전후해서는 무굴제국의 수도였고 한때 시크교에 의해 점령되기도 했다. 이슬람 신비주의로 알려진 수피즘도 파키스탄에서는 여기가 본령이다. 언젠가 터키에서 수피 댄스를 보고 강렬한 인상을 받은 적이 있다. 수피 댄스는 검은 조끼와 흰 치마를 입은 남성 수도자들이 추는 춤이다. 수십 번씩 뱅글뱅글 도는데 춤꾼들은 모두 몰아지경이었다. 밖으로 휘감아 오는 치마 춤사위도 일품이었다. 라호르에도 수피 사원이 여럿 있다.

도심에 들어서니 수천, 수만의 차와 릭샤, 오토바이가 뒤섞여 매캐한 냄새가 가득하다. 구도시 Old City 지역에는 만화 속 그림 같은 궁궐과 정원, 성채, 모스크가 혀를 내두르게 한다. 우선 라호르 박물관부터 찾았다. 수도 이슬라마바드에는 변변한 박물관이 없기 때문에 간다라 문명을 알려면 이곳을 찾는 것이 현명하다. 다만 아쉽게도 간다라 문명의 중심지인 페샤와르

구도시의 옛 사창가 골목 옥상에서 바라본 라호르 성의 밤 풍경. 마치 <신드바드의 모험>에 나오는 장면처럼 몽환적이다.

한국에서 대우는 사라졌지만 파키스탄에서는 여전히 명성이 높다. 이 고속도로는 예전 대우그룹 시절에 만들었고 현재 한국 기업에서 휴게소와 버스회사를 운영하고 있다.

너머와 스와트 지역 안쪽은 아직 들어갈 수 없다. 테러 위험 지역이어서 여행을 하기엔 부적절하기 때문이다. 박물관에서는 사진 촬영을 허락받았다. 박물관은 석기 시대부터 20세기 초까지 20개의 갤러리로 구성돼 있다. 영국 제국주의 시절의 총기와 칼들도 인상적이다. 식민통치 시절의 전시는 꺼릴 법도 한데, 빅토리아 여왕 조각상과 영국 문화재 등이 버젓이 진열돼 있었다. 가장 인기 있고 유명한 작품은 역시 '금식하는 부처 Fasting Buddha'상이다. 보통 '헝그리 부다 Hungry Buddha'라고도 한다. 명성과는 달리 다른 불교 작품들 사이에 평범하게 전시돼 있었다. 불교 신자는 아니지만 이 작품은 참 많은 것을 생각하게 한다. 부처님의 여러 모습 중에서 이 모습이 가장 심금을 울린다고 할까!

저녁식사는 먹자거리의 코코스 덴 Cooco's Den에서 하기로 했다. 옛 유곽을 개조한 식당인데 입구부터 여인들의 야릇한 그림과 조각이 걸려 있고 좁은 계단 위로 창녀들의 방이 늘어서 있다. 방들이 매우 좁았다. 식당은 지붕을 개조해 테라스처럼 만들었다. 무엇보다 천년고도 라호르의 석양과 성채, 모스크를 한눈에 조망할 수 있어 여행객 사이에서 꽤나 유명한 곳이다. 수백 년의 영화를 보여 주는 성채의 야경 옆으로 바드샤히 Badshahi 모스크가 보인다. 그 웅장함이란! 10만여 명을 수용할 수 있는 규모라고 한다.

테라스에서 라호르의 습하고 더운 바람을 마시며 바라보는 바깥 풍경은 아름답기 그지없다. 〈신드바드의 모험〉 같은 동화에서 나올 법한 딱 그런 느낌의 풍경이다. '라호르보다 아름다운 도시는 라호르밖에 없다.'라는 표현이 그저 생긴 게 아니란 생각이 들었다. 비록 술은 없지만, 콜라에 전통 바비큐를 먹으며 라호르의 첫 밤은 그렇게 흘러갔다.

금식하는 석가상

삼미대우고속의 신화

라호르에선 우리나라와 우리 기업에 대한 호감도가 높다. 대우가 잘나가던 시절 만든 고속도로 때문이다. 대우가 망하고, 우리나라 다른 자본이 투입돼 삼미대우라는 이름으로 재출범했다. 옛 대우의 명성이 정말 대단해 그 이름을 승계한 것이다. 이곳에서 진우석 여행작가에게서 소개받은 이영희 부장을 어렵게 만났다. 이 부장은 대우의 상사원으로 이곳에 왔다가, 삼미대우고속이 출범하면서 합류했다. 이 부장은 삼미대우의 대합실, 콜센터, 화물운송 작업장 등 모든 곳을 안내하며 설명해 주었다. 간혹 한국인으로 생각되는 배낭족을 만나면 먼저 다가가 밥도 사고 안내도 해 준다. 아직 한국인 관광객이 드물기에 마냥 반갑기 때문이란다.

삼미대우도 이곳에서 선진 교통제도를 도입해 대단한 인기를 얻고 있다. '삼미대우고속 신화 神話'라 해도 과언이 아니다. 최고급 에어컨 고속버스에 여성 안내원(여기서는 호스티스라고 부른다)까지 배치해 대박을 터뜨렸다. 이곳은 땅덩어리가 커 장거리 이동이 많다. 그래서 버스 안에서 인기 비디오 영화도 틀어 준다. 게다가 탈레반과 노상강도가 출몰하는 지역(페샤와르 너머, 스와트, 카라치)까지 노선을 확장했다. 그래서 버스마다 무장 경호원이 탄다.

웃지 못할 일화도 있다. 여성의 외부 활동이 제한된 이슬람 국가에서 여성 버스 안내원 배치는 초기에 많은 반발을 일으켰다. 하루는 어떤 사람이 삼미대우 사무실로 찾아왔다고 한다. 그는 자신이 탈레반 조직의 위임을 받고 왔다며 "○월 ○○일까지 여성 버스 안내원 배치를 철회하고, 영화 상영도 하지 말라! 안 그럴 경우 위험을 보장할 수 없다."라고 말했단다. 사무실 사람들이 무슨 이상한 사람이 헛소리한다며 경찰서에 라호르 성채의 한 건물. 화려했던 예전의 모습은 퇴색했지만, 아직도 잘 보존돼 있다.

신고해 연행했는데 그가 실제 탈레반 조직원임을 알았다. 뒤늦게 비상이 걸린 본사에서 급히 탈레반 수뇌부를 찾아가서 사과하고 그 지역 코스만 잠시 그들의 요구대로 따랐다는 것이다. 한번은 페샤와르 쪽에서 소규모 전투가 정부군과 탈레반 사이에 벌어졌는데 다른 곳은 다 피해를 보았지만 삼미대우 터미널과 사무실은 탈레반의 침입을 받지 않았다고 한다. 삼미대우 사무실의 현지 경비원 덕분이었다. 경비원에게 탈레반 친구가 많았던 것이다.

라호르 터미널 사무소장실의 비서인 노신둔 씨는 버스 안내원을 3년간 한 후 사무직으로 바꿨다고 한다. 월급 1만8000루피에 수당을 더 받는데 "여기서 일하는 게 매우 행복하다."라고 몇 번이나 말했다. 비록 대표와 운영자는 다르지만, 한국에선 잊혀져 가는 대우DAEWOO의 명성이 이곳에선 여전했다. 우리 기업들이 해외에서 많은 현지인들에게 꿈과 희망을 준다고 생각하니 내 자랑처럼 덩달아 유쾌해졌다.

찬란한 인도 문명의 발상지 하라파! 아직도 발굴 작업이 진행 중이다.

문명의 태동지 하라파와 평원도시 물탄

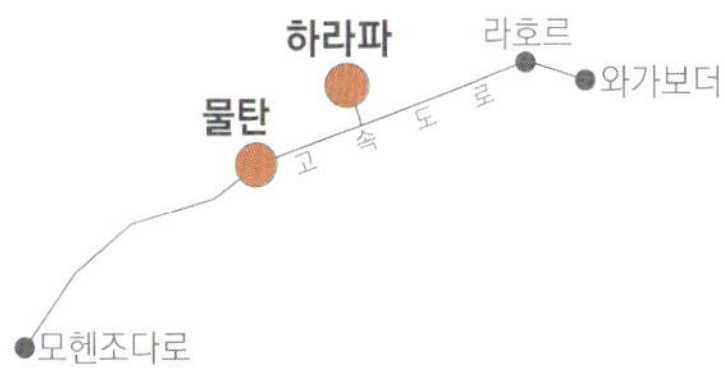

라호르에서 남쪽 물탄 Multan으로 향하는 고속도로를 타고 세 시간 반 넘게 달리다 보면 사히왈 Sahiwal이라는 작은 마을을 만난다. 라호르에서 약 250km 떨어져 있는 곳이다. 이곳에서 하라파 Harappa 이정표를 보고 오른쪽 국도로 옮겨 타고 40분을 달리면 하라파 박물관이 나온다. 역사책에서만 보아 왔던 하라파 유적들을 볼 수 있다. 예전부터 왠지 모르지만 유적만 보면 가슴이 설렌다. 크레타 섬의 크노소스 궁전을 방문했을 때도 그랬고, 이라크 바빌론 유적지를 봤을 때도 그랬다. 비록 90%가 다시 정비한 모습이지만.

인더스 문명의 흔적, 하라파 유적지

기원전 3000년 찬란한 고대문명을 꽃피운 하라파. 처음 도착하자마자 과연 그 설렘의 땅이 맞는지 고개가 갸우뚱해졌다. 얼핏 보면 동네의 헐벗은 뒷동산 같기 때문이다. 그럼에도 불구하고 이곳이 모헨조다로

Mohenjodaro와 더불어 인더스문명의 주요 축을 이뤘던 지역이다. 하라파는 엉성한 철조망으로 출입이 통제돼 있었다. 아직 유적지 발굴과 복원 작업이 본격화되지 않았다고 한다. 석기 연장과 항아리, 흙으로 빚은 장난감, 당시 매장된 시신이 미라 형태로 하라파 박물관에 잘 보존돼 있다. 기원전 3000년경이면 한국에서는 고조선이 생기기 훨씬 이전이니 이곳 사람들이 자부심을 느낄 만한 오래된 역사다.

보통 인더스문명 하면 인도를 생각하기 쉽지만 사실은 오늘날 파키스탄과 아프가니스탄 지역이다. 넓이만 따지면 서유럽보다 넓다. 당시엔 놀라울 정도로 도시 문화가 발달했지만 갑작스레 사라져 버렸다. 남은 유물로 그 규모를 짐작할 수밖에 없다. 당시의 정치나 종교 등에 대해서는 알려진 게 별로 없다.

1853년 인도 고고조사국 조사관 알렉산더 커닝엄 Alexander Cunningham 경은 이곳 하라파에서 인장 印章 수십 개를 발견했다. 인장에는 여러 동물 형상이 새겨졌는데, 서류나 물품 등에 날인하는 용도로 쓰인 듯하다. 이후 1922년 다시 이곳에서 640km 떨어진 모헨조다로에서 대규모 유적지를 발견했는데, 목욕탕과 하수 시설과 사각형의 다층 벽돌 가옥 등이 발굴되어 당시 도시 개발의 수준이 매우 뛰어났음을 알려 준 증거가 되었다. 흥미로운 것은 우리가 오늘날까지 쓰는 주사위와 장기판이 하라파와 모헨조다로에서 출토됐다는 점이다. 당시에도 도박 등 놀이문화가 있었다는 것을 알 수 있다. 결국 인더스 계곡을 따라 거대한 고대문명이 있었으며 그 영역이 페샤와르와 지금의 아프가니스탄 지역까지 뻗어 있음이 드러났다. 그 이전까지 아시아 최초의 문명은 인도-아리아 문화로만 여겼었다. 수많은 연구에 따르면 이곳 인더스 지역과 중동 메소포타미아 지역 간 무역도 활발했던 것으로 밝혀졌다.

초기 인더스 문명의 유물을 보존하고 있는 하라파 박물관. 찬란했던 과거의 영광에 비해 외관과 내부는 단촐하다.

혹자는 이 찬란했던 인류 초기 문명이 기원전 1800년경 인도 대륙으로 남하한 아리안족에 의해 최후를 맞았을 것이라고 추측한다. 아리아인이란 카스피해와 흑해 사이의 캅카스 북쪽 평원에서 번성해 인도로 남하한 유목민족이다. 그러나 모헨조다로에서 발견된 시신들을 분석한 결과 아리아인의 대량 학살 흔적은 없었다. 아마도 자연 재해에 의해 멸망했을 개연성이 크다. 오히려 유목민 아리안족은 이곳 토착 농민들을 흡수 융합해 또 다른 힌두교 문명을 만들었을 것으로 추정되기도 한다.

간다라 양식의 번성

하라파 유적지의 뒤편 언덕으로 향했다. 기원전 3000년경의 벽돌 조각들이 여기저기 아무렇게나 널려 있었다. 관리인도 안 보였다. 관리가 너무 허술한 것이 아닌가 문득 염려가 되었다. 주변 동네 사람들이 산보 삼아 놀러 왔을 뿐, 관광객은 나 혼자였다. 이런 엄청난 역사를 간직한 유적지가 벽돌 쓰레기장처럼 방치돼 있으니 오히려 화가 났다. 이방인이 적은 이곳에서 누가 유물을 주워 가겠는가. 탁실라 Taxila에서는 동네 사람들이 옛 가짜 동전이나 불상 유물을 사라며 계속 따라다니는데 이곳은 그런 상인조차 없다.

인더스 문명의 대표적인 예술 양식은 간다라 양식이다. '간다라'라는 말은 페샤와르 평원의 지역 이름에서 나왔다고 한다. 인도 파키스탄 서북부와 아프가니스탄 일부 지역에서 발달한 미술 조류를 가리킨다. 정확히 말하면 그리스 로마의 미술, 건축 방식을 불교 예술에 접목한 것이다. 기원전 1세기 말부터 기원후 7세기까지 크게 번성했으며 중국을 거쳐 한반도에까지 전래

하라파 유적지에서 만난 여인들. 가족과 함께 소풍을 나왔다.
촬영은 허락했지만, 이방인의 카메라가 낯선 듯했다.

물탄 중심가 언덕 위에 솟아 있는 모스크. 이슬람의 전성기 때 세워져 도시의 랜드마크가 되고 있다.

됐다. 상당수 간다라 예술은 당시 지배 왕조였던 쿠샨 제국 통치 기간에 융성했다. 기원전 326년 알렉산더의 인도와 파키스탄 지역 정복 또한 간다라 미술의 흥성과 분명 관련이 있어 보인다. 그리스 군대는 알렉산더 이후에도 이곳에 여러 차례 들어왔고, 때론 특정 지역의 지배 세력이 되기도 했다.

이슬라마바드 서북쪽 27km 떨어진 곳에 탁실라라는 유적지가 이것을 뒷받침한다. 기원전 6세기부터 기원후 5세기까지 여러 왕조의 유적들의 흐름을 한눈에 볼 수 있는 '고고학의 보물창고'인데, 한 신전엔 그리스 양식의 부조와 인도 양식의 부조가 나란히 있는 것도 보였다. 비전문가의 눈에도 확연히 구별이 된다.

장엄한 모스크와 화려한 낙타 행렬, 물탄

내친김에 모헨조다로까지 가고 싶었다. 하지만 거리가 너무 멀어 빠듯한 일정으로는 무리였다. 펀자브 이남 지역에서 가장 큰 도시인 물탄의 방문으로 만족해야 했다. 물탄은 기원전 324년 알렉산더 대왕이 원정길 전투 중 잠깐 잡혔던 곳이다. 이슬람 시대 이전엔 거대한 힌두 사원이 있어서 수많은 순례객으로 가득했던 성지였다. 산스크리트어의 효시인 〈리그베다 Rig Veda〉도 여기에서 집필됐다고 한다. 이곳 역시 12세기 이후 수많은 이민족의 침탈로 왕조가 여러 번 바뀌었다. 1848년엔 시크교가 점거한 이 도시를 영국군이 엄청난 포격 끝에 수중에 넣었다.

물탄은 매우 큰 도시로 그 중심에 카심 바그 성 Qasim Bagh Fort이 우뚝 서 있다. 낙타 수레를 타고 성 안을 왕복할 수 있다. 목조 공예가 유명하다기에 기념품점에 들렀다. 창의적인 생활용품이 즐비했다. 나무를 겹주름으로 깎아 만든 과일 바구니가 압권이다. 주름을 펼치면 과일 바구니가 되고, 접으면 휴대하기 편하게 줄어든다. 300루피(약 3300원)로 값도 저렴해 기념품으로 하나를 구매했다. 하나하나 손품을 들인 것에 비하면 공짜나 다름없다.

이곳의 모스크는 가히 예술 작품 그대로다. 이 거대한 모스크와 정원이 언덕 위에 우뚝 서 있어 도시의 유일한 랜드마크다. 언덕 위에 올라서서 도시를 바라보니 사방에 수십만 채의 벽돌집이 대평원에 펼쳐져 있다. 물탄은 대평원 가운데 만든 거대한 도시라는 것을 한눈에 알 수 있었다. 한낮의 강렬한 태양빛이 수그러들면서 해가 뉘엿뉘엿 서쪽 평원 너머로 기울고 있었다. 황무지의 먼지 때문인지 붉은빛이 색다르다. 문득 사람의 존재가 하잘것없어 보인다. 저 수많은 사람이 가족을 이루고, 자식을 키우고, 작은 꿈들을 키우며 어디론가 바삐 움직인다. 그 가운데서 오래된 성채에서 인파를 바라보는 한 이방인! 한동안 잊고 있던 가족이 떠올랐다.

잘 알려지지 않은 나라 한번 공부하겠다고, 수만 리 떨어진 곳까지 찾았지만 알수록 모르는 게 늘어만 간다. 가족까지 서울에 놔둔 채 왔건만 어쩐지 어깨에 힘이 빠진다. 해는 이미 서쪽 너머로 숨어 버렸다.

물탄의 한가운데 세워진 카심 바그 성에는 낙타 수레가 성 안을 오가며 관광객들을 태운다.

지방도로에서 만난 우마차 행렬과 거대한 트럭. 옛날과 오늘날의 교통수단이 대조적이다.

786

종교로 분단된 파키스탄과 인도의 국경 마을 와가보더. 이곳에서 행해지는 국기하강식은 축제 분위기다.

긴장의 국경마을 와가보더, 축제 같은 국기하강식

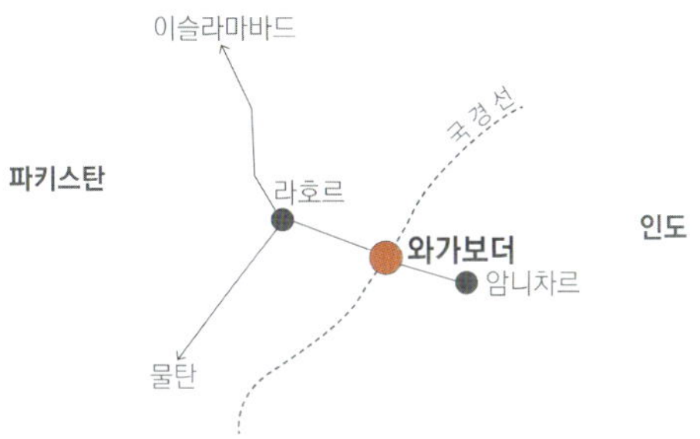

물탄에서 남쪽으로 더 내려가면 카라치가 나온다. 그 중간에 모헨조다로 유적지가 있다. 카라치는 이 나라에서 가장 화려한 경제 대도시이지만, 테러가 끊이지 않는 위험 지역이다. 솔직히 두려운 맘 때문에 차마 더 갈 수도 없었다. 방향을 다시 북쪽으로 돌려 인도로 넘어가기로 했다. 인도 히말라야를 보기 위해서는 산길이 있어도 넘을 수가 없다. 남한과 북한으로 갈린 강원도의 고성처럼 이곳도 남북으로 갈려 있어 일대가 온통 군사 지역이다.

"진다밧, 파키스탄"

파키스탄과 인도 사이의 인적, 물적 교류는 유일하게 와가Wagah 마을을 통해 이뤄진다. 이곳을 와가보더 Wagah Border라고 부른다. 라호르에서 혼잡한 오토릭샤와 우마차 숲을 헤치고 국경으로 30km를 달리면 대형 국경 관문을 만난다. 주변은 철조망으로 둘러쳐져 있다. 외국인은 비자만 있으면 자유로운 왕래가 가능하나 양국 국민과 물자는 엄격한 통제 아래 교류가 이뤄진다. 이곳에도 이산가족이 많다.

양국 접경 마을인 만큼 이곳의 국기하강식 이벤트는 세계적으로 유명하다. 오후 4시가 되면 양국 국경선을 사이에 두고 국민과 관광객들이 모여 있는 가운데, 군인들은 지나치게 과장된, 때론 웃음이 나오게 하는 제식 동작을 구현한다. 그들은 함성을 지르며 경쟁적으로 국기하강식을 한다. 관문을 중심으로 인도 측 구역과 파키스탄 측 구역이 나뉜다. 나는 라호르에서 왔기 때문에 파키스탄 국민 사이에서 지켜보았다. 민간 자원봉사자로 보이는 중년의 시민이 도로 가운데서 국기를 흔들며 구호를 선창한다. '진다밧, 파키스탄! 진다밧, 파키스탄!'. '파키스탄이여, 영원하라! 파키스탄, 만세!'를 뜻한다.

상대 진영에서도 선창자가 나와 분위기를 북돋운다.

저 너머에 가족이 있는데… 파키스탄과 인도 경계에 쳐진 철조망 앞에서 건너편 땅을 바라보는 이산가족. 우리의 남북한처럼 이곳에도 이산가족이 많다.

긴장의 국경마을 와가보더, 축제 같은 국기하강식

양쪽 국민의 함성이 와가보더 하늘을 떠나갈 듯 채웠다. 얼마 전까지 한국의 방송에도 소개된 마하르 딘이라는 할아버지가 분위기를 띄우는 선창자 역할을 했는데, 가이드에게 물어보니 얼마 전 돌아가셨다고 한다. 그는 매일같이 20년 넘게 와가보더를 찾으며 '파키스탄 만세'를 외쳐 온 애국열사였다. 인도 쪽은 나라가 커서 그런지 인파가 갑절 이상 많다. 차림새도 부유해 보이는 이들이 상당히 많다. 이에 비해 파키스탄은 인파는 물론 관광객도 적고, 차림새도 인도보다는 다소 초라해 보였다.

자못 삼엄하고 긴장감이 돌아야 할 국기하강식에서 축제 분위기가 느껴진 것은 나만 그런 걸까. 국기하강식이 시작되기 전부터 양국 국민의 구호 소리와 관광객들의 신기한 눈길이 어우러져 비장한 국토 분단 현장을 흥겨운 축제로 연출하고 있는 듯했다. 곧 본격적인 국기하강식이 시작되었다. 수비대 군인들은 화려

하게 장식한 제복을 입고, 군화로 땅을 크게 차고 발을 90도 이상 올리며 커다란 함성을 지르며 이동한다. 양국 국가가 울려 퍼지면서 국기들이 교차해서 천천히 내려온다. 국기를 내리는 병사는 무척 긴장돼 보인다. 그도 그럴 것이, 불어오는 바람이 국기를 꼬이게 만드는데 그때마다 줄을 튕겨 국기를 바로 세우며 내린다. 오늘은 파키스탄 국기가 바람에 꼬여 병사가 바로 세우느라 진땀을 흘린다. 인도 측 관람객들이 "와~" 하며 기쁨이 섞인 야유를 보낸다. 내린 국기는 정성스레 접혀 수비대장에게 전달되고, 양측 수장은 다시 익살스러운 제식 동작을 한 다음 악수를 재빨리 끝내자마자 철문은 닫힌다. 다음 날 아침까지 양국 간의 물자와 사람 이동도 중단된다.

가깝고도 먼 파키스탄과 인도 사이

국경 문이 닫히자 100여 m 떨어진 곳에서 수십 명의 조심조심! 국기하강식 동안 자국의 깃발이 줄에 걸리면 낭패다.
과장된 군인들의 제식 동작이 웃음을 자아낸다.

파키스탄 국기를 들고 국기하강행사에 참가한 여학생.

사람이 웅성거린다. 철조망을 사이에 두고 이산가족들이 서로 대화를 나누는 일종의 미팅 장소였다. 상당수는 관광객이었지만, 일부 가족은 대화를 하며 서로의 안부를 물었다. 한국인이기에 흥미롭게만 지켜볼 수 없는 광경이었다. 국가가 다르다고 혈육 간에 헤어져 서로 왕래도 못 한다는 게 얼마나 비통한 일인가! 시절이 좋을 때 금강산에서 있었던 남북 이산가족 상봉 행사 취재를 갔었다. 헤어질 때 눈물바다를 이루며 오열하던 남과 북의 할머니 할아버지들. 와가보더의 사람들과 그 광경이 오버랩되었던 이유는 분단이란 상황이 닮았기 때문이리라. 한국의 판문점에서도 이런 행사를 매일 벌이면 어떨까 상상도 해 본다. 지금도 많은 외국인 관광객(일본, 중국 관광객이 압도적이다)이 임진각을 찾는다. 이른바 안보 관광이다. 이왕 분단된 현실, 차라리 남과 북이 이런 볼거리를 제공하는 것도 나쁘지 않을 것 같다.

어느덧 해가 기운다. 어둑어둑해질 무렵 라호르로 다시 돌아가야 했다. 이미 국경 문이 닫혀 인도로 들어갈 수 없기 때문이다. 내일 다시 와가보더를 통해 인도 땅으로 들어가기로 했다. 라호르로 가는 방향이 정서쪽이어서 지는 붉은 태양을 맘껏 지켜보았지만, 도시의 매연과 먼지 때문일까, 국기하강식의 열기가 기억 속에 남아서일까. 붉은 기운이 어느 때보다 더욱 짙은 듯하다.

편자브의 노을. 광활한 평야 지대가 펼쳐져, 곡식과 과일이 넘쳐 나는 풍요의 땅이다.

티베트 고원과 인도 평야 사이에 우뚝 솟은 인도 히말라야. 가르왈 히말라야라고 불린다. 난다데비 7817m, 카메트 7756m 등 6000m 이상의 산도 100여 개에 이른다. 갠지스 강의 발원지도 이곳이며 유서 깊은 힌두교 성지가 몰려 있다.

인도
히말라야
The Indian
Himalayas

인도
히말라야

The Indian Himalayas

히마찰프라데시 지역의 설산. 늦가을 단풍이 고봉의 설경과 잘 어우러졌다.

인도는 지구상에서 가장 다층적인 나라다.
인도를 한마디로 규정한다는 것은 처음부터 무리였다.

두 번째 여정, 인도 히말라야

나라명 인도 | **면적** 330만㎢(세계 7위) | **인구** 약 12억2080만 명(2012년 7월 기준, 세계 7위) | **수도** 뉴델리 | **종교** 힌두교(80.5%), 이슬람교(13.4%), 기타(기독교, 시크교, 불교, 자이나교 등, 6.1%) **GDP** 1조8000억 달러(2013년 기준) | **환율** 1INR(인디아 루피)=17.6원 1 USD=67 인디아루피(2016년 5월 기준) | **언어** 힌두어, 영어 등 22개 공식어 | **정부형태** 내각책임제

인도를 다녀온 사람들은 저마다 인도의 인상을 이야기하지만 모두가 제각각이다. 한두 번 다녀온 사람들은 자신만만하게 인도를 정의한다. 서너 번쯤 방문한 사람은 "글쎄~" 하며 고개를 갸웃거린다. 수십 번 가본 사람은 아예 "잘 모르겠다."라고 한다. 그 속을 알 수 없는 나라가 바로 인도다.

인도는 세계 11위의 부국이면서 가난한 사람이 지구상에서 가장 많은 나라이기도 하다. 그만큼 빈부의 격차가 크다. 2007년 인도 정부의 통계에 의하면 극빈층이 2억5000만 명이다. 그럼에도 최근 인도는 놀라운 경제성장률을 이뤄 세계적으로 주목받고 있는데, 그 중심에 IT와 볼리우드 Bollywood라 불리는 영화산업이 있다. 인도의 인적 저력도 무시할 수 없다. 많은 초등학생들은 구구단을 19단까지 외운다고 한다.

인도는 경제뿐만 아니라 군사적으로도 강대국이다. 문화는 어떤가? 고대 인더스문명을 시작으로 시대마다 화려한 문화를 꽃피웠다.

1997년 테레사 수녀가 돌아가셨을 때 취재를 위해 남부 첸나이를 거쳐 콜카타에 머물렀었다. 그리고 14년이 흐른 2011년, 6개월의 히말라야 여행 중 다시 찾은 인도에서 두 달간 머물렀지만 인도를 10분의 1도 채 못 봤다. 이번 인도 여정의 대부분은 히말라야 주변 북인도였다. 잠무 카슈미르 Jammu-Kashmir주와 히마찰 프라데시 Himachal Pradesh주 등 산악지역 중심으로 이야기를 펼쳐 볼까 한다.

인도 히말라야의 시작, 암리차르와 스리나가르

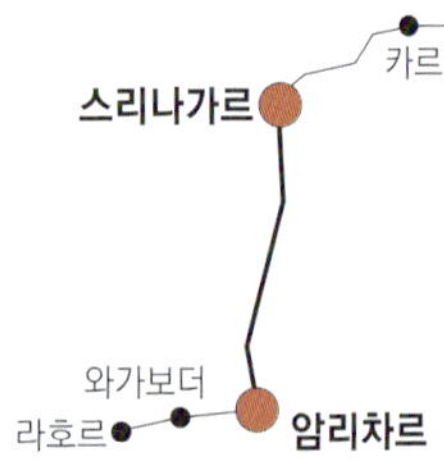

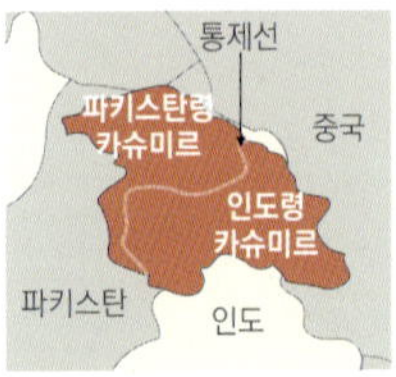

인도 히말라야의 시작, 암리차르와 스리나가르

인도의 히말라야는 인도 북부 카슈미르 Kashmir에서 동쪽 중국 네팔 접경까지 동서로 뻗어 있다. 이 긴 루트 중 핵심 지역을 꼽자면 잠무 카슈미르 Jammu-Kashmir와 히마찰프라데시 Himachal Pradesh 지역이다. 잠무 카슈미르 지역은 인도와 중국, 파키스탄의 경계에 있는 산악 지대로 1947년 영국이 인도에서 철수할 때 주민 대부분이 이슬람교도인 남부 쪽이 인도에 귀속되면서 종교 분쟁의 시발점이 된 곳이다. 지금도 이곳은 인도령, 파키스탄령, 중국령 세 곳으로 갈라져 갈등이 계속되고 있다.

죽기 전에 꼭 가 봐야 할 황금사원을 찾아서

무굴제국 영광의 도시 라호르와 이별하고 와가보더를 넘어 국경을 통과했다. 파키스탄에서 인도로 가는 과정은 그리 쉽지 않았다. 특히 인도 국경을 지나는 과정은 길고도 힘에 벅찰 정도다. 두 나라는 오랜 기간 동족으로 하나의 국가를 이뤘었지만, 지금은 서로 적대국이 됐다. 그래서 비자 심사나 세관 검사가 매우 철저하다. 가지고 온 짐 중에서 위성전화인 인말샛이 자꾸 마음에 걸렸다. 위성전화기는 오지 여행의 필수품이지만, 인도와 파키스탄, 네팔에서는 금지 품목이다. 음식 꾸러미 검사가 진행되는 동안, 위성전화가 들어있는 짐을 이미 검사를 마친 짐 쪽으로 발로 툭 차서 밀어 버렸다. 휴! 다행히 걸리지 않았다.

검문 과정을 모두 통과하고 밖을 나서니 인도 포터들이 줄지어 기다리고 있었다. 그제야 인도 땅임이 실감되었다. 영국 BBC의 한 다큐 프로그램에서 진행자가 이곳 국경 검문을 통과한 후 맥주를 맛있게 마시는 장면을 본 기억이 떠오른다. 파키스탄은 술 금지 국가(실제 술을 전혀 못 마시는 것은 아니지만)이지만 이곳에선 자유롭다. 검문소를 통과한 우리 일행은 맥주 대신 함성과 만세를 외쳤다.

동양의 베네치아로 불리는 스리나가르 달 호수의 새벽.
곤돌라 모양의 배 '시카라'는 이곳의 명물이다.

국경을 지나 처음 만난 도시는 암리차르 Amritsar다. 파키스탄 펀자브의 중심 도시가 라호르라면, 이곳은 인도 펀자브의 중심 도시다. 도시는 인도의 다른 곳처럼 수많은 교통수단이 얽히고 설켜 있어 매우 혼잡했다. 시내 한가운데로 들어서자 위용을 뽐내고 있는 시크교 Sikhism의 총본산인 황금사원 Golden Temple이 가장 먼저 눈에 띄었다. 이 사원은 화려함 그 자체다. 무려 400kg의 황금이 지붕을 장식하고 외벽 역시 온통 금빛으로 칠해졌다. 지구상에 존재하는 사원 중 가장 아름다운 곳 중 하나로, 영국 BBC 선정 '죽기 전에 꼭 가 봐야 할 50곳' 중 6위로 뽑힌 곳이다. 인도는 이외에도 타지마할 Taj Mahal이 50위 안에 선정되었다. 황금사원에서는 배낭 여행자들에게 무료로 밥도 주고 숙소도 제공하고 있어 많은 여행자들이 인도 여행을 할 때 빼놓지 않고 찾는 명소다.

힌두교와 이슬람 신비주의가 혼재되어 있는 시크교는 15세기 힌두 구루로 불리는 나나크 Nanak 1469~1538가 창시했다. 구루 Guru는 영적인 '스승'을, 시크는 '제자' 혹은 '학습'이란 의미를 가지고 있다. 시크교에서 수행의 최종 목표는 힌두교에서 말하는 신과 합일을 이루는 것이지만, 힌두교적인 의례와 수행을 중요시하지 않는다. 그 대신 이슬람 유일 신앙을 받아들여 '신 앞에서의 평등'을 주장한다. 힌두교의 카스트제도를 부정하고, 노동과 금욕적인 생활을 특별히 강조한다.

인도의 종교를 힌두교가 유일하다고 오해하는 경우가 많다. 그러나 인도는 다종교 국가다. 인도의 종교 분포는 자료마다 다르지만 대략 힌두교 81%, 이슬람교 13%이며 3위가 시크교로 2.4% 정도다. 나머지는 기독교 2.3%, 불교 0.8%, 자이나교 0.4% 순이다. 인도는 불교의 창시국인데 불교 인구가 1% 도 안된다는 게

달 호수 Dal Lake의 새벽 풍경. 안개가 걷히기도 전에 호수로 나온 어부들의 손길이 분주하다.

영국 제국주의의 지배를 받던 시절 생겨난 하우스 보트 House Boat. 호수 주변으로 1000척 넘게 늘어서 있다.

아이러니하다.

배화교로 알려진 조로아스터교 Zoroaster 신자는 7만 여 명에 이른다. '인도의 제너럴 모터스'로 불리는 자동차 그룹 타타그룹 Tata Group의 창업자도 배화교 성직자 집안으로 유명하다. 실제 타타그룹에는 배화교 신자들이 많이 있으며, 사회공헌에도 엄청난 노력을 기울이고 있다.

시크교는 북인도를 중심으로 전 세계에 2300만여 명의 신도가 있고, 세계 5대 종교 안에 포함된다. 소수지만 인도에서의 영향력은 상상외로 대단하다.

황금사원에서는 매일 경전을 들고 도는 의례를 치른다. 바로 사히브 의식이다. 시크교도들은 '스승의 책'이란 의미를 가진 시크교 경전 〈구루 그란트 사히브 Guru Grant Sahib〉를 매우 신성하게 여긴다. 그래서 의식을 치르는 동안 경건하다. 그 경건함이 매우 인상적이다.

인도 역사의 중심에서 활동한 시크교

사히브 의식을 치르는 시크교도들을 보고 있자면 불현듯 어릴 적 익히 보아 온 만화 캐릭터가 떠오른다. 피리 소리에 코브라가 일어서는 장면 속의 터번을 쓴 남자다. 이 터번의 주인공이 시크교도다.

시크교도를 말하자면 그들이 지켜야 할 대표적 규율인 '다섯 개의 K'를 빼 놓을 수 없다. 케시 Kesh(깎지 않은 머리카락과 수염, 영성), 카다 Kada (철 팔찌, 신과의 결합), 키르판 Kirpan(단검, 위엄과 용기), 캉가 Kangha(빗, 규율과 질서), 카샤 Kaccha(짧은 바지, 겸허와 절제)가 그것이다.

또한 시크교에는 칼사 Kalsa(순수의 군대)라는 군대가 있어, 이 칼사에 소속되기 위해서는 특별한 의식을 거쳐야 한다. 이 군대는 17세기 무렵 최고 지도자인 구

달 호수의 아침. 하우스 보트에서 사는 가족이 아이의 등교를 위해 호수를 빠져나가고 있다.

루가 이슬람에 저항하다 순교하자 교단이 전투 집단화되면서 형성됐다. 시크교가 한창 흥할 때는 펀자브 지역에 왕국을 세우기도 했다. 하지만 1849년 영국군에 패망해 영국의 지배를 받았는데, 1919년에 대규모 불복종 운동을 벌이다 영국군에 의해 많은 교도가 죽임을 당했다. 그 뒤에도 시크교는 중앙정부에 대해 끊임없이 독립운동을 펼쳤다.

1984년에는 인도 초대 총리인 네루의 무남독녀이자 인도의 최초 여성 총리인 인디라 간디 Indira Gandhi 총리의 진압 결정으로 수백 명의 희생자가 발생했다. 이 일로 인해 간디 총리는 시크교도인 자신의 경호원에 의해 살해된다. 그 뒤 그녀의 장남 라지브 간디 Rajiv Gandhi가 총리가 되었으나 그 역시 테러리스트의 꽃다발 폭탄에 의해 죽음을 맞았다. 총리를 세 명이나 배출한 네루 명문가의 슬픈 역사다.

낭만적인 비경을 가진 물의 도시, 스리나가르

시끄러운 도시의 소음과 황금사원의 웅장함을 뒤로 하고 물의 도시 스리나가르 Srinagar로 향했다. 행정구역상 잠무 카슈미르 주의 주도다. 늦은 밤에야 '동양의 베네치아, Almost Heaven'이라 불리는 물의 도시 스리나가르에 도착했다. 늦은 시간인데도 자신들의 수상 호텔 House Boat로 가자며 호객꾼들이 몰려든다. 다들 토막말이지만 제법 한국말을 능숙하게 구사하는 이들도 있다. 이곳까지 한국 배낭 여행자들이 많이 온다는 증거다. 달 호수 Dal Lake엔 1400여 개의 수상 호텔이 가장자리를 따라 빙 둘러 자리 잡고 있다. 호텔마다 내건 울긋불긋 꽃 등불이 자못 몽환적이다. 곤돌라 모

양의 배 시카라 Shikara를 타고 하우스 보트로 이동해야 한다. 수상 호텔은 화려하게 치장된 배 위에 만든 작은 집으로 완벽하진 않지만 침실과 화장실, 욕실이 모두 갖춰져 있다. 이런 색다른 배 위의 집에서 자 보는 것도 호사다. 더구나 여긴 인도 히말라야 산골 마을 아닌가. 히말라야 아래 해발 1700m에 위치한 스리나가르는 풍광 좋고 물자가 풍부한 매력적인 곳이다. 처음 이곳을 찾은 영국인들은 별장을 지으려는 사람이 많았다고 한다. 하지만 당시 주정부는 외국인 토지 소유 금지법을 만들어 이를 막았다. 이에 영국인들 중에는 호숫가에 수상 가옥을 지어 그 규제를 교묘하게 피했고, 그게 수상 호텔의 모델이 되었다.

다음 날 동이 트기도 전에 시카라를 타고 수상 시장을 둘러보았다. 안개가 짙어 10m 앞도 안 보일 정도다. 수십 척의 배가 과일, 배추, 양파, 고기, 양념, 꽃, 향신료 등 갖가지 상품을 싣고 다니며 손님들과 흥정한다. 왁자지껄 삶의 활력이 넘쳐흘렀다. 흥정이 이뤄지면 이내 돈이 오간다. 손님이 노에 돈을 얹어 놓으면 상인들은 노를 끌어당겨 돈을 취하고, 거스름돈도 노 위에 올려 건넨다. 이런 독특한 거래 방법은 배와 배 사이가 떨어져 생긴 아이디어다.

서서히 새벽 안개가 걷히기 시작하자 수상 가옥에서 사는 사람들이 한두 명씩 모습을 드러냈다. 그들 대부분이 호수 밖 육지로 일하러 가거나 등교하는 학생들이다. 분주히 나서는 그들을 보며 수상 호텔에 다시 돌아와 선미에 앉아 아침 햇살을 맞았다. 저 멀리 히말라야의 설산이 보인다. 데이비드 린 David Lean 감독의 영화 〈인도로 가는 길〉(1984) 마지막 장면의 배경이 바로 이

새벽 수상 시장에 들르기 위해 여인이 노를 젓고 있다.

곳이다. 〈인도로 가는 길〉은 영국의 인도 지배 시절, 영국 여인과 인도 의사 아지즈의 인간적 교감을 애틋하게 표현한 영화다. 지배자 영국인과 피지배자 인도인의 묘한 감정 곡선이 압권이다. 마지막 장면에서 아지즈는 히말라야 산줄기 아래에 위치한 이곳 달 호수에서 여생을 보낸다. 영국인 여주인공 아델라(주디 데이비스 분)에게 보내는 용서의 편지도 이곳에서 쓴다. 분쟁의 후유증만 아니라면, 호수와 히말라야 설산이 멋지게 어우러지는 스리나가르는 가히 천국과 가장 가까운 곳 Almost Heaven이라 해도 과언이 아니다.

아직도 남은 분쟁의 상흔

다시 시카라를 타고 달 호수를 빠져나왔다. 거리엔 어젯밤에 볼 수 없었던 군인들이 삼엄한 경계를 펼치고 있었다. 이곳이 분쟁 지역의 한가운데임을 잠시 잊고 있었다. 카슈미르 지역은 북쪽은 파키스탄이, 남쪽은 인도가, 동쪽 일부는 중국이 차지하고 있다. 1947년 영국의 제국주의 지배에서 해방될 때 이 지역은 이슬람 신자가 대부분이었지만 지배층이 힌두교도여서 재빨리 인도령에 편입됐다. 이후 다수 이슬람 민중은 독립과 파키스탄 편입을 요구하며 여러 차례 봉기를 일으켰고 그때마다 인도군의 진압이 계속돼 왔다. 급기야 1947년에 제1차 인도-파키스탄 전쟁이 일어났고, 결과는 인도의 압승이었다. 1965년, 1971년, 1999년 세 차례에 걸쳐 또다시 양국 간에 전쟁이 터졌지만 그때마다 인도의 압도적인 승리로 끝났다. 2003년 휴전을 맺었다. 당시 유엔이 화해 조정을 했으나 그다지 큰 효과를 보지는 못했다. 현재 인도가 실질적으로 지배하고 있는 상황이며, 유엔이 정한 LOC Line of Control는 일종의 남북한간 비무장지대 DMZ 같은 역할을 한다.

인도 정부는 이 지역에 도로 건설, 세금 면제 등 많은 친화 정책을 펼치고 있다. 2005년 10월 카슈미르에 대지진이 일어나 7만5000여 명이 희생당했을 때에도 대부분 파키스탄령이었지만 인도 정부는 엄청난 지원을 쏟아부었다. 이후 큰 봉기는 없었지만, 아직도 언제 터질지 모르는 화약고나 마찬가지다.

인도로서는 파키스탄과의 분쟁만이 전부가 아니다. 동쪽 히말라야 너머는 중국군과 삼엄한 대치를 하고 있다. 중국은 티베트와 신장위구르 지역이 위치한 이 지역에 바짝 신경이 곤두서 있다. 티베트인 혹은 위구르족이 독립한다면 나머지 소수민족도 어떻게 될지 모른다. 인도 히말라야는 결국 자연이 만든 경계선과는 무관하다. 인간이 만든 국가, 종교, 문화의 갈등이 집결된 장소라고 할 수 있다.

그만큼 외국 여행자에겐 각별한 주의가 필요하기도 하다. 한국 외교부 지침으로도 그렇다. 인도 대사관이 찍어 준 여권 비자에도 '금지 지역에는 못 간다'는 단서조항이 붙어 있다. 아마도 '군사 지역 출입 금지'를 의미할 것이다. 어쨌든 요즘은 겉으로만 그런지 모르지만 매우 평온한 모습이다. 수많은 중무장한 군 순찰 차량과 검문소를 빼면 여느 도시처럼 평온하다.

스리나가르에서 벗어나 옛 라다크 지방의 불교 왕국이 있는 레 Leh를 향해 동쪽으로 방향을 바꾸었다. 도시를 조금만 벗어나도 군부대가 연이어 나온다. 우리의 강원도 전방부대만큼 긴장감이 심하다. 아니, 오히려 더 심한지도 모르겠다. 12억 인구와 영토를 지키려는 수많은 군부대는 라다크 지방의 중심 도시 레까지 이어졌다. 저 건너편 히말라야 어느 산중턱에도 또 다른 파키스탄군이 잔뜩 주둔하고 있을 것이다.

배낭 여행자가 꿈꾸는 여행지,
레 가는 길

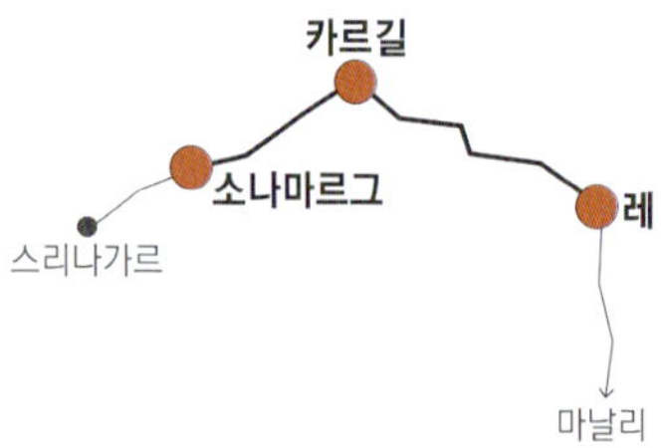

샌드위치로 아침을 간단히 때우고 소나마르그 Sonamarg, 드라스 Drass, 카르길 Kargil을 거쳐 옛 불교 왕국 라다크 Ladakh의 수도 레 Leh, 3358m를 향해 차를 몰았다. 레로 향하는 길은 국경선을 따라 긴장의 현장을 체험하는 여정이다. 스리나가르를 벗어나는 길목에서부터 검문이 시작되는데, 무장 군인들의 얼굴에도 긴장감이 감돈다. 하지만 그것도 잠시, 계속해서 검문소를 거치다 보니, 어느덧 무장 군인들을 만나도 겁이 나지 않았다.

인도의 인기 휴양지, 소나마르그

80여 km, 차로 세 시간가량을 동북쪽으로 달리니 그림처럼 펼쳐진 해발 2800m의 언덕 마을이 일행을 맞는다. 마을의 이름은 소나마르그. 수백 마리의 말이 관광객들을 태우고 언덕을 유유히 돌아다니고, 리조트 시설이 히말라야 설산을 배경으로 아름답게 펼쳐져 있다. 한눈에 봐도 멋진 인기 휴양지임을 알 수 있었다. 소나마르그는 '황금빛 초원 Meadow of Gold'이라는 뜻으로 이곳은 파키스탄의 길기트와 함께 카슈미르에서 중국으로 통하는 실크로드의 주요 관문이다. 이곳은 눈이 많이 내리기 때문에 한겨울에는 길이 쉬이 막힌다. 4월 말이나 돼야 눈이 녹아 길이 열린다고 한다. 경치로 보나, 높이로 보나 최적의 휴양지여서, 많은 인도 영화와 뮤직비디오가 이곳에서 촬영된다. 사실 인도에서 이곳까지 관광을 올 정도면 보통 부자가 아니다.

소나마르그를 지나면 험한 산길이 끝없이 계속된다. 때마침 늦가을에 접어든 산길에는 포플러 숲이 온통 노랗게 물들어 있었다. 풍경만으로 따지자면 지상낙원이 따로 없다. 인도 정부는 이 변방에 투자를 아끼지 않고 있다. 해발 4000~5000m가 넘는 험한 산길이지만 상당 부분의 길이 포장되어 있었다. 아마 원활한 군수물자 수송이 일차적 목적이었을 것이다. 어쨌든 파키스탄과 비교할 수 없을 정도로 기반시설이 잘 꾸려져 있다.

스리나가르에서 레로 넘어가는 고갯길을 달리다 보면 달나라에 온 듯한 착각이 들 정도로 지형이 특이하다.

어떤 기도를 하고 있을까. 한 여인이 언덕 바위 위에서 무릎을 꿇고 기도하고 있다.

그럼에도 불구하고 인도 히말라야를 건널 땐 도로에서 하루 두세 번은 산사태를 만난다. 끊어진 길 위에서 긴급 복구공사가 끝날 때까지 시간을 지체해야 했다. 그래도 인도 국경 공병대들이 잽싸게 중장비로 복구해서 다행이다. 이 길은 카슈미르 사람들에겐 생명과 같다. 생활필수품의 운반 통로인 것이다.

이슬람 지역에서 티베트 불교 지역으로

조지라 Zoji La, 3592m를 넘으면서 카슈미르의 분위기는 급변한다. 지금까지가 이슬람 분위기였다면, 여기부터는 티베트의 느낌이 강하다. 드라스, 카르길까지만 해도 히잡을 쓴 여인들과 모스크가 많다. 인도지만 이슬람 문화가 강세인 것이다. 1999년 겨울, 파키스탄군은 카슈미르의 진입을 감행했다. 인도군은 20만 대군을 동원했고 파키스탄으로 가는 모든 해상 통로를 봉쇄했다. 그 결과 이번에도 인도의 압도적 승리다. 2008년에도 이 지역엔 힌두교도와 무슬림 간 분쟁이 일어나 희생자가 속출했다. 그래서 외국인 관광객은 매우 드물다. 하지만 용감한 동서양의 배낭 여행자들에겐 오히려 선망의 지역이다. 아직도 마을 곳곳에는 총탄의 흔적이 많아서인지 주민들의 표정이 밝아 보이진 않았다.

동쪽 레로 갈수록 확연히 공기가 달라진다. 우선 사람들의 얼굴 생김새가 우리가 접해 온 인도인들과 확연히 다르다는 것을 느끼게 된다. 티베트인들이다. 우리와 같은 몽골리안이다. 인도지만 인도가 아닌 듯하다. 이질적이지 않고 친숙한 느낌이 강하다. 힌두교와 이슬람교의 흔적은 좀처럼 찾기 힘들다.

가끔 이슬람 사원이 눈에 띄더니, 레 쪽으로 가까워질수록 티베트 불교 사원 곰파 Gompa가 언덕 위에 우뚝 서 있는 것을 볼 수 있다. 옛 불교 왕국답다고나 할

2800m 높이에 위치한 소나마르그는 설산을 배경으로 한 완만한 언덕이 있어 영화나 뮤직비디오 촬영지로도 각광받고 있다.

까. 깎아지른 바위산 위의 곰파들은 모두 유서 깊은 티베트 불교 사원이다. 티베트 불교의 전형적인 상징인 빨강, 파랑, 노랑, 녹색, 흰색의 깃발과 룽다 Lungda와 불탑인 초르텐 Chorten이 도착하는 마을마다 보였다.

티베트 불교는 라마교로 불리기도 하는데, 라마 Lama는 '스승'이란 뜻이다. 불교의 삼보 三寶인 불 佛, 법 法, 승 僧에 스승 師을 더한 데서 붙여진 통칭이다. 정작 티베트인들은 이런 명칭을 싫어한다. 달라이 라마 역시 티베트 불교를 라마교로 부르는 것은 부당하다고 했다. 티베트 불교 역시 불교일 뿐이다. 오히려 인도 불교의 원류를 가장 정통에 가깝게 받아들이고, 그 가르침을 잘 보존해 온 게 티베트 불교다. 엄밀히 말하면, 한국의 삼국시대에 중국을 거쳐 전래된 대승불교 역시 불교의 원류에서 많이 동떨어져 있다고 볼 수 있다. 한국의 절에서 흔히 볼 수 있는 산신각과 칠성각은 토착화된 한국 불교의 대표적 사례다. 어쩌면 불교의 원형을 가장 많이 간직한 곳이 티베트와 스리랑카로 보인다.

몽골이 원나라를 세우고 세계를 정복하면서 티베트 불교를 국교로 삼았을 정도로 한때 위세가 대단했다. 파키스탄의 스카르두가 있는 발티스탄 지역 또한 옛 티베트 왕국이었다. 종교적, 문화적 자부심이 대단하다. 미국의 영화배우 리처드 기어도 독실한 티베트 불교 신자다.

티베트 불교는 옛 고승의 갈래를 따라 지금은 4개 분

레로 가는 고갯길은 기기묘묘한 지형의 연속이다. 마치 화성이나 달 표면을 보는 듯한 착각이 든다.

파로 나뉜다. 첫째는 잘 알려진 달라이 라마가 속한 겔루그파다. 당시 인도에서 넘어와 꺼져 가는 티베트 불교를 중흥시킨 스승 아티샤를 따른다. 노란 모자를 쓰고 있어 황모파라고 불린다. 시작은 14세기경으로 가장 늦지만, 우리의 조계종처럼 중심 역할을 한다. 종단은 중국 정부의 핍박을 피해 인도 다람살라에 있다. 두 번째는 마르파와 밀라레파에 의해 창시된 카규파다. 살아있는 부처로 불리는 카르마파 역시 중국 정부의 탄압을 피해 지금 인도 시킴에 있다. 세 번째는 티베트에 불교를 전한 파드마삼바바(구루 린포체)를 따르는 닝마파다. 지금은 중국 정부가 1998년 1월 두 살배기 어린이를 닝마파의 대승려인 제7대 린포체로 임명했다. 네 개의 종파 중 세력은 가장 약하다. 마지막은 몽골 제국의 후원을 받았던 사캬파다. 이곳 지도자 역시 인도에 망명 중이다.

긴장감 가득한 옛 불교 왕국, 레

레로 가는 동안 달나라 같은 풍경을 카메라에 마음껏 담았다. 레로 향하는 길 주변은 지형이 매우 특이하고 아름답다. 달나라나 화성의 사진에서 본 모습 같다. 터키의 카파도키아 같은 환상적인 지형도 지천이다. 기암절벽 위에 어떻게 저런 멋진 곰파들을 건축했는지 탄성이 절로 나온다. 곰파와 그 배경이 만들어 내는 절경은 쉽게 잊혀질 풍경이 아니다. 특히 라마유르 Lamayur 곰파는 압권이다. 바위산 위에 고색창연한 곰파가 올라서 있는 모습과 그 뒤로 붉은 석양이 만드는 풍경을 볼라치면 절로 옷깃을 여미게 한다. 보존도 잘 돼 있어 눈이 호사한다.

인도인 가이드가 갑자기 예수가 젊은 시절 이곳에서 공부했다는 이야기를 들려주었다. 그는 그 사실을 믿는 듯이 제법 장황하게 설명해 준다. 사실 이런 이야기들은 러시아 작가 니콜라스 노토비치 Nicholas Notovitch의 저서 〈예수 그리스도의 알려지지 않은 삶 Unknown life of Jesus Christ〉에서 비롯된 것이다. 레에서 동남쪽으로 45km 떨어진 헤미스 Hemis 곰파에서 '이사'라는 이름이 적힌 문서가 발견되며 이야기는 시작된다. 이사가 예수와 발음이 비슷하다는 것이 그 근거다. 스리나가르에 예수의 무덤이 있다는 이야기까지 그럴듯하게 (실제 스리나가르엔 예수 무덤이라고 하는 곳이 있다) 확대됐다. 예수의 유년기 이후 서른까지 기록이 전무해 벌어진 미스터리 소설이다.

수십 고비를 넘어 해 질 녘 레에 도착했다. 입구부터 수많은 군부대 막사들의 행렬이 보였다. 파키스탄과 중국이 가까이에 있는 긴장감이 가득한 국경도시이자 화려한 옛 불교 왕국의 수도에 들어온 것이다. 10세기 이후 티베트 왕국을 세운 라다크 왕조가 번성했고, 16세기엔 북쪽에서 내려온 이슬람군의 침입을 받기도 했던 역사적인 도시다. 도시 입구에서부터 금박의 커다란 불교 양식 관문과 초르텐이 외지인을 맞는다.

다음 날 이른 아침 체모 Tsemo 곰파에 올라섰다. 히말라야 설산들이 도시 주변으로 병풍처럼 빙 둘러서 있었다. 작은 티베트 Little Tibet라는 별명답게 왕이 살았던 궁궐은 티베트 라사의 포탈라 궁과 흡사하다. 1962년 스리나가르에서 레까지 고속도로가 건설된 이후에도 외부 세계와 단절돼 살아 오다 1974년이 되어서야 관광객에게 개방되었다.

곰파에서 내려온 뒤 우체국에 들렀다. 오랜만에 가족과 지인들에게 안부를 전하기 위한 기념엽서를 사기 위해서다. 벌써 서울을 떠난 지 석 달째다. 이곳은 원색의 직물을 파는 곳이 많다. 우리가 아는 고급 양모

캐시미어 직물도 카슈미르에서 나왔다. 거리엔 수백, 수천의 불상과 조각품, 마니차, 염주, 목걸이 가게들이 즐비하다. 한 가게에서 작은 '고행의 붓다' 조각상을 골랐다. 주인이 파격 세일을 제안했다. 폭설이 내리면 길이 끊겨 라다크 지역은 적막강산으로 변한단다. 사실인지 모르지만 곧 폭설이 내리기 때문에 오늘이 마지막 영업이라고 했다. 파격적인 가격에 혹해서 불상 몇 점을 더 사고 말았다. 하지만 정말 싼 가격이었다. 서울 인사동이라면 열 배도 넘게 줘야 한다고 생각하니 뿌듯한 마음이 절로 들었다.

상점을 나서며 남쪽의 히마찰프라데시 지역으로 서둘러 이동하기로 했다. 케일롱 Keylong을 거쳐 휴양도시 마날리 Manali, 달라이 라마 망명정부가 있는 다람살라 Dharamsala로 가야 한다. 골동품 상점의 주인 말대로 곧 눈이 쏟아지면 수천 m 산중에서 오도 가도 못하고 미아 신세가 되기 때문이다.

상카르 곰파 정상에서 본 옛 불교 왕국 라다크의 수도 레 Leh의 전경.
저 멀리 설산 고봉들이 끝없이 펼쳐져 있다.

티베트의 불교 용어

곰파 Gompa 티베트, 인도, 네팔, 부탄 등에서 불교 사원을 이르는 말로 '조용한 곳'을 뜻한다.

룽다 Lungda 긴 장대에 매단 깃발. 불교 경전이나 만트라 경문이 적혀 있다. 룽다는 풍마 風馬라고 하는데, 진리가 바람을 타고 세상에 널리 퍼지면서 중생의 해탈을 염원한다는 의미다. 불경을 사람뿐 아니라 바람도 읽는다는 것이다. 노란색(지구의 중앙, 땅), 파란색(동쪽, 물, 바다), 하얀색(서쪽, 하늘, 구름), 붉은색(남쪽, 불), 녹색(북쪽, 바람)의 다섯 가지 색깔은 우주의 모든 것, 생명의 근원을 뜻한다.

타르초그 Tharchog 곰파와 산의 입구 혹은 마을 언덕에 빨랫줄처럼 긴 줄을 달고 거기에 줄줄이 만국기처럼 엮어 놓은 깃발이다.

초르텐 Chorten 고승들의 유물을 보관하는 불탑. 정사각형의 기단에 원형 구조물을 더한 것으로 스투파 Stupa라고도 한다. 신자들은 탑돌이를 하며 기도를 바친다.

마니차 Manicha 두루마리 경전을 말아 넣은 원통형 경통 經筒으로 법륜 法輪이라고도 한다. 사찰 입구나 시내에서도 대형 마니차를 쉬이 볼 수 있고 휴대용도 있다. 마니차를 돌리면, 원심력에 의해 무게추가 따라서 돌아간다. 불경을 한 번 읽은 것과 같은 공적이 쌓인다고 하는데, 그 이유는 바람이 읽어 주기 때문이라고 한다. 그래서 불자들은 생활하는 가운데 마니차를 자주 돌리곤 한다. 예전에 글자를 몰라 불교 경전을 읽을 수 없었던 시절의 관습으로 보인다.

탕카 Thangka 면직물 위에 그린 티베트 불화로 이동하는 불단 佛壇이라고도 한다. 큰 티베트 사원 주변에는 탕카를 그리는 작업장이 많다.

옴마니파드메훔 Om Mani Padme Hum 티베트 인들의 진언염불 眞言念佛이다. 옴마니반메훔이라고도 한다. 주문을 외우면 관세음보살의 자비로 온갖 죄악이 없어지고, 지혜와 공덕이 쌓인다고 믿는다. 보통 오른손으로 마니차를 돌리고, 왼손으로 염주를 굴리며 외운다.
옴 Om 태초부터 울리는 우주의 소리 혹은 기운을 말한다.
마니 Mani 지혜를 상징하는 여의주 如意珠를 가리킨다.
파드메 Padme 무한한 자비를 담은 연꽃을 상징한다.
훔 Hum 하나하나 개별적인 존재의 소리를 뜻한다. 그러나 산스크리트어에서 유래돼 티베트인들조차 정확한 의미는 모르고 그냥 사용하고 있다.

히마찰프라데시의 산들은 가르왈 히말라야의 새끼 산맥들이다. 10월 전후로 눈이 쌓여 다음 해 4월 무렵까지 모든 산악도로는 길이 끊긴다.

만년 설산의 비경을 간직한 히마찰프라데시

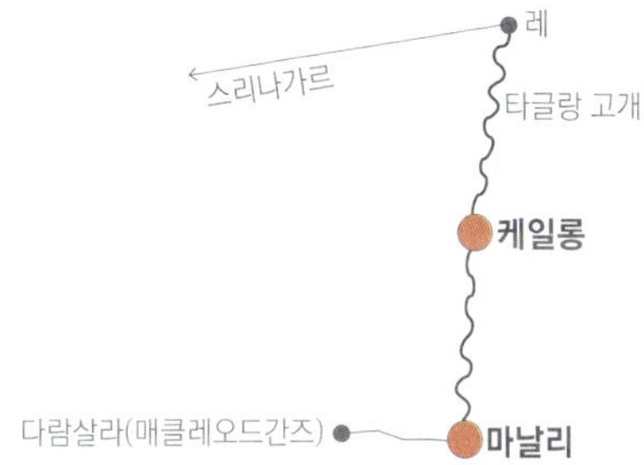

이른 새벽에 일어나 카슈미르 지역을 벗어나 히말라야 산맥 남쪽 면에 있는 케일롱 Keylong으로 가기 위해 길을 나섰다.

4000~5000m 높이의 굽이굽이 꼬부랑길을 넘으면 타글랑 고개 Thaglang La, 5360m에 도달한다. 여기부터는 히마찰프라데시 지역이다. 타글랑 고개는 인도 히말라야의 지류 산맥으로 주위가 온통 흑산이다. 길을 나서는 일행의 숨은 벅차올랐다. 기온이 뚝 떨어지고 산소가 부족해 단기 여행자들은 조심해야 한다. 이미 파키스탄에서 고산 적응을 마쳤지만, 몸 컨디션이 급속도로 떨어졌다. 머리가 띵하고 우울증과 무기력증이 다시 도지는 듯했다. 사실 레에 도착하고부터 다시 고산증세가 시작됐지만 겉으로 쉽게 드러내지 못했다. 일행에게 다시 폐를 끼칠 수 없기 때문이다.

타글랑 고개 같은 고지대에서는 식물이 자라기 힘들다. 여행자는 매우 드물고, 가끔씩 장식이 요란한 화물차만이 먼지를 흩날리며 흙길을 빠르게 지나갈 뿐이다. 타글랑 고개를 오르는 중간중간 '당신은 차로 갈 수 있는 세계에서 두 번째 높은 고갯길을 지나고 있습니다.'라는 푯말을 볼 수 있다. 세상의 끝이라 해도 과언이 아닌 듯하다.

해발 4000m 텐트촌에서의 하룻밤

이른 새벽부터 달리고 달려온 길에 어느새 밤이 찾아왔다. 4000m 고개에서 사르초 Sarcho, 4150m라는 마을을 만났다. 사실 마을은 아니다. 오가는 여행자들과 트럭 운전사들이 배고픔을 달래고, 짧은 잠을 청하기 위한 텐트촌이다. 그것도 두세 개뿐이다. 그래도 이런 험산에 피난처가 있다는 게 얼마나 다행인가! 가게에는 남편으로 보이는 30대 남자와 그보다 조금 어려 보이는 여인이 일행을 반갑게 맞아 주었다. 고산의 햇빛 때문인지, 얼굴은 온통 그을릴 대로 그을렸다. 여인의 반가운 미소 속에 하얀 이가 더욱 빛나 보인다. 이곳의 텐트 안은 부엌이고 식당이며 여관방이다. 몽골의 겔처럼 커다란 유목민 가옥인 셈이다. 부부가 내준 구운 빵과 차이, 레에서 사온 토마토로 허기를 달랬다. 식사를 마친 후 텐트 밖으로 나가니 둥근 달이 산 위에 걸쳐 있다. 황량한 산들은 더욱 애처로워 보인다. 서울의 가족과 친구들이 떠올랐다. 참 이상하다. 이런 땐 꼭 가족과 많은 시간을 함께하지 못한 기억, 잘못한 기억, 후회스러운 기억이 줄지어 떠오르는 것이.

다음 날 잠을 깨니 어깨와 허리가 편치 않았다. 빨리 이 4000m 고개에서 내려가야 숨통이 트일 것 같았다. 주변이 온통 수십 겹의 산으로 둘러싸인 이곳을 벗어나고 싶어 길을 서둘렀다. 3000m 정도로 내려가자 다시 진풍경이 펼쳐졌다. 나무와 집들이 보이자 반가움이 몰려와 가슴이 울컥했다. 주변의 설산이 군살 하나 없이 매끈한 자태를 뽐낸다. 우람한 근육질의 남성 같았던 파키스탄 히말라야와는 딴판이다. 저 멀리 산꼭대기 아래에 걸쳐 있는 눈덩이가 보이자 누군가 저 정도면 아파트 한 동 크기쯤 될 거라고 말한다.

만년 설산의 비경을 간직한 히마찰프라데시

거대한 설산 사이 외길을 굽이굽이 돌아 로탕 고개 Rohtang Pass, 3978m로 접어들었다. 고개의 정상 평원에 수백 마리의 말이 노닐고, 여기저기 승마와 패러글라이딩을 즐기는 관광객들도 보였다. 이 지역이 한국의 강원도처럼 인도의 레저관광 지역이란 게 이해되었다. 승마를 즐기는 여인들의 생김새가 이쪽 지역 사람들과는 많이 다르다. 남쪽 대도시에서 온 부자 관광객들인 듯하다.

로탕 고개를 벗어나면 다시 꼬부랑길이 시작되는데, 길 주변은 온통 사과나무 밭이 펼쳐져 있어 풍경이 나쁘지 않다. 아니 시기만 잘 맞추면 꽤 먹음직한 향내를 맡으며 길을 걸을 수 있을 듯하다. 이내 로탕 고개 너머의 마날리 Manali에 도착했다. 1년 내내 스키, 패러글라이딩, 승마, 래프팅, 트레킹을 즐기는 관광객들로 북적대는 곳이다. 한편으론 마리화나를 카페나 거리에서 맘대로 피울 수 있는(물론 불법이다), 히피들의 휴식처다. 몇 주에서 몇 달씩 이곳에 죽치고 지내는 서양인들이 많다. 마날리는 다리 하나를 사이에 두고 올드 마날리와 뉴 마날리로 나뉜다. 관광객들은 주로 힌두 유적지와 호텔, 카페가 밀집한 올드 마날리에서 머무른다.

마날리에서 만난 한국 배낭 여행객들

마날리는 힌두 신인 마누 Manu가 대홍수로 세상이 멸망한 뒤 배를 정박하고 세상을 연 곳이라는 이야기가 전해지고 있다. 또 이곳 주민들은 힌두의 모든 신 神이

5000m 타글랑 고갯길 끝. 강풍이 몰아치는 가운데 타르초그가 만국기처럼 휘날리고 있다.

이곳의 쿨루 계곡에서 겨울 동안 명상을 한다고 믿고 있다. 히말라야가 이들에게 거룩한 산인 이유 중 하나다.

마날리에 도착하던 날 저녁, 한국에서 온 대학생 배낭족들을 만났다. 그들과 함께 한국인이 운영하는 고즈넉한 식당에서 국산 소주와 한국식 반찬으로 포식을 하며 한국 뉴스도 들었다. 이곳에서 만난 배낭 여행자들의 출신은 다양했다. 직장을 때려치우고 무작정 오지 여행에 나선 L 씨, 아르바이트로 모은 돈과 부모님이 주신 여비로 북인도를 도는 학생들, 작품 활동을 하다가 휴식을 위해 이곳을 찾은 조각가, 남편과 아이들을 돌보다 휴가 나온 어머니도 있었다. 마날리의 유일한 한국식당의 여주인도 인도 남자와 결혼해 이곳에 정착해 살고 있는 한국인이었다. 이들은 왜 하필, 오지 중의 오지인 이곳까지 왔을까. 세 명의 학생들은 인도 영화 〈세 얼간이 3 Idiots〉를 보고 왔다고 답했다. 영화 〈세 얼간이〉는 체탄 바가트 Chetan Bhagat의 원작 소설을 영화화한 것으로 2009년 라즈쿠마르 히라니 Rajkumar Hirani 감독이 메가폰을 잡아 전 세계적으로 흥행에 성공한 볼리우드 영화다. 명문 공대에서 벌어지는 천재들의 우정과 사랑이 주 내용이다. 학교 성

마날리는 관광지면서 유서 깊은 힌두 성지 중 하나다. 힌두 종교 의식인 '푸자' 행렬을 이끄는 사두(맨 왼쪽)의 옷차림이 예사롭지 않다.

적이 모든 걸 결정하지 않으며, 공부만이 전부가 아니라는 메시지를 담고 있는데, 재밌고 구성이 탄탄한 걸작이다. 인도 최고의 유명 배우 아미르 칸 Amir Khan이 란초 역으로 등장하는데, 이곳에서 아미르 칸의 인기는 상상을 초월한다. 여주인공 피아 역을 맡은 카리나 카푸르 Kareena Kapur 역시 인기 배우다. 우리의 김태희나 김혜수 정도라고나 할까. 영화 대사와 노래로 반복되는 '모든 게 다 잘될 거야'라는 뜻의 '알(올) 이스 웰 All is Well'은 한때 우리나라에서도 유행어가 되다시피했다. 사실 한국에 있을 때 무척 감명 깊어 세 번이나 봤던 영화다. 가만히 생각해 보니 후반부 배경이 모두 이 지역이다. 그중에 마날리는 여주인공 피아가 결혼한 곳이다. 학창 시절 천재 친구인 란초를 찾아간 곳은 마날리 아래에 위치한 도시 심라 Shimla다. 심라는 영국 제국주의시절 여름의 별장 도시로 만들어진 고급 휴양도시다. 영화 마지막 장면의 배경엔 판공초 Phangong Cho가 나온다. 판공초는 레에서 얼마 안 떨어진 아름다운 호수다. '초'는 우리말로 호수 Lake를 가리킨다. 잠깐 동안 영화 〈세 얼간이〉의 감동을 다시 되새겼다. 영혼이 자유로운 젊은 여행자들과의 시간은 유

만년 설산의 비경을 간직한 히마찰프라데시

쾌했다. 가끔씩 전깃불이 나갔지만, 그때마다 촛불과 플래시를 켜고 밤늦도록 이야기꽃을 피웠다.

힌두 종교의식 푸자로 시작된 행운의 날

다음 날 아침 북과 나팔소리에 잠에서 깼다. 마을에 무슨 잔치가 벌이진 줄 알았다. 인도인 운전사는 '푸자 Puja, 푸자'를 외친다. 푸자는 힌두교의 종교의식이다. 그렇지 않아도 꼭 힌두 종교의식을 취재하고 싶었었다. 카메라를 챙겨 들고 숙소에서 바로 달려나와 셔터를 눌러 댔다. 기다란 수염, 맨발 그리고 흰 옷을 입은 사두 Sadu가 거룩한 성자처럼 앞장서고, 그 옆엔 젊은 신도들이 힌두 신상을 경건하게 모시고 있었다. 뒤에는 10여 명의 악단이 따른다. 크고 작은 나팔소리와 북소리가 온 마을을 울린다. 행렬은 동네 골목골목을 다니는데, 집 앞과 골목 어귀엔 주로 여인들이 모두 나와서 있다. 사두가 개개인에게 축복을 하면 꽃과 돈을 기부한다. 서양 여행자들도 신기한 듯 이 광경을 카메라에 담느라 분주하다. 단순한 관광지가 아니고 힌두의 중요 성지라는 게 확연해졌다.

숙소로 돌아오니 가이드가 헬기 섭외에 성공했다는 소식을 전했다. 이곳은 파키스탄, 중국과의 접경지대여서 민간 헬기 섭외가 여간 어렵지 않았으나, 운 좋게도 성공한 것이다. 일행인 다큐멘터리 촬영팀과 함께 히말라야 설산을 하늘에서 볼 수 있었다. 국내 최초로 이 지역을 촬영하는 것이란다. 하늘에서 본 히말라야의 광활한 설산과 빙하, 아직 채 얼지 않은 옥빛 호수들, 수백 겹 첩첩이 이어지는 설산, 한번도 인간의 발길이 닿지 않은 빙하호인 찬드라 호수 Chandra Lake, 그리고 파란 하늘이 만들어 낸 진풍경에 쏙 빠져들었다.

찬드라는 '달'이란 뜻이다. 온 천지가 새하얀 산꼭대기에 이토록 아름다운 호수가 있다니! 조종사에게 이 지역을 몇 번 돌아 달라고 요청하자 친절하게도 낮은 고도로 각도까지 정확히 맞춰 준다. 지구 하늘 아래 첫 산, 히말라야가 왜 매혹적인지, 왜 신성한지, 왜 인간들이 끊임없이 이곳을 탐하는지 알 것 같았다. 비행을 마친 뒤 마날리에서 180km 떨어진 비르 Bir로 이동했다. 살아 있는 부처로 불리는 달라이 라마가 있는 매클레오드간즈 McLeod Ganj, 1770m가 그 근처다.

파키스탄(좌)과 인도(우) 트럭의 화려한 외관, 내부와 외부 장식에 많은 비용을 들인다.

현란한 화물차와 재미있는 표지판 문구 히말라야의 트럭은 국가를 불문하고 하나같이 화려한 장식을 해 울긋불긋하다. 물론 현란한 장식은 파키스탄 트럭이 으뜸이다. 인도 트럭도 그에 못지않다. 거의 모든 트럭 뒤엔 'Horn Please', 'Blow Horn'이라고 쓰여 있다. 산중이라도 느리게 앞서가는 트럭에 경적을 자주 울려 존재를 알리고 앞지르라는 뜻으로 보인다. 이곳에서는 경적을 자주 울리는 게 상대방에 대한 예의다. 또 히말라야에서는 교통사고를 막기 위해 길가에 세워 둔 경고 푯말을 자주 만날 수 있다. 표현이 재밌고, 압축적인 내용이 많다.

Speed thrills but kills.
Life is short. Don't make it shorter.
No hurry, No worry!
Looking for Survival! Do not believe in Fast Arrival.

헬기에서 바라본 찬드라 호수. 히말라야 설산이 호수의 파란물에 쏙 담겼다.
'찬드라'는 '달' 혹은 '달의 신' 이름을 뜻한다.

달라이 라마의 마을, 매클레오드간즈

마날리에서 꿈같은 시간을 보내고 이제 또 다른 산중 마을 비르 Bir로 향한다. 마을 입구부터 룽다와 타르초그가 늘어서 있다. 이곳 역시 티베트 불교가 강세지만, 힌두교 신자도 꽤 많다. 남쪽으로 내려갈수록 힌두교 색채가 짙어진다.

히마찰프라데시 지역은 어딜 가나 우리와 비슷한 티베트인과 인도 원주민이 공존하고 있다. 중간중간 도로 공사를 하는 곳엔 유난히 키가 작고 피부가 검은 남자들이 많다. 가이드가 '비하르 지방에서 온 노동자들'이라고 알려 주었다. 비하르 주는 인도 동북부에 있다. 이곳은 불교와 자이나교의 발상지임에도 불구하고 빈곤층이 많다. 이들이 하루 종일 일하고 버는 돈은 우리 돈으로 약 2000원에 불과하다. 그들은 오로지 가족을 부양하기 위해 수천 km를 이동해 험한 일을 하고 있는 것이다. 인도 북부의 오지 도로 공사는 다 이들이 만들었다고 해도 과언이 아니다. 다인종, 다종교, 다문화! 이곳이 인도다.

비르 시내 중앙에 위치한 곰파에서 젊은 스님들이 바깥세상을 바라보고 있다.

비르 뒷산 언덕은 패러글라이딩을 즐기기에 천혜의 지형 조건을 갖고 있다. 값싼 인도 물가와
히말라야 비경, 온화한 티베트 불교 문화는 전 세계의 동호인들에겐 매력적인 요소다.

산중 마을 비르에서 열린 국제 패러글라이딩 대회

마을 입구에 들어서니 영어와 프랑스어, 러시아어가 뒤섞여 들렸다. 마을의 중심 통로는 외국인들로 북적댔다. 2500명의 인구가 전부인 작은 산중 마을에서 국제 패러글라이딩 대회가 열려, 전 세계에서 온 300명의 선수와 관광객들이 마을을 가득 채웠기 때문이다. 몇 개 없는 숙소는 예약이 꽉 차 이미 동이 났고, 게스트하우스로 전환한 민박집을 저녁 늦게야 겨우 구할 수 있었다. 비르에서 열리고 있는 이 대회는 국제대회이지만 공식 월드컵대회는 아니다. 그러나 뛰어난 기상 조건과 히말라야 산맥 아래 위치한 지리적 조건 때문에 유럽인들이 많이 몰려온다. 선수들은 영국, 프랑스, 오스트리아, 러시아, 우즈베키스탄, 카자흐스탄, 이스라엘 등에서 왔다. 사실 대회가 아니더라도 이곳의 값싼 물가, 히말라야의 뛰어난 자연 경관, 티베트 불교의 이색적인 분위기가 매년 많은 관광객을 부르기에 손색이 없다. 형형색색의 패러글라이더가 북인도의 푸른 가을 하늘을 수놓기 시작했다. 마을 여인들도, 어린이들도 패러글라이더들이 날개를 펴는 산 정상으로 놀러 와 잔치 분위기를 만들어 주었다.

히말라야에는 독수리가 많다. 비행 중인 파일럿 옆에서 친구처럼 곡예 비행을 하며 날아가기도 한다. 글라이더나 독수리나 기류를 이용해 비행하는 원리는 같다. 독수리가 호기심이 발동해 장난을 치는 것도 같고, 누가 비행을 더 잘하는지 겨루는 것 같기도 하다. 이런 매력 때문에 전 세계 패러글라이더들이 이곳에 많이 모이나 보다.

저녁 무렵 원정대 파일럿과 친분이 있는 인도 패러글라이더 딜립과 프랑스 유명 선수 앙투안이 숙소로 찾아왔다. 그들은 인도 히말라야의 기상, 풍속, 국경진입 문제 등 많은 정보를 상세히 알려줬다. 진지하고도 친절한 그들의 배려에 놀랐다. 프로들은 역시 서로 통한다. 진정한 프로들은 서로 경계하는 게 아니라, 서로 격려해 주고, 도와주고, 웃어 준다. 2011년 세상을 떠난 스티브 잡스도 "최고 A급 사람들을 매킨토시에서 뽑았을 때, 서로 안 좋아할 거라고 사람들이 말했지만, 실제로 A급 선수들은 서로 일하는 걸 좋아하며 잘 지냈다. 오히려 C급 선수들과 일하는 걸 싫어할 뿐이다."라고 말했다. 상당수의 외국 참가자들은 대회가 끝난 뒤에도 마을에 남아 비행을 즐겼다. 대부분 한 달씩 휴가를 내고 왔다고 말한다.

티베트 망명객 정착촌, 매클레오드간즈

다음 날 달라이 라마의 망명정부가 있는 마을을 방문했다. 비르에서 다람살라 Dharamsala까지는 차로 약 두 시간. 다시 다람살라에서 5km 정도 떨어진 산중에 매클레오드간즈 McLeod Ganj 마을이 있다. 바로 티베트 임시망명정부가 있고, 제14대 달라이 라마, 텐진 갸초 Tenzin Gyatso가 살고 있는 곳이다.

드넓은 평원 가운데로 솟아오른 성채 같은 언덕에 티베트 망명객들이 정착해 마을을 만들었다. 입구부터 수많은 상인이 불상과 염주 등의 불교 용품과 기념품을 팔고 있다. 크고 작은 숙소는 주로 중심가에 몰려 있는데, 제법 깨끗하고 정돈이 잘돼 있다. 붉은 가사를 입은 수많은 티베트승과 동서양 관광객과 순례객으로 북적였다. 망명정부라면 엄청난 보안시설과 군 경비가 삼엄할 것 같았는데 겉보기엔 평온하다.

달라이 라마는 중국의 티베트 침공 때 인도에 망명정부를 세웠다. 1959년 당시 인도 총리 네루는 달라이 라마와 티베트 난민들에게 이곳을 거처로 제공했다. 티베

달라이 라마의 망명정부 건물에서 바라 본 매클레오드간즈 전경. 인도 속의 작은 티베트 왕국이다.

시내 골목길 풍경. 외부 방문객들을 위한 많은 불교용품과 관광용품점이 여기저기 늘어서 있다.

트 망명정부의 터전을 제공한 인도가 중국에 곱게 보일 리는 없다. 인도와 중국은 국경을 같이하며 정치 경제적으로 라이벌 관계다. 군사적으로도 히말라야 국경에서 양국 군이 대치하고 있다. 더구나 티베트 독립 문제는 서방 국가들과 언론이 약방의 감초처럼 지적하는 중국의 아킬레스건이다. 흔히 티베트를 떠올리면 중국에 복속된 연약한 민족으로 여기지만, 실제로는 그렇지 않다. 전성기인 7~8세기엔 토번국 吐藩國이라 해서 영토가 파키스탄의 발티스탄까지 이르렀고, 중국, 인도, 몽골도 두려워하는 강대국이었다. 손챈감포가 그 전성기의 국왕이었는데, 그는 당나라 수도 장안 근처까지 쳐들어갔었다.

당 태종은 왕족 중 한 명을 양녀로 손챈감포 왕에게 시집을 보내 티베트를 달랬다. 난데없이 이방의 왕비가 된 주인공이 바로 문성공주 文成公主다. 라사의 포탈라궁이 그녀를 위해 지어졌다고도 하는데, 티베트의 불교를 융성하게 하고 문화를 키운 전설적인 여인이다. 물론 중국에서 설명하는 건 정반대다. 문성공주는 주변 이민족과의 화친을 위해 시집보냈을 뿐이며, 중국은 예전부터 이들을 지배해 왔다고 주장한다.

달라이 라마의 공식 집무실이 있는 추글라캉 Tsuglakhang으로 들어갔다. 입구와 주변엔 경비병과 사복 직원들이 경계심을 가지고 외부 방문객들을 차근차근 살펴본다. 중국 정부의 암살 시도가 몇 번 있었기 때문에, 검문이 까다롭다. 중앙 건물로 들어가기 전, 추모비가 눈에 띈다. 티베트 독립을 위해 싸우다가 희생당한 이들

티베트의 독립을 부르짖다 분신자살한 이들을 소개하는 벽보.
아름다운 마을이지만 슬픈 역사를 안고 사는
비운의 땅이다.

의 넋을 기리는 내용이다. 이곳 발코니에서 사방을 둘러보니 주변 산 언덕마다 마을들이 빼곡히 들어서 있다. 티베트 박물관엔 이들의 역사와 종교, 문화, 전통이 상세하게 전시돼 있다.

길가 곳곳에 달라이 라마가 대중 앞에서 설법을 한다는 벽보가 붙어 있다. 흥미로운 점은 '한국 방문자들의 요청에 의해 강연을 하루 두 번 3일간 한다'는 문구다. 달라이 라마의 강연장에 들어가려면, 미리 여권과 사진 등을 제출해 예약해야 한다. 직접 참석은 못 하고 강연 후 경내에 살짝 들어갈 수 있었다. '한국인의 요청에 의한'이라는 문구가 이해될 만큼 한국 신자와 관광객이 많았다. 조계종 차원에서 단체로 온 불자들이다. 이들에겐 성지순례다. 아예 중앙 강당에선 한국 불자들만을 위한 우리 조계종 스님의 특별 강연이 따로 마련돼 있었다. 우리 불교의 수준과 순례자들의 열의가 놀랍기도 하고 뭔지 모를 뿌듯한 마음이 들었다.

거리 곳곳엔 중국의 티베트 점령에 항의해 분신한 승려와 티베트인들의 사진과 격문이 붙어 있다. 얼굴 사진 마지막 칸엔 "얼마나 더 많은 사람이 희생되어야 하는가?"라는 문구가 적혀 있다. 처참한 장면들이다. 불교에서의 분신은 또 다른 의미를 지닌 듯하다. 소신공양 燒身供養이란 말도 있으니. 거리의 벽보는 슬픈 역사를 안고 사는 비운의 땅임을 다시 상기시켰다. 켜켜이 쌓인 이야기가 궁금했지만 여정은 계속돼야 했기에, 히말라야 산들과 마을로 향하는 길을 재촉했다.

요가와 명상의 고향, 리시케시

요가와 명상의 고향, 리시케시

히말라야 산맥을 따라 동쪽으로 이동하기 시작했다. 히마찰프라데시 주에서 우타르프라데시 Uttar Pradesh 주로 넘어가는 코스다. 이곳에서도 북쪽 지역을 우타라칸드 Uttarakhand라고 하는데 이름 그대로 '북쪽 땅'을 뜻한다.

지도를 잘 살펴보면, 잠무 카슈미르 주, 히마찰프라데시 주와 더불어 인도 북부 히말라야에 접한 주가 세 군데인데 이 중 가장 넓은 지역이 우타르프라데시 주다. 티베트 고원과 인도 사이에 솟아오른 히말라야를 가르왈 히말라야 Garhwal Himalaya라고 부르기도 하고, 인도 히말라야라고도 한다. 8000m 고봉은 없지만, 난다데비 Nanda Devi, 7817m, 카메트 Kamet, 7756m 등 6000m 이상 고봉이 100여 개나 된다.

이 지역이 사랑받고 추앙받는 것은 힌두교의 신들이 살고 있는 히말라야의 산봉우리가 몰려 있고, 불교도 이곳에서 발원했다는 사실 때문이다. 성스러운 땅이다. 수십 굽이 산중 도로를 넘고 또 넘어 만나는 숲들이 자연휴양림 수준으로 잘 가꿔져 있다.

순례자와 관광객이 넘치는 힐링의 도시

갠지스 강의 발원지에서 처음 만나는 처음 시작하는 도시, 요가 Yoga의 고향, 성스러운 도시 Holy City 리시케시 Rishikesh로 향했다. 인도를 떠올리면, 으레 호기심과 환상을 일으키는 장면이 있다. 그중 하나가 바로 갠지스 강물에서 기도하고 목욕하는 장면이다. 그 강이 시작되는 도시가 바로 리시케시다. 히말라야 고봉의 눈이 녹아 내려 큰 물줄기를 이룬 게 갠지스다. 갠지스 강은 강가 Ganga라고도 부른다. 한국에도 '강가'라는 이름의 인도 음식점이 많은데, 강가는 시바 신의 아내로 인도인에게는 어머니 같은 여신이다.

리시케시 입구에는 오토바이를 개조해 만든 삼륜차인 오토릭샤 Autorickshaw 수 백대와 소형 버스가 즐비하다.

가장 큰 아시람 중 하나인 파르마스니케탄에서 거행된 힌두 종교 의식.
참가자 중에 서양인들이 눈에 띈다.

PAKIZA

순례객들은 갠지스 강물에 몸을 씻고 물을 떠 간다.
갠지스 강(강가)은 이들에게 신성함 그 이상이다.

고행의 사두, 가방 하나, 옷 한 벌, 탁발이 전 재산이다.(좌)
해 질 녘이면 갠지스 강은 순례객들의 염원을 담은 꽃접시 위의
향불로 붉게 변한다.(우)

순례객들을 실어 나르는 차량들이다. 하나같이 화려하게 차려 입고 이곳을 방문한 순례객들은 수천 km를 기차와 버스를 갈아타며 며칠씩 걸려 온 사람들이다.

호텔에서 바라본 이 행복한 도시의 모습은 참 아름답다. 커다란 현수교 라크슈만 줄라와 람 줄라가 강 위에 걸쳐 있다. 줄라는 '다리'라는 의미다. 강 주변은 요가[1] 수행 도장이라 할 수 있는 크고 작은 아시람 Ashram이 들어서 있고 강을 따라 많은 순례객들이 느긋하게 목욕을 하고 있었다. 모래사장엔 벌거벗은 꼬마 아이들이 뛰어 노닐며 한갓진 풍경을 만들어 낸다. 강물 위에는 상류에서 내려온 래프팅 배들이 여기저기 한가로이 떠 있다. 가난해도 이렇게 여유롭게 사는 모습이 충격으로 다가왔다. 가진 게 많아도 만족하지 못하고 혼란스럽게 지낸 서울 생활이 떠올라 잠시 부끄러워졌다.

저녁 노을 진 갠지스 강가에서

해가 저물기 전 서둘러 숙소를 나섰다. 강에서 기도하는 신자들과 종교 집회 푸자 Puja를 가까이서 보기 위해서다. 걸어서 다리를 건너가는 동안 순례 인파에 치여 서로 어깨를 부딪히는 건 보통이다. 다리 난간 위에서는 수십 마리의 원숭이들이 방문객을 맞는데, 순례객들이 던져 주는 과자나 과일을 기다리는 것이다. 노을은 이미 발갛게 물들었다.

갠지스 강 둔치의 계단, 가트 Ghat에선 여인들이 강물에 몸을 담그는 모습이 보였다. 시신이 불에 태워져 재로 돌아가는 곳도 바로 이 가트다. 갠지스 강을 따라 수많은 가트가 있다. 인도 여행객들에겐 필수 방문 코스다. 일부는 빨래를 하고 물동이에 강물을 담는다. 그럼에도 이 강물은 성수 聖水다. 인도의 순례객들은 외지인의 카메라도, 호기심 어린 눈길도 전혀 의식하지 않고 자신만의 의식을 치른다. 여인들 뒤로 소 한 마리가 한가로이 노닐고, 강을 오가는 배 위의 순례자들은 갠지스 강에 손을 담그며 물살을 가르는가 하면, 각자 들고 온 물통에 물을 담는다. 기름이 담긴 노란 꽃접시에 향을 피워 저마다 강물에 살며시 띄우기도 한다. 수백, 수천의 꽃접시가 강물 위로 흐르며 불을 밝히는 모습은 경건한 아름다움을 풍긴다. 저녁노을은 갈수록 진해지더니 이내 어둠이 찾아들었다.

사람들이 줄 지어 어딘가로 향하기 시작했다. 궁금증을 이기고 못하고 행렬을 따라갔다. 도착한 곳은 파르마르트 니케탄 Parmarth Niketan, 여기서 가장 큰 아시람 중의 하나다. 힌두 종교의식 아르티 푸자 Arti Puza가 행해지고 있었다. 불을 이용해 영육을 정화하는 의식이다. 집회장 스피커에서 여성의 노랫소리가 들린다. 북유럽 피오르드에 갔을 때 들었던, 요정 역할을 했던 여인의 노랫가락과 비슷하다. 몽롱하다. 힌두 종교음악은 사람을 홀리는 뭔가가 있다. 명상음악 같기도 하다. 여성의 감미롭고 신비한 음성이 묘한 느낌을 불러일으킨다. 입구에서 머뭇거리는데, 한 남자가 손짓을 하며 환영한다는 메시지를 보낸다. 신비로운 종교 집회다. 거대한 대리석 시바 신상이 중앙에 위엄 있게 서 있다. 이미 외국인들이 많이 자리하고 있었다. 용기를 내어 신발을 벗고 참여했다. 처음엔 영화 속에서 본 밀교 집회 같아 낯설고 어색했지만 이내 동화된 듯 익숙하게 느껴졌다.

중앙 제단에는 긴 수염의 사두들이 있고, 주변에 흰옷차림의 신자들이 계단에 앉아 사두의 강의를 경청한다. 모두 표정이 하나같이 진지하고 평온하다. 시간이 지나자 마음이 누그러지고 차분해졌다. 몇 달째 히말라야를 헤매고 다닌 모습도 잠깐 돌아볼 수 있는 귀한 시간이었다. 왜 이곳이 힐링의 땅, 명상과 요가의 본산

[1] **요가** Yoga
힌두교의 종교적, 정신적 수행 방법의 하나로 기원전 3000년경부터 전해 내려오고 있다. 산스크리트어로 제어 Control, 합일 Union, 수단 Means의 뜻이라고 한다. 요가수행자를 요기 Yogi라고 부른다.

인지 알 것 같았다. 어디선가 은은하게 날아오는 향내에 취해 어른거리는 촛불과 끊일 듯 이어지는 음악이 아득하게만 들렸다.

평화를 찾아가는 시간

이곳 사람들은 바쁜 게 없다. 식당에는 육식 메뉴가 거의 없다. 서점에는 요가와 명상 등 정신 수양 책들이 가득하다. 여기저기 담벼락에는 아시람의 정신수양, 음악 프로그램들이 붙어 있다. 아시람의 생활은 요가와 명상이 주를 이룬다. 큰 곳은 방만 1000개가 넘는다. 수행자들은 매일 "옴 샨티, 샨티, 샨티 Om Shanti, Shanti, Shanti."라고 읊조린다. '샨티'는 힌디어로 평화를 뜻한다. 결국 요가 수행은 마음의 평화를 갈구하는 심신의 수련 과정이다. 일주일, 보름, 한 달 단위의 프로그램도 많다.

이곳을 찾는 외국인은 직장이 있는지 없는지 모를 정도로 장기간 머무는 이들이 대부분이다. 장기 체류를 해도 이곳의 물가가 싸기 때문에 많은 돈은 필요 없을 것이다. 길 가다 마주치는 펑퍼짐한 수행복 차림의 서양 미녀들은 눈빛이 하나같이 맑고 미소는 행복이 가득해 보인다. 그런데 인도인 가이드는 이들 중 일부는 마리화나 등 환각제에 빠져 있다고 귀띔해 주었다. 그래도 이곳의 서양인들은 마음을 비우고자 찾아온 순수한 수행자들이 대부분이다. 우리나라 유명 작가, 여행자들도 적잖이 찾는 곳이다.

물구나무 소년이
본 세상은 어떨까?

여행의 끝은 인도라고 하지 않던가! 세상일에 시달리고, 상처 입은 사람들에겐 더더욱 그럴 것이다. 비틀스도 그런 마음이었을까? 1967년 8월 그들의 매니저 브라이언 엡스타인이 런던 자택에서 시신으로 발견됐다. 그 후 팀이 안팎으로 삐거덕거리자 1968년 2월 비틀스 멤버가 이 곳의 스와르그 아시람을 찾았다. 그들은 인도철학과 힌두교에 심취했다. 마하리시 마헤시 요기 Maharishi Mahesh Yogi를 스승으로 모시고 국제명상협회 International Meditation Society에도 가입했다. 특히 조지 해리슨은 인도 전통 악기 시타르(기타처럼 생긴 현악기)와 타블라(나무로 만든 북)에 빠졌다. 몇몇 노래도 이곳에서 만들었다고 한다. 비틀스 역시 1960~70년대 히피들의 영웅으로 추앙받았으니, 자유주의와 히피는 본질에서는 궤를 같이하나 보다. 이탈리아 TV에서 제작한 그 당시 동영상을 본 적이 있다. 비틀스가 인도 사람들 및 수행자들과 스스럼없이 어울리는 장면이 인상적이었다. 인도 땅에 비틀스가 온 게 충격이 아니라, 비틀스 멤버들에게 인도의 순수함이 충격이었을 것이다. 오히려 비틀스의 음악 세계는 인도에서 더욱 깊어지지 않았을까.

명상의 메카, 리시케시에서의 사흘은 행복했다. 서울의 삶이 그렇지 못했음의 반증일 것이다. 진리 眞理니, 깨달음이니 하는 것들은 멀리 있는 게 아니었다. 언제나 내 곁, 내 안에 있었다. 이곳에서 잠시나마 도인이 된 기분이었다. 이 느낌을 서울까지 가져갈 수 있을까. 다음 목적지로 가는 동안 강가 가트의 벽에 적힌 문구가 머릿속에 맴돌았다.

Think Like a Genius

Work Like a Giant

Live Like a Saint!

천재처럼 생각하라

거인처럼 일하라

성인처럼 살라

전국에서 성지를 찾아온 순례자들은 갠지스 강물에 몸을 정화한다.
외지인의 카메라에는 그다지 신경 쓰지 않는다.

수백 겹의 히말라야 설산, 그 속살을 보다

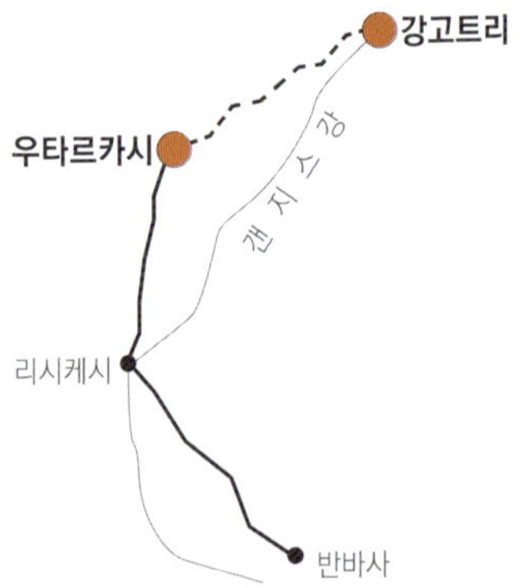

헬기를 타기 위해 리시케시 Rishikesh에서 우타르카시 Uttarkashi로 이동했다. 조금 피곤했다. 헬기를 타고 히말라야의 속살을 본다는 설렘에 밤잠을 설쳤기 때문이다. 이 지역에서 가장 큰 산중 도시, 우타르카시에서 만난 기장은 공군 출신으로 부탄 왕의 전속 조종사였다. 그의 이름은 히만슈 Himanshu. 36세의 매우 이지적이고 차분한 미남 파일럿이었다. 사실 이곳 히말라야의 헬기 촬영은 쉽지 않았다. 파키스탄과 중국의 국경이 가깝기 때문에 허가를 얻기가 매우 까다로웠다.

가이드가 한국인으로는 처음으로 갠지스 강 발원지인 강고트리 Gangotri와 그 주변 설산을 하늘에서 보게 되는 것이라고 말해 주었다. 그 설렘이란! 이어 그는 5000m 이상 고도를 높이기 때문에 산소가 부족해 엔진 연료도 다르게 배합한다고 설명했다.

이내 헬기가 이륙했다. 유리창을 통해서는 화질이 깨끗하지 않기 때문에 미리 문 하나를 해체했다. 그 대신 안전을 위해 벨트와 줄로 몸을 꽁꽁 묶었다. 굉음과 모래 먼지를 날리며 공중으로 떠올랐다. 수백 년 동안 산을 깎고 깎아 만든 다랑논이 시야에 들어온다. 지금껏 본 것 중 가장 큰 규모다. 수백 겹 히말라야 설산이 끝도 없이 펼쳐졌다. 바람이 매우 드세다. 선글라스가 밀쳐나가고, 카메라도 빨려 나갈 것 같은 기세였다. 헬기는 계곡을 타고 날다 점점 고도를 높였다. 실오라기 같은 산길 사이로 순례자들의 행렬이 보였다.

신들의 땅 인도 히말라야의 역사

인도인들이 말하는 신들이 사는 땅은 해발 3000m 이상의 높은 곳에 있다. 순례자들은 고산증과 추위를 무릅쓰고 고행의 행군을 해야 닿을 수 있다. 곧 눈이 더 쌓이면 오를 수도 없다. 이 지역은 크게 보면 네 군데로 나눌 수 있다. 갠지스 강의 발원지인 강고트리, 야무나 강의 시작인 야무노트리 Yamunotri , 비슈누 신을 모신

가르왈 히말라야의 끝, 강고트리. 이곳은 갠즈스 강의 발원지다.
이곳이 신성한 이유는 히말라야의 신들이 살고 있기 때문이다.

시원의 땅 히말라야, 히말라야의 대부분은 인간의 발걸음이 한번도 닿지 않았다. 설산 아래는 모래와 자갈, 얼음이 뒤섞여 있었다. 헬기 촬영.

수백 겹의 히말라야 설산, 그 속살을 보다

사원이 있는 바드리나트 Badrinath, 시바 신을 모시는 사원이 있는 케다르나트 Kedarnath다. 야무나 강은 델리를 거쳐 아그라로 이어지고, 갠지스 강은 리시케시를 거쳐 바라나시로 이어진다. 이 성스러운 두 강줄기가 합쳐져 콜카타가 있는 동쪽 벵골 만으로 흘러간다.

사실 인도 히말라야는 힌두교뿐 아니라 불교에도 엄청난 의미를 지닌 곳이다. 불교 4대 성지가 모두 이 부근에 있다. 부처님이 태어난 룸비니 Lumbini, 깨달음을 얻은 보드가야 Bodhgaya, 대중에게 첫 설법을 한 사르나트 Sarnath 그리고 열반지 쿠시나가르 Kushnagar다. 룸비니는 국경 근처지만 네팔 영역이다.

힌두교는 다신교지만 결코 미개한 종교가 아니다. 어느 자료에는 신 神만 4억8000만에 이른다고 한다. 우주 만물이 다 신이다. 심지어 부처조차도 힌두교 신 중의 하나다. 어느 힌두교 사원에 가면 온통 불상이 모셔져 있다. 불교 사원인 줄 착각하지만 힌두 사원이다. 그만큼 경계도 없고, 배척도 없다. 더구나 힌두교의 시작은 불교, 기독교보다 훨씬 오래전이다. '지식' 또는 '지각'이라는 의미를 지닌 경전 〈베다 Veda〉는 힌두교의 요체다. 옛 현인들이 신의 소리를 들은 대로 적었다고 알려져 있다. 고대 산스크리트어나 고대 인도-아리아어로 기록됐다. 오랫동안 브라만 성직자들 사이에서 대를 이어 구전되어 오던 것이 기원전 15세기경 책자로 만들어졌다. 〈베다〉는 〈리그베다〉, 〈사마베다〉 등 여러 종류다. 〈우파니샤드 Upanishad〉까지도 베다에 속한다. 〈베다〉에는 신들의 이야기뿐만 아니라 아리안의 인도 정착 과정과 일상생활도 기록되어 있다.

아리안은 인도 민족의 기원이다. 기원전 1800년쯤 카스피 해와 흑해 사이에 위치한 캅카스 Kavkaz 평원에서 인도 대륙으로 흘러온 유목민족이다. 그렇다면 당시 인도 대륙엔 이미 토착 농민 세력이 존재했을 것이다. 그들에 대한 기록은 없지만, 아마도 남쪽 데칸 고

요가 마을 리시케시에는 갠지스 강 양쪽을 잇는 다리가 여러 개 있다. 전국에서 몰려든 순례자들의 행렬이 끊이지 않는다.

원 Deccan Plat으로 밀려났을 것이라 추측된다. 아리안의 열 개 부족 중 가장 강대한 부족이 '바라타 Bharata'였다. 인도공화국이 출범하면서 힌디어의 정식 국가 명칭을 '바라트 Bharat'라고 지었는데, 바로 자신들이 좋아하는 부족명에서 따온 것이다. 물론 영어로는 인도공화국 Republic of India이다.

옛 인도제국의 역사는 아리안이 인도 전역(지금의 파키스탄 영역을 포함)을 지배한 이후부터 시작된다. 기원전 1600년경 초기 왕국이 형성되었고, 기원전 500년경에 불교와 자이나교가 태동되었다. 이들은 말, 철기, 청동기, 바퀴살 수레를 사용했다. 이후 기원전 322~기원후 320년에 번성했던 마우리아제국에선 아소카 Asoka 1세가 출현했다. 그는 강력한 중앙집권 제도를 만들고 불교 전성기를 이룬다. 인도-그리스인들과 쿠샨인들의 침입도 계속된다.

320~510년은 굽타 제국의 시기다. 찬드라 굽타 왕때가 인도 예술 문화의 전성기다. 그 유명한 아잔타 Ajanta 석굴의 벽화도 이때 그려진다. 전반적으로 후반기에 불교는 쇠퇴하고 힌두교가 왕조의 사랑을 독차지한다. 사회적으로 카스트제도는 더욱 굳어졌다. 이후 6세기 이후부터 인도 전역이 사분오열되다가 1192년 이슬람 군대가 몰려와 인도 땅의 주인공이 된다. 그 후 18세기 영국 제국주의에 침탈 된후 1947년에 동서 파키스탄, 인도 등으로 분할된 것이다. 원나라 칭키즈칸의 침공까지 합하면 실로 수많은 이민족의 침입과 지배로 점철된 역사를 거쳤다.

한국인 최초로 하늘에서 본 강고트리의 웅장함

헬기는 강고트리로 향했다. 강고트리는 3048m에 위치한 강가의 시작 지점이다. 조종사와 연결된 헤드셋으로 "고무크! 고무크!"라는 조종사의 외침이 들렸다. 고무크 Gomukh, 4255m! 강고트리에서 18km 떨어진 산길의 끝!

가느다란 물길 위 끝이 갠지스 강의 발원지 '고무크'다. 해마다 순례객들은 고산증과 추위를 견디며 신들의 명상지인 이곳을 찾는다.

헬기에서 바라본 강고트리 지역의 고산들. 정상 근처의 날씨는 순식간에 거칠어졌다 잠잠해지기를 반복한다.

위로부터 빙하가 주욱 내려오다가 빙하 절벽을 이룬다. 그 마지막 빙하 아래 웅덩이에 녹은 물이 모인다. 고무크는 '소의 입'이란 뜻이라고 한다. 바로 이곳이 갠지스 강의 발원지다.

설산의 물은 여기서부터 2500km를 흐르고 흘러 동쪽 벵골 만 바다와 만난다. 힌두교 전설엔 옛날 바기라티라는 왕이 이곳에서 물을 구하기 위해 기도하고 고행을 계속했다고 한다. 기도를 들은 여신 강가와 시바 신이 물줄기를 지상으로 연결했는데 이 강이 갠지스 강이다. 바기라티 강의 어원이 왕 이름에서 유래한 이유를 알 것 같다.

혹자는 갠지스 강의 기원에 대해 야한 해설을 덧붙이기도 한다. 신들의 성 性과 관련이 있다는 것이다. 탈라이사가르 옆에 해발 6540m의 시블링 산이 있다. 뾰족한 삼각 봉우리인데 이 산 이름이 글자 그대로 바로 시바의 링가 Linga란 뜻이다. 시바가 히말라야의 여신들과 사랑을 한 결과 쏟아져 나온 물이 갠지스 강이라는 것이다.

링가는 시바 신의 남성적 상징이며 창조적 에너지의 표상이다. 그래서 어느 사원이든 남성 성기 모양의 검은 돌이 입구에 위치하고, 그 옆이나 아래엔 여성 성기 모양의 '요니 Yoni'가 모셔져 있다. 남근숭배는 세계 공통이다. 우리나라에서도 남근석 男根石이 많이 발견되었다.

이 글을 쓸 즈음인 2013년 6월 20일, 이 지역에 몬순 폭우가 내려 홍수와 산사태가 일어났다. 1000여 명의 희생자가 나왔다고도 하고 혹자는 2000명을 넘었다고도 한다. 착잡했다. 아름답고 거대한 신들의 땅, 신성한 히말라야가 지닌 또다른 모습이다. 이곳은 한번 사고가 나면 대형 사고다.

조종사는 다시 고도를 높였다. 5000m가 족히 넘는 고도다. 탈라이사가르 Talaysagar, 6904m가 눈앞에 펼쳐졌다. 주변 산들은 납작 엎드려 있는데, 이 산만이 불쑥 튀어나왔다. 매우 아름답지만 등정하기에는 고난도의 산이라고 한다. 1998년 9월 28일 북벽을 시도하던 한국인 산악인 세 명(김형진, 최승철, 신상만)의 목숨을 앗아간 비운의 산이기도 하다.

구름이 빠르게 변했다. 산은 속살을 한참 동안 안 보여주다가도 한 줄기 거센 바람이 일자 뾰족한 정상을 드러낸다. 기품 있고 매력적이다. 왜 이 깊은 히말라야엔 보이지 않는 신들을 찾는 수행자들, 순례객들의 발길이 끊이지 않는지…. 수많은 산악인이 목숨을 걸고 정상을 탐하는지, 왜 트레커들을 유혹하는지, 그 마력을 조금은 알 것 같았다. 이래서 이곳에 도전하나 보다.

인도 힌두의 신들 신이 얼마나 많은지 인도인도 모른다고 한다. 어떤 자료엔 3억3000여 신이 있다고 할 정도다. 인도인들에게 물어보면 각자 좋아하는 신들이 모두 다를 만큼 그 수가 많다. 힌두교는 우주 삼라만상이 브라만에서 시작된다고 믿는다. 현세의 삶은 전생의 '카르마(업보)'로 결정되고, 이승에서 '다르마'(사회적 의무)를 잘하면 다음 생에서 높은 카스트로 태어난다고 믿는다. 불교 윤회사상의 바탕이 힌두교인 것이다. 부처님도 힌두교에서는 신들 중 하나로 추앙받는다.

마을에 모셔진 힌두 신들(위)
길가에 세워진 파괴의 신
시바 상(아래)

브라만 Brahman 모든 존재의 기본이며 형태도 없고 인격도 없다. 3대 신인 브라마와 비슈누, 시바의 형상으로 나타난다.

브라마 Brahma 창조의 신이다. 다른 때는 명상을 한다. 유지자로서의 비슈누, 파괴자로서의 시바와 함께 힌두교 3대 신 중 하나다. 브라마는 백조를 타고 다닌다.

시바 Shiva 파괴의 신이다. 시바는 링가 Linga로 나타나는데 이것은 남성의 심벌이다. 창조적 힘을 가지고 있다. 목에 뱀을 두르고 삼지창을 들고, 히말라야 정상에 사는 난디라고 하는 하얀 소를 타고 다닌다. 지혜를 상징하는 세 번째 눈이 있다. 춤의 주인 Lord of Dance으로서 춤추는 신으로 표현되기도 한다. 아내는 파르바티다.

비슈누 Vishnu 보호, 유지의 신이다. 네 개의 팔을 가지고 손에 소라(우주의 진동을 의미)와 세상을 뜻하는 원반, 그리고 갈고리 달린 철퇴를 들고 있다. 가루다라고 하는 새를 타고 다닌다.

파르바티 Parvati 아름다움을 갖춘 시바의 아내다. 시바가 링가로 표현되면, 파르바티는 여성의 성기를 가리키는 요니 Yoni로 형상화된다. 시바의 삼지창을 가지고 사자나 호랑이를 타고 다닌다.

가네시 Ganesh 지혜와 행운의 신이며 역경을 이기게 하는 신이다. 시바와 그의 아내 파르바티의 아들이며 쥐를 타고 다닌다. 아버지 없이 커 온 가네시는 어머니 파르바티가 목욕하고 있을 때, 찾아온 시바가 아버지인 줄 모르고 막았다. 시바도 아들인 줄 모르고 목을 쳤는데, 나중에 후회해 코끼리 모양의 머리를 붙여 주었다. 머리는 코끼리, 몸은 뚱뚱한 사람 모양이다.

데비 Devi 여신 중의 최고 신이다. 데비는 사자와 호랑이를 타고 다니며 손에 칼을 비롯한 무기를 들고 다닌다. 시바의 또 다른 아내이며 출산과 관련이 깊다.

강가 Ganga 갠지스 강과 관련이 있으며 시바의 아내이기도 하다. 통상 시바의 헝클어진 머리 안에 작은 모습으로 나타난다.

라크슈미 Lakshmi 행운과 풍요의 여신이다. 라크슈미의 상징은 연꽃이며 연꽃 위에 앉아 있는 모습으로 나타난다.

하누만 Hanuman 원숭이신으로 왕궁의 수호신이다. 네팔에서는 의학의 신으로 섬긴다.

아수라 Asura 힌두의 선신인 데바의 영원한 맞수이며 악신이다.

데바 Deva 부처의 자비를 보여 주는 선신이다.

가루다 Garuda 새들의 왕이며 비슈누를 태우는 영물이다. 몸통은 인간의 모습이지만 새의 날개를 가지고 있다.

칼라 Kala 가면을 쓴 모습이다. 보통 신전의 문설주에 등장하며 신전의 수호자로서의 역할을 한다. 눈은 크고, 코는 인간이나 사자의 코 모습을 하고 있다. 머리에 뿔이 두 개 있다.

난디 Nandi 시바가 타고 다니는 흰 소. 힌두교인들이 소를 신성시하는 이유다. 예전 유목생활에서 고기와 분변 등 모든 게 유용했기 때문이기도 하다. 힌두교 신자들은 흰 소의 배설물을 담벼락에 바르기도 한다.

힌두신이 얼마나 많은지 힌두교 신자조차
정확히 모른다. 삼라만상의 모든 게 신이다.

산중 마을 여인들의 생활은 더더욱 고달프다. 여인들이 뭔가를 이고 지고 다니는 모습을 쉬이 볼 수 있다.

신을 품고 살아가는 인도의 산간 마을

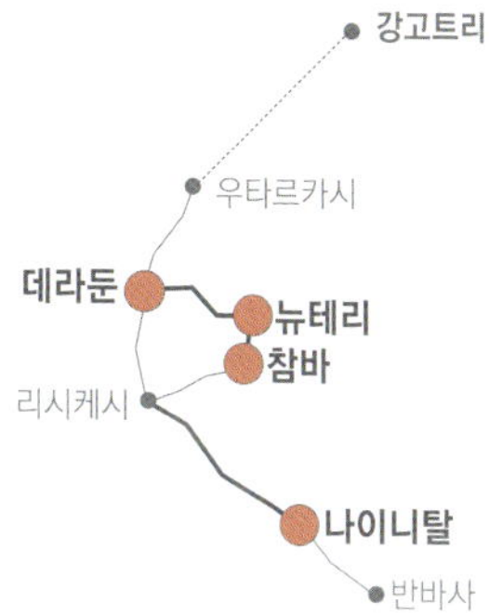

리시케시와 우타르카시의 큰 도시를 벗어나 네팔 쪽으로 향하면서 산골 마을에 머물렀다. 인도 중앙정부는 의외로 변방 지역까지 도로 개설 등의 지원을 아끼지 않았다. 그래도 시골은 시골이다. 문명의 이기는 이곳 생활과는 멀다. 한국 시골의 40~50년 전 생활 모습과 비슷한데 여인들은 산에서 땔감을 거두고, 무거운 짐을 메고 다닌다.

여인들의 삶은 특히 고단하다. 온갖 빨래와 음식 만들기, 농사일, 아기 양육 등이 모두 여인들의 몫이다. 여자의 강인함을 이곳에서 새삼 느꼈다. 산에서 만난 아낙들은 거의가 변변한 신발도 없이 고무 슬리퍼를 신고 다녔다. 그럼에도 그들은 거칠고 가파른 산길을 나보다 빨리 움직였다. 고급 등산화를 신은 이방인들은 미끄러지기 일쑤지만 그들이 넘어지는 건 한 번도 못 봤다. 자세히 보니 발가락을 꼭 오므려 땅에 굳게 지탱하는 힘이 강해 보인다. 또 우리는 5분만 달려

이방인의 인기척을 눈치 챈 어린이들이 학교에서 수업을 하다 말고 모두 뛰쳐나와 환영해 주고 있다.

도 숨이 차는 3000~4000m 고지대에서 아이들은 지칠 줄 모르고 축구를 즐긴다. 척박한 환경에 '적응'하는 인간의 능력이 놀랍다.

산중 마을에도 위성안테나가 간혹 보였다. TV는 거대한 인도 땅을 통합시켜 주는 매개체다. 땅덩어리가 크니 우리처럼 케이블로 전파를 보낼 수 없다. 공용어로 힌두어를 사용하는 인도 땅은 남한 면적의 33배가량 된다. 넓은 만큼 지역마다 각기 다른 문화가 있다. 인종만 해도 크게 투르크, 이란, 인도 아리아, 드 라비다, 몽골리안 등 7종족에 이른다. 헌법에서 정한 공용어만 해도 20여 개나 되며, 방언과 소수 언어를 합치면 850여 개다. 영국의 지배를 받았던 나라지만, 영어를 유창하게 구사하는 이는 극소수 엘리트들이다. 설사 시골에서 영어를 그럴 듯하게 구사하는 이를 만나더라도, 막상 영수증을 영어로 써 달라고 하면 알파벳을 몰라 당황한다. 문맹률이 40%나 되는데 일반인들이 교육받을 기회는 매우 적다. 이런 인도인이 단일 문화를 공유하는 데 TV와 영화만 한 것이 없다.

뉴테리에서 맞은 빛의 축제 '디왈리'

뉴테리 New Tehri 에 도착했을 때, 마침 디왈리 Diwali 축제 준비가 한창이다. 10월에 열리는 '빛의 축제'로 가장 많이 알려진 축제 중 하나다. 힌두 신화에서 라마 신은 추방됐다가 다시 돌아온다. 이때 그를 맞기 위해 불을 밝히는 축제다. 사원이나 강가, 집 입구에 밝은 조명을

디왈리 축제를 맞아 어린이들이 집 앞에 색소 가루를 뿌리며 꽃 장식을 하고 있다. 라마신을 집으로 모시기 위한 길잡이다.

인도에는 신기한 직업이 참 많다. 귀지만 파 주는 사람, 빨래만 하는 사람들 등 거리 이발사도 그중 하나다.

설치한다. 시내 상점과 거리도 화려한 전구들이 줄을 잇는다. 내가 묵은 민박집에서도 아이들이 집 입구에 색소 가루를 뿌려 꽃 장식을 하느라 분주하다. 직장에 나간 아버지는 아이들을 위해 한 움큼 폭죽을 사다 줬다. 밤이 되자 온 동네가 폭죽 소리로 귀가 따갑다. 아이들도 밤늦도록 신이 났다. 잠자리에 들기 전 주인 부부는 나에게 뭔가를 건넸다. 사탕과 전통 케이크가 들어 있다. 축제 기간에 가족과 이웃 간에 이런 선물을 교환한다는 걸 그때야 알았다. 미처 선물을 준비하지 못하고 아이들 폭죽이나 뺏어 같이 놀았으니 머쓱해졌다.

인도 축제는 힌두 신들의 이야기, 탄생 신화 등과 관련된 게 대부분이다. 게다가 시크교, 자이나교, 불교 등 여러 종교의 축제까지 합하면 일년 내내 인도 어딘가에서는 축제가 벌어지고 있다. 축제 동안 사랑하는 가족도 만나고, 노동하는 이들은 휴식과 위안을 얻는다. 이런 축제에 춤과 음악이 빠질 수 없다.

민박집 식구들과 이야기하다가 재밌는 점을 발견했다. 우르두어[2] 로 엄마 아빠가 '어마, 아바(네팔, 파키스탄도 비슷하다)'로 우리말과 흡사했다. 어머니, 아버지도 '아마니, 아바지'라고 발음해 신기했다. 영어에도 엄마를 '맘 Mom, 마미 Mommy'라고 하는데 아기가 처음 말을 시작할 때 음, 음마, 엄마로 발전하는 것은 이해가 가지만 아빠까지 비슷한 건 놀랍다.

산중 마을을 이동할 때는 오프로드 지프를 이용했다. 나를 태운 운전사는 회사 소속으로 상대적으로 소득이 높다. 오래전 우리나라에서도 운전면허는 중요한

[2] **우르두어**
Urdu Language
파키스탄과 인도 일부 지역의 공용어다. 힌디어와 유사하다. 인도유럽어족에 속하지만 신기하게도 우리말과 발음이 비슷한 단어가 많다. 오랜 옛날 언어의 교류가 있었던 것으로 보인다.

자격증이었다. 이것저것 집안일 이야기를 하다가 자신이 브라만 계급이라고 자랑했다. 당신이 브라만인 걸 어떻게 아느냐고 물으니, 이름을 보면 안다고 했다. 꼭 우리 유교가 지배하던 시절 성씨 姓氏 문화와 비슷하다. 그들끼리는 계급을 얼추 알 수 있다고 한다. 브라만 계층의 집안은 이름, 말씨나 외모, 의복, 음식 같은 걸 보면 다른 계층과 다르단다. 더 교양 있게 행동한다는 의미다. 브라만 계급의 이 운전사는 다른 운전사들을 하대하고, 매사 자신감이 넘쳤다. 더욱이 자기 차의 무거운 짐에 손도 안 댄다. 다른 운전사들이 짐을 정리해 준다. "나 같은 외국인은 어느 계급이냐?"라고 물으니, 기사가 매우 난감해한다. "그냥 예외."라고만 말한다. 사실 그들의 눈엔 외국인도 하층민으로 간주되는 게 정설이라고 한다. 다만 자기가 모셔야 할 손님의 면전에서 솔직히 말하지 못했을 뿐이다.

세상에서 가장 슬픈 이름, 불가촉천민

카스트 제도는 외부인의 관점에서 보면 참 이해하기 힘든 관습이다. 인도 헌법 15조엔 '국가는 국민에 대해 종교, 인종, 카스트, 성, 출신지, 기타 어떤 이유로도 차별을 하지 않는다.'라고 명시돼 있다. 하지만 특히 시골로 갈수록 이들의 생활 속에 뿌리 깊이 잠재돼 있다. 먼 옛날 북인도를 침입한 백인계 아리안족이 검은색 원주민 드라비다족을 지배하면서 '바루나'라는 신분제를 만들었다. 산스크리트어로 '색 色'이란 의미로 피부색으로 신분을 구분했던 것이다. 아리아인들은 자기네 집단 안에서도 크게 네 개의 계급을 만들었다.

종교의식을 맡는 사제 계급인 브라만 Brahman, 군사, 정치에 종사하는 왕족과 무사 계급 크샤트리아 Kshatria, 상공업 활동을 하는 평민 계급 바이샤 Vaisya, 그리고 피지배 계급인 노예 수드라 Sudra다.

힌두 경전에 따르면 태초의 인간이 프루샤 Prusha의 몸에서 네 계급이 나왔는데, 머리에서 브라만, 팔에서 크샤트리아, 다리에서 바이샤, 발에서 수드라가 나왔다고 한다. 한 통계는 카스트를 가진 인구 중에서 브라만이 4%, 크샤트리아 7%, 바이샤 12%, 수드라가 77% 정도라고 한다. 그런데 이 카스트제도의 어디에도 못 들어가는 불가촉천민 不可觸賤民 아추트 Achut가 있다. 그야말로 언터처블 Untouchable이다. 힌디어로 '억압받는 자'라는 뜻의 '달리트 Dalit'로 불리기도 한다.

강가에서 평생 빨래만 하는 노동자들이나 도살장, 시체처리장, 화장실이나 거리에서 온갖 쓰레기를 치우는 이들이다. 그들의 아버지도 빨래터에서 일했고, 자식도 일생을 빨래터에서 보낸다는 게 얼마나 잔인하고 슬픈 일인가! 이들은 12억 인구 중 1억3000명이 훨씬 넘는다. 총인구의 15~17%라는 통계도 있다.

그래도 희망은 있다. 마하트마 간디 Mahatma Gandhi는 이런 부당한 제도를 철폐하기 위해 '신의 아들'이란 의미로 '하리잔 Harijan'으로 부르자는 운동을 벌이기도 했다. 부당함을 참지 못한 상당수는 불교나 이슬람, 그리스도교로 개종했다. 정부는 사회적 배려 제도를 만들어 통합을 시도한다. 대학교 입학 정원이나 기업체 채용, 정부 공무원 선발 때 '카스트 할당제'를 뒀는데, 달리트 출신의 국회의원, 장관까지 배출된 바 있다.

푸네대학 총장 나렌드라 자디브가 좋은 예다. 하지만, 세상에 완벽한 제도는 없나 보다. 여정 중에 만난 한 여행사 대표는 차별받는 이들에게 혜택을 강제적으로 주는 '민주제도(?)' 때문에 오히려 인도가 발전하지 못한다며 아쉬워했다.

문화적 상대주의로 인도를 너그럽게 이해하려 해도 인

정하기 싫은 부분이 있다. 시골에는 드물지만 화형 관습인 사티 Sati가 아직도 남아 있다. 죽은 남편을 화장할 때 아내도 같이 불 속으로 뛰어드는 풍습인데 생각만으로도 끔찍하다. 마을 사람이나 친척들이 남편을 잃은 여인에게 환각제를 먹이고 밀어 넣어서 죽이기도 한다. 사실상 살인이나 마찬가지인 행위가 지금도 벌어지고 있다. 아들을 못 낳거나 부정한 여인의 경우, 마을 사람들이 얼굴에 염산을 뿌려 고운 얼굴에 상처를 주는 경우도 있다. 산간 지역보다는 대륙 남부 사막지대에서 간혹 일어난다.

여성은 결혼할 때 더욱 서럽다. 결혼 지참금인 다우리 Dowry 때문이다. 잘 키운 딸을 시집보내는 것도 서러운데, 많은 돈과 물품까지 보내야 한다니. 도시 지역 일부 젊은이를 제외하고 인도는 거의 친지의 소개를 통해 혼사가 이뤄진다. 인도에서 만난 모든 친구들은 하나같이 중매결혼을 했다. 앞서 언급했던 영화 〈세 얼간이 3 Idiots〉에도 "우리 집이 너무 가난해 지참금을 낼 여력이 없어 누나가 시집도 못 가고 노처녀로 집에만 있다."라며 슬퍼하는 대목이 나온다. 콜카타 난민의 애환을 그린 〈시티 오브 조이 City of Joy〉에서도 다우리를 벌어서 딸을 시집보내야 한다는 아버지의 슬픈 모습이 나온다. 2006년 통계에 의하면 지참금과 관련해 사망한 사람이 7618명이라고 한다. 지참금에 대한 재정적 부담 때문에 여아 낙태율이 상당히 높은 건 비밀도 아니다.

극심한 빈부 차도 문제다. 그나마 다행인 점은 굶어 죽는 사람은 거의 없어 보인다는 것이다. 최소한의 사회보장 장치와 부자들의 나눔 문화가 그나마 이 사회를 간신히 지탱하고 있다. 먹을 게 풍족하지 않아 가난한 게 아니라, 단지 분배가 제대로 안 되기 때문이다. 이 나라엔 쌀뿐 아니라 감자 등 농작물 소출량도 엄청나다. 거리에는 망고, 바나나, 오렌지, 사과, 파파야, 석류 등을 파는 노점이 지천이다. 특히 인도의 망고는 세계 최고 수준의 당도를 자랑한다.

신을 품고 살아가는
인도의 산간 마을

다양한 향신료와 빵, 그리고 카레

인도인들이 먹는 음식은 얼핏 단순해 보이는데, 가장 큰 특징을 꼽자면 역시 독특한 향을 지닌 마살라 Masala를 사용한다는 점이다. 마살라는 식물의 열매, 뿌리로 만든 향신료로 인도 민족과 종교 수만큼이나 종류가 다양하다.

콜럼버스도 당초 남인도의 흑후추를 찾기 위해 나섰다가 지금의 아메리카를 우연히 발견했다. 북인도는 주로 밀가루 음식이 발달했고, 남인도와 벵골 지역은 쌀밥을 주식으로 한다. 차파티 Chapati와 난 Nan은 밀가루 반죽을 부침개처럼 납작하게 펴서 화덕에 구운 것이다. 히말라야 나라들의 공통적인 주식이다. 차파티는 발효시키지 않고 그냥 구운 것이고, 난은 발효시킨 후 굽는다. 난이 우리 입맛에 더 맞는다. 차파티나 난은 그것만 먹지 않고, 삶은 콩을 수프처럼 만든 달 Dal 소스나 카레 Curry 국물을 묻혀 함께 먹는 게 전형적인 식단이다.

파라타 Paratha는 버터를 발라 구운 빵으로 더 촉촉하고 두껍다. 익히 아는 카레는 야채와 닭고기 혹은 양고기에 향신료를 섞어 걸쭉하게 끓인다. 탄두리 치킨 Tandoori Chicken은 탄두리라는 진흙 화덕에서 장작불로 구운 닭 요리다. 손님맞이나 식사 전후로 항상 커피나 숭늉처럼 즐기는 음료는 차이 Chay다. 우유에 찻잎과 설탕을 넣는다. 칼로리도 높아 여행 중 주요 에너지원으로 딱이다. 차이 몇 잔만 마셔도 밥 생각이 없어지니 다이어트로도 좋을 듯하다.

산중 마을 사람들은 가난하고 부족해도 좀처럼 웃음을 잃지 않는다.
땔감을 마련하고 빨래를 하다 보면 하루해가 짧다.

학교에도 못 가고 하루 종일 돌을 깨도 받는 돈은 고작 90루피에 불과하다.

나마스테, 세상에서 가장 아름다운 인사

판도 Phandoh, 랄차니 Lalchani, 참바 Chamba, 구투 Ghutu, 마얄리 Mayali, 바다니탈 Badhanital, 뉴테리 New Tehri 등 북쪽 인도 히말라야 산간 마을은 어지간히 다 둘러본 듯하다. 대도시 데라둔 Dehradun에도 들러 과일 등을 사며 시장도 보았다. 우리 일행을 처음 본 산간 마을 주민들은 신기해하며 가는 곳마다 모여들었다. 심지어 학교에서는 수업 중인데도 꼬마들이 수업을 제치고 뛰쳐나와 인사한다. 나마스테 Namaste! 나마스테! '내 안의 신이 당신 안의 신에게 인사드립니다'라는 뜻이 담겨 있단다. 세상의 모든 인사말 중에서 이보다 더 아름다운 인사말이 또 있을까. 외지인을 생전 첨 본 것 같은 호기심 가득한 눈망울들이 아직 아른거린다.

산에서 내려오다가 소녀들을 만났다. 망치로 큰 돌을 깨서 자잘한 자갈로 만들고 있었다. 익히 알려진 '돌 깨는 어린이들'이다. 이 소녀들이 하루 종일 깨면 90kg의 자갈이 나온다. 얼마 받느냐고 물으니 90루피를 받는다고 한다. 약 1.5달러다. 가슴이 꽉 메어 온다. 보는 이는 이토록 마음이 아픈데, 정작 이들은 지나가는 외지인에게 그저 티 없이 웃기만 한다.

히말라야 산맥 아래에서 태어나 삶의 대부분을 산에서 보내는 산촌 사람들은 온종일 땔감을 지고 나르고, 가파른 언덕을 밭으로 일궈 가족의 먹거리를 만들어 낸다. 몇 마리의 닭과 양, 소는 가족을 먹여 살리는 데 꼭 필요한 중요한 재산이다. 물자가 부족하고 문명의 혜택이 적어도 자연에 순응하며 살아가는 인간의 강인함을 그들에게서 배울 수 있었다. 가진 게 넘쳐 나도 항상 부족하다고 불평해 온 나의 삶을 반성하게 했다.

산에서 태어나 대부분 산에서 일생을 마치는 산중 마을 사람들. 이 소년들의 미래는 어떤 모습일까?

산촌마을 한 흙집 외벽에 폐깡통을 화분삼아 꽃들을 심었다. 심은 이의 마음씨도 이 꽃처럼 예쁠 것이다.

인도 사람들의 의사소통 인도 사람들은 무슨 말을 해도 응답이 "티케, 티케."라고 말하는 듯이 보인다. 상대방의 말에 동조하는 말로 "OK, OK" 라는 뜻이다. 그들은 'Yes'를 말할 때, 고개를 좌우로 살짝 흔들거나 한쪽으로 기울인다. 한국에서는 'No'로 생각되는 행동이다. 그래서 자주 외국인과의 의사소통에 문제가 발생한다. 또 이들은 'No'라는 말을 거의 안 한다. 목적지로 가는 코스나 일반적인 부탁을 할 때마다 운전사는 그저 "No Problem" 또는 "OK"라고 말한다. 정작 나중에 보면 요청대로 움직이지 않았다. 분명히 잘못했어도 미안하다는 말을 좀처럼 안 한다. 우리 쪽에서 화가 나 "아까는 OK라고 말했으면서 왜 그랬느냐?"라며 조목조목 다그치면 얼버무리거나 매우 당황스러워한다. 중요한 변동 사항이 생겼을 때 그들에게 다시 요청하려면 더욱 분명하게 확인해야 낭패를 피할 수 있다.

시킴의 주도 강토크 시내에 있는 링둠 곰파. 티베트 불교의 융성지답게 곰파가 궁궐처럼 웅장하다.

은둔의 땅, 시킴 특별자치주와 다르질링

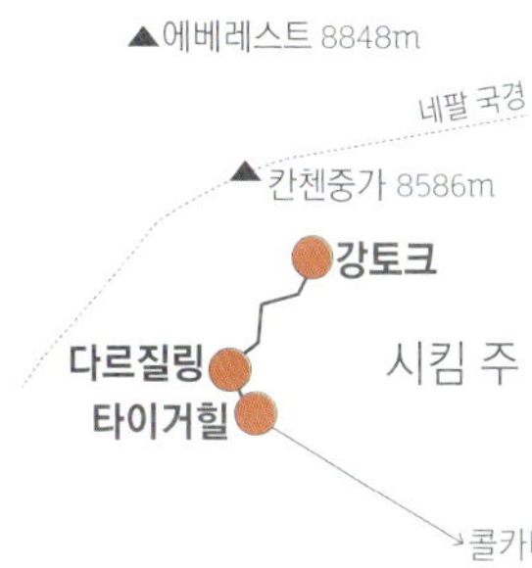

시킴은 특별자치주다. 이 말은 인도 본대륙에서 북동쪽으로 한참을 벗어난 낙후 지역이란 말과 같은 의미다. 그래서 인도에서도 특별하게 대우하는지 모르겠다. 주도는 강토크 Gangtok다. 인도에서 두 번째 큰 도시인 콜카타 Kolkata에서 북쪽으로 한참을 올라가야 하는, 인도의 변방이다. 콜카타는 옛 영국 제국주의 시절의 수도였고 당시 이름은 캘커타 Calcutta다. 가장 화려했던 영광의 도시가 가장 가난하고 어려운 빈민층 도시의 대명사로 변했다.

테레사 수녀가 일생을 바쳐 헌신했던 곳이기도 하다. 1910년 유고에서 태어난 그는 이곳까지 건너와 사랑의 선교 수녀회를 창립하고 1997년까지 사랑을 실천했다. 테레사 수녀 장례식의 전 과정을 취재했던 당시의 경험은 영광스러운 기억으로 남아 있다. 콜카타의 고단한 생활의 단면은 롤랑 조페 감독이 만든 영화 〈시티 오브 조이 City of Joy〉에 잘 담겨 있다.

시킴 주는 네팔, 부탄, 중국과 맞닿아 있다. 군사적, 전략적으로 매우 중요한 곳이다. 1975년까지 독립적인 불교 왕국으로 지내 왔던 은둔의 땅이다. 본래 렙차족이 살았으나, 히말라야와 티베트에서 내려온 라이족, 타망족, 부티안족 그리고 네팔 사람들이 섞여 언어와 문화 및 생활 방식이 다양하다. 지금은 인도에 편입됐으나, 힌두교도가 다수인 다른 인도 지역과는 판이하게 불교의 비중이 높으며, 어느 정도 독자성도 유지하고 있다. 인도 정부는 지정학적으로 중요한 이곳에 도로와 전기를 우선적으로 보급하고, 면세 혜택 등의 지원을 아끼지 않고 있다.

산중에서 만난 꼬마 스님들

시킴으로 들어가기 위해서는 또 다른 절차가 필요했다. 흡사 다른 나라와의 국경을 통과하는 것 같다. 주 검문소에서 인적사항, 방문 목적과 체류 기간 등 시시콜콜한 것까지 다 적어 허가증을 받아야 한다. 검문소에 도착해 보니 낯익은 한국 군복이 보였다. 명찰에는 '이영재'라는 한글 이름이 적혀 있었다. 이국땅에서 한국 군복을 입은 군인을 만나다니! 하지만 군복 속의 인물은 인도인이었다. 이 군복의 진짜 주인이었을 한국의 이영재 씨가 알았다면 기절초풍할 이야기가 아닌가.

한국 군복을 입은 시킴 경비병

주 경계를 넘으니 지형이 서서히 거칠어진다. 다시 히말라야 주 능선 쪽으로 다가서는 것이다. 이곳에는 에베레스트 8848m, K2 8611m 다음으로 세계에서 세 번째로 높은 봉우리 칸첸중가 Kanchenjunga, 8586m가 있다. 인도 대륙에서는 가장 높은 산이다. 실제 19세기 중반까지는 이 산이 세계 최고봉으로 알려졌다고 한다. 주봉을 중심으로 좌우에 하얀 산들이 병풍처럼 펼쳐져 장관이다. 산의 이름도 '웅장한 다섯 봉우리가 있는 눈 덮인 요새 Great five-peaked snow fortress'란 뜻이다.

거친 산길을 넘어 도착한 주도 강토크 시내는 인도의 여느 도시보다 깔끔했다. 거리엔 'No Rubbish, No Smoking' 푯말이 군데군데 세워져 있다. 주 정부가 강력한 도시 청결 정책을 펴 환경을 사랑하는 주로 유명하다. 시킴 역시 티베트 불교가 융성한 지역이고 유서 깊은 불교 사원이 많다. 어딜 가든 산과 마을 입구엔 오색 룽다 Lungda가 휘날리고 있다.

그중 링둠 Lingdum 곰파는 300여 명의 승려들이 공부하고 수행하는 대규모 사원이다. 알려진 것과 달리 스님들은 적은 듯했다. 사원 내부에 들어서니 불경을 암송하는 스님들이라고는 동자승 20여 명만이 보였다. 일찍 해가 서산을 넘어가 어둑해진 데다, 전기마저 들어오지 않는 지역이다. 창밖에서 들어오는 희미한 빛에 의존해 소리 내어 불경을 읽는 모습이 안쓰럽다.

"사원이 왜 이렇게 한산하냐?"라는 질문에 안내하는 스님은 "대부분의 수행자들이 겨울에는 집으로 돌아가고, 부모가 데리러 오지 않은 동자승들만 절을 지키고 있다. 이들은 대부분 시킴에서 1000km도 넘게 떨어진 히마찰프라데시 지역의 라다크에서 온 아이들이다."라고 설명했다.

히말라야 산간 지역은 9월 말이나 10월이면 눈이 쌓여 길이 끊기기 때문에 가족이 미리 데리고 가지 않으면 오도 가도 못 한다. 저마다 큰 소리로 불경 읽기에 몰두하던 어린 스님들은 끝나는 종이 울리자마자, 밖으로 뛰쳐나가 이내 개구쟁이들로 변한다. 이들에 대한 측은한 생각은 연기처럼 사라졌다. 역시 아이는 아이다. 꼬마 스님들은 바깥 사람들을 오랜만에 만나 헤어지기가 아쉬웠는지, 입구까지 계속 따라오며 해맑은 미소를 보낸다.

히말라야에 눈이 쌓이면 산길은 모두 막히고 오도 가도 못 한다. 부모가 겨울이 오기 전에 데리러 오지 않아 남은 동자승들. 수업이 끝난 휴식 시간에는 개구쟁이가 된다.

질은 안개가 낀 곰파에서 먼 곳을 응시하는 티베트 승려. 시킴 지역과 다르질링은 동양과 서양, 인도와 네팔의 문화가 잘 어우러진 곳이다.

영국인이 탐낸 휴양도시, 다르질링

꼬마 스님들을 뒤로하고 다르질링 Darjeeling으로 이동했다. 시킴 주 아래에 위치한 최대의 휴양 도시이자 세계 최대의 차 생산지 중 하나다. 제국주의 지배 시절 영국인들이 이 마을의 쾌적함과 풍요로움을 지나쳤을 리 없다. 1780년까지 시킴 왕국에 속해 있었으나, 네팔 고르카족이 침공해 정복했다가 1816년에 영국 동인도회사가 점령한 이후 지금의 인도에 편입됐다. 그래서일까. 시킴 주 경계에서 이곳으로 넘어오는 주변은 온통 차밭이다. 평지는 물론 산간 비탈 언덕도 온통 초록빛이다. 영국이 홍차 강국이 된 이유 중 하나가 이러한 식민시대의 유산 덕분이다.

다르질링 외곽의 가톨릭 성당

현재는 차밭 플랜테이션 농경을 위해 해마다 수많은 네팔 노동자들이 유입되는 바람에 인구의 대부분이 네팔인이다. 네팔의 정치적 영향력도 크고, 자치권도 인정받고 있다. 영토만 인도에 속했지 실제로는 네팔에 속해 있다고 봐도 좋을 듯하다.

해발 2135m의 산간 도시 다르질링은 언덕을 따라 빼곡히 옛 서양식 건물과 성당이 늘어서 있다. 빛바랜 옛 건물들은 식민시대의 유산이지만, 보존이 잘 되어

있다. 힌두 문화 속의 가톨릭 성당을 사진에 담는데 두 소녀가 다가왔다. 근처에 있는 학교에 다니는 여고생들이다. 종교를 물으니 한 명은 힌두교, 다른 한 명은 가톨릭이다. 그래도 이들은 절친한 친구다.

이곳의 명물 중 하나로 꼬마 기차 Toy Train를 빼놓을 수 없다. 영국은 이곳에서 재배된 엄청난 양의 찻잎을 운반하기 위해 폭 61cm의 협궤철도를 만들었다. 정식 명칭은 다르질링 히말라야 철도 Darjeeling Himalayan Railway다. 1881년에 운행을 시작해서 그 원형을 고스란히 간직해 온 석탄 연료 증기기관차다. 지금은 세계문화유산으로 지정돼 많은 관광객의 사랑을 받고 있다. 기차역은 동네 어린이들의 놀이터다.

기차를 타기 전 맨 앞 기관차에서는 운전 조수들이 물을 붓고 석탄을 부지런히 쟁여 넣느라 분주하다. 활활 타오르는 모습이 밖에서도 훤히 보인다. 연료를 충분히 넣어 주자, 꼬마 기차는 귀를 찢을 듯한 커다란 기적을 울리며 달리기 시작한다. 동시에 시커먼 연기를 다르질링의 청정한 하늘로 내뿜었다. 찻길 옆이 바로 주택들이고 가게들이다. 2m도 안 되는 거리라 집 안에서 빨래하고 밥하는 모습이 뻔히 다 보인다. 집 안의 사람들도

히말라야 설산을 한눈에 감상할 수 있는 최적의 뷰포인트 타이거힐에서 바라본 칸첸중가. 칸첸중가가 새벽 여명을 뚫고 하얀 속살을 드러내고 있다. 장관이다.

다르질링의 명물 꼬마 기차가 시커먼 연기를 내뿜고 있다.

기차 손님의 시선에도 아랑곳하지 않는다. 서너 정거장을 지났을까? 기관차를 세우고 차가운 물을 끌어당겨 엔진을 식힌다. 누구 하나 불평하는 이도 없다. 오히려 신기한 구경거리에 고행길이 즐겁기만 하다.

잊을 수 없는 타이거힐의 새벽 풍경

히말라야 고봉들을 한눈에 감상할 수 있는 전망대 타이거힐 Tiger Hill은 다르질링을 유명하게 만드는 또하나의 명물이다. 시내에서 약 11km 떨어진 2590m의 산으로 지구상에서 손꼽히는 멋진 전망대 중 하나다. 새벽 4시 단잠에서 깨어나 타이거힐로 향했지만 벌써 입구부터 차가 막힌다. 인도와 세계 각지에서 온 관광객

들을 태운 버스, 지프들로 좁은 도로가 북적인다. 남쪽에서 온 인도 관광객들은 추위에 익숙하지 않은지 우스꽝스러울 정도로 요란하게 두꺼운 옷으로 무장했다.

북적대는 관광객 행렬과 함께 10여 분 걸었을까? 전망대에 도착했다. 빨간 햇살이 동쪽 끝에서 뻗쳐 오더니 가까운 칸첸중가가 흰 속살을 가장 먼저 드러낸다. 시뻘건 물감을 온 주변을 뿌려 놓는 듯한 풍경이 장관이다. 옆의 단체 여행 가이드는 손짓을 하며, 저 멀리 에베레스트 Everest, 8848m와 로체 Lhotse, 8501m, 마칼루 Makalu, 8475m가 보인다고 말해 주었다. 하지만 가물가물 보일 뿐 얼른 구별이 안 된다. 짙은 구름인지 안개인지가 솜처럼 펼쳐져 히말라야 설산들은 마치 구름 위에 떠 있는 듯하다. 몸이 고단하고 잠을 설쳤지만 그 붉은 빛이 주는 진한 감동으로 충분히 보상되고도 남는다. 햇살은 붉음에서 노랑과 투명의 눈부신 햇살로 변한다. 오랜만에 맛보는 또 하나의 가슴 저림이다.

이제 저 산줄기 너머 에베레스트가 있는 네팔로 건너간다. 두 달간의 인도 여행이 끝났다. 또 다른 히말라야, 네팔 히말라야가 우리를 기다리고 있다.

동이 터 오는 다르질링의 새벽. 하늘 끝에 눈썹 같은 그믐달이 떠 있다.
어둠은 검푸른 빛으로 변해 이내 붉은 빛을 발할 것이다. 자연의 오묘함이여!

네팔
히말라야
The Nepal
Himalayas

아무것도 살 것 같지 않은 히말라야. 로체 8516m를 배경으로, 낭떠러지 끝에서 먼 곳을 응시하는 산양을 운 좋게 발견했다. 무엇에 시선을 빼앗긴 걸까?

쿰부히말 로부체 정상 바로 아래에서 바라본 히말라야 산맥의 웅장함은 압도적이다.
네팔 히말라야는 카라코람 히말라야에 비해 여성스럽지만 8000m 고봉이 즐비한 명실상부한 리얼 히말라야다.

네팔 히말라야

The Nepal Himalayas

여정의 마무리, 네팔 히말라야

지구의 선물 히말라야, 고산 등정을 위해 사력을 다하는 산악인들, 그리고 유네스코에서 지정한 화려한 고궁과 사원들을 떠올리게 하는 작은 나라 네팔. 인도와 중국 사이에 끼여 있으며 지구상에서 가장 가난한 국가 중 하나로 8000m가 넘는 히말라야 14좌 고봉 중 8개가 밀집한 산악 국가다. 네팔이라는 이름은 카트만두 계곡에서 한때 융성했던 네파 Nepa 왕국에서 비롯됐다.

사람보다 신이 많다고 할 정도로 신에 대한 경외심이 깊은 나라인 네팔은 인구 대부분이 힌두교를 믿고 있다. 불교도는 그 수가 많지 않지만 산속에서 생활하는 부족들은 대부분 불교도다.

얼굴도 우리와 비슷한 몽골리안이다. 대부분 포터로 일하거나 숙소를 운영한다. 보통의 포터들은 하루 종일 일해 겨우 10달러 정도를 버는데, 그나마 처음 계약 때 장갑, 신발 구입 명목으로 받는 돈도 그것들을 사지 않고 모아 둔다고 한다.

나라명 네팔 연방민주공화국 | **면적** 147,200㎢(한반도의 3분의 2) | **인구** 3100만 명(2016년 5월기준) | **수도** 카트만두 | **종교** 힌두교(81%), 불교(9%), 이슬람교(3%), 기타(7%) | **GDP** 240억 달러 | **환율** 1USD=105루피 1NPR(네팔루피)=11원(2016년 5월 기준) | **언어** 네팔어 | **정부 형태** 연방의회공화국

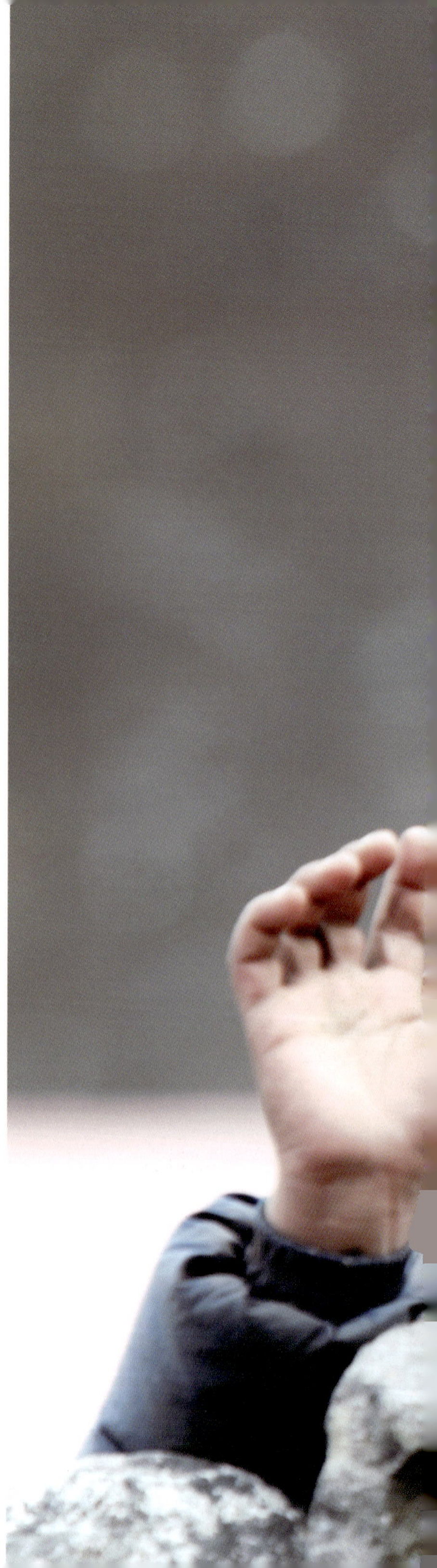

롤왈링히말에서 쿰부히말로 넘어가는 마을 타메에서 어린이들이 손을 흔들고 있다. 타메는 세르파족의 중심 마을이다.

히말라야의 나라, 눈 없는 아열대의 땅

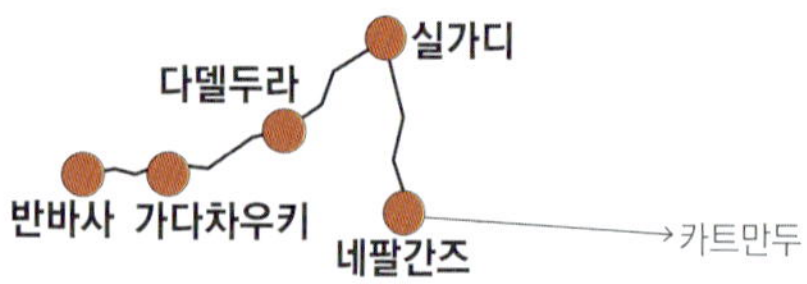

서울을 떠난 지 어느덧 넉 달이 지났다. 이제 나머지 두 달가량은 네팔에 머물러야 한다. 네팔의 국경은 인도 반바사 Banbasa와 네팔 가다차우키 Gadda Chauki 마을 사이다. 국경 통과는 순조로웠다. 서로 으르렁거리는 인도-파키스탄 국경 와가보더 Wagah Border를 지날 때와는 사뭇 다른 분위기다. 국경 초소도 작고 소박하다. 이번에도 위성통신 장비인 인말샛이 마음에 걸렸지만 의외로 쉽게 통과시켜 주었다. 앞에서도 말했지만 위성전화는 인도, 파키스탄, 네팔 모두에서 반입 금지 품목이기 때문에 매번 국경을 넘을 때면 가장 걱정되는 짐일 수밖에 없다.

가난하지만 자존심 강한 세계의 지붕, 네팔

인도와 네팔의 국경은 자연 지형으로 구분된다. 작은 강을 사이에 두고 인도와 네팔이 나뉘는 것이 재미있다. 군인도 많지 않고 비자 체크도 간단했다. 우마차와 자전거, 화물차들이 서로 얽힌 채, 양쪽 주민이 자유롭게 국경을 오갔다. 마치 이웃 동네로 마실가는 것 같다. 그만큼 인도와 네팔은 긴밀하다. 전적으로 네팔이 인도 경제에 매달리는 형국이다.

인구 3000여만 명 중 빈곤층이 80%나 된다. 문맹률이 무려 48%로 글을 못 읽는 사람이 둘 중 하나꼴이다.

그렇다고 네팔이 만만한 나라는 아니다. 유구한 역사와 독자적이고 뛰어난 문화를 자랑한다. 수도 카트만두에 있는 사원이나 외곽의 바크타푸르 Bhaktapur, 파탄 Patan 왕궁에 가 보면 입이 떡 벌어진다. 천혜의 휴양도시 포카라, 부처님 탄생지 룸비니도 네팔의 자랑이다. 여기에 하늘이 내려준 히말라야까지 품고 있으니 네팔 사람들의 자존심은 만만치 않다.

그들의 자존심은 네팔 고유의 표준 시간대를 사용한다는 점에서 잘 드러난다. 네팔의 시차는 1시간이나 30분 단위로 끊어지지 않는다. 표준시 GMT보다 5시간 45

힌두 사원 옆 나무 아래에 신도들이 기도하며 바친 꽃잎들. 네팔은 산간 마을을 제외하면 국민 거의가 힌두교 신자다.

네팔 서부의 산간 마을인 실가디의 힌두 사원. 그 어느 사원보다 고즈넉하고 그림과 장식이 동화 같다.

카트만두 시내에서 군인들이 구보를 하며 아침 운동을 하고 있다.

분이 빠르다. 인도 델리의 시차는 5시간 30분 빠르므로, 겨우 15분 차이다. 인도와 같은 표준시간을 쓰면 여러 가지로 편리한 점이 많을 텐데도 15분 차를 고집한다. 여기에는 다 이유가 있다. 인도와 차별화된 독립국가라는 것을 강조하기 위함이다. 국기 모양도 특이하다. 세계에서 유일하게 삼각형 두 개가 위아래로 겹친 모양이다. 빨간 바탕에 해와 달이 선명하게 그려져 있다.

실제로 본 네팔은 TV로만 봐 왔던 모습보다 사연이 많고 흥미로운 국가였다. 그 변화무쌍함은 그들의 역사를 봐도 알 수 있다. 네팔은 기원전 7~8세기 힌두 왕국에서 출발해 기원전 2세기경 인도 아소카왕 때 불교가 한동안 융성했다. 13세기경 카트만두 계곡을 장악한 말라스 왕국은 1482년 세 왕국으로 나뉜다. 바크타푸르, 카트만두 그리고 파탄 왕국이다. 한편 티베트와 중국으로 가는 수많은 무역상이 카트만두를 중간 기착지로 삼았다. 당시 실크, 사향, 소금 등 많은 물품이 오가면서 왕국들의 곳간에는 재화가 차고 넘쳤다.

1768년 카트만두와 포카라 사이의 구르카 왕국을 이끌던 나라얀 샤 Narayan Shah가 이 지역을 통일했고 카트만두를 수도로 삼아 명실상부한 오늘날 네팔의 원조를 이뤘다. 이후 왕정은 2005년까지 이어진다. 네팔은 인도, 중국이라는 강대국 사이에 있어 지정학적으로 매우 중요한 나라다. 두 강국이 앞다퉈 이 작은 나라에 경제적 지원을 하고 있는 이유다.

근대 네팔 왕정의 역사는 '피의 역사'다. 1972년 마헨드라 국왕이 서거한 후 비렌드라 국왕은 마오이스트들의 끊임없는 공격을 이겨 내며 정권을 유지했다. 하지만 2001년 6월 1일, 왕자 디펜드라가 왕실의 만찬 자

전통의상 차림의 여인들이 한 축제 행사장에서 순서를 기다리고 있다.

리에서 자동 소총을 난사해 국왕과 왕비, 왕족들을 학살하는 사건이 일어난다. 사건 직후 그도 스스로 목숨을 끊었다. 그가 왜 그런 행동을 했는지 아직까지 미스터리다. 일각에서는 자신이 사랑하는 인도 태생 여인과의 결혼을 반대한 것에 분개해 술과 마약에 취해 저질렀다고 한다. 미국 CIA나 인도 정보부의 배후설 등 음모론도 만만치 않다. 이 사건 후 왕의 자리에 오른 죽은 왕의 동생 갸넨드라가 배후라는 설도 있다. 왕족이 모두 모인 만찬장에 유일하게 참석하지 않았기 때문이다. 하지만 갸넨드라의 시대도 오래가지 않았다. 오랜 내전 끝에 2008년 5월 왕정의 역사가 끝났기 때문이다.

마오이스트들은 결국 총선을 통해 새로 정권을 잡았다. 내전의 상처는 끔찍했다. 1996년부터 2005년까지 마오이스트군에 의해 4500명, 정부군에 의해 8200명이 죽었다. 주민들은 그 정권이 왕정이든 공산 정권이든 큰 의미를 두지 않는다. 삶에 큰 변화를 느끼지 못하기 때문이다. '인민을 위한다'는 공산 정권 역시 경제 문제를 해결하기엔 역부족이다. 삶이 고단한 건 예나 지금이나 마찬가지라는 얘기다.

고질적인 전기 부족도 여전하다. 불행 중 다행이랄까. 동네 깡패 같은 마오이스트들의 '통행료 갈취'가 사라졌다. 예전 관광객이나 히말라야 원정대들은 공산 반군들에게 울며 겨자 먹기로 막대한 통행료를 물어야 했지만 지금은 아니다.

척박함 속의 풍요로움

네팔인들에게 산은 '신 神들의 땅'이다. 그래서 그들에게 산은 경외의 대상이다. 네팔은 '산의 국가'라 불

네팔 서부 지역의 산간 마을. 학교를 마친 여학생들이 가을걷이가 끝난 들판을 걸어가고 있다. 짚단을 나무 기둥에 매달아 놓은 모양이 특이하다.

서부 네팔 산간 마을, 소년들이 언덕에서 굴렁쇠를 굴리며 놀고 있다. 추억의 굴렁쇠다.

릴 만큼 산이 많다. 세계에서 가장 높은 산봉우리들이 많이 모여 있다. 에베레스트 Everest=Sagarmatha, 8848m, 칸첸중가 kanchenjunga, 8586m, 로체 Lhotse, 8516m, 초오유 Cho Oyu, 8201m, 마칼루 Makalu, 8463m, 안나푸르나 Annapurna, 8091m, 다울라기리 Dhaulagiri, 8167m, 마나슬루 Manaslu, 8156m 등이 네팔을 대표하는 산들이다.

네팔로 들어서서 산골 마을 다델두라 Dadeldhura를 거쳐 실가디 Silgadhi에서 머물렀다. 가까이서 살펴본 지형과 사람 사는 모습은 인도와 큰 차이가 없었다. 집 울안이나 밭두렁에는 바나나나무가 지천이다. 척박하게 보이는 땅으로만 알았던 네팔이 의외로 풍요로웠다. 마냥 신기하기만 하다. 언덕 끝에는 아담한 샤일레슈워리 Saileshwori 힌두 사원이 자리하고 있었다. 사원 벽면을 메운 힌두 신들의 벽화가 동화 속 그림 같았다. 인도에서 대학을 나왔다는 동네 청년이 사원에 대해 설명해 주었다. 이 고장의 중심 사원이고 역사가 깊어 순례자들이 많이 찾아온다고 한다.

이 산골 마을을 빠져나와 중소 도시 네팔간즈 Nepal Gunj를 찾았다. 시장에서 토기를 길에 깔아 놓고 파는 소녀를 만났다. 어디서나 '어린이 노동'은 흔한 모습이다. 소녀는 "사진을 찍어도 좋다."라며 밝게 웃는다. 돈은 줄 수 없고, 토기라도 사 줬어야 했는데…. 후회를 하며 숙소로 돌아왔다.

숙소에서 마주친 한 여인이 한국말로 "안녕하세요?"라고 인사하며 일행에게 반갑게 말을 건넸다. 한국국제협력단[1] KOICA의 문희원 선생이었다. 그는 이곳에서 한국어 교사로 봉사하고 있었다. 예전 유엔이나 미국 평화봉사단 Peace Corps의 도움을 받았던 한국이 이제 네팔의 교육, 의료, 농업 전반에 걸쳐 도움을 주고 있다. 네팔에도 문 선생 같은 한국국제협력단원 70여 명이 활동하고 있다. 그의 말을 빌리자면 이곳 역시 네팔의 다른 지역과 마찬가지로 전기가 귀하다. 하루 여섯 시간은 전기가 나가고 모든 공산품이 거의 인도에서 온다고 한다.

아이들의 결석이 잦은 것이 그의 또 다른 고민이다. 농번기 땐 일하느라, 8~9월 우기엔 비 때문에 길이 끊겨 못 온다고 한다. 눈 천지인 히말라야의 나라지만 정작 평원에 사는 아이들은 눈을 못 보고 산단다. 그래서 눈이나 눈사람 등의 낱말 카드를 보여 주고 설명하는데 애를 먹는다고 한다. 바다가 없기 때문에 바다와 새우, 고래 같은 단어를 가르칠 때도 난감하다고 한다. 네팔은 아열대 지역이다. 대체로 네팔 하면 '눈의 나라'를 떠올리지만 눈이 있는 높은 산은 북쪽에 걸쳐 뻗어 있을 뿐이다.

이제 고산 적응을 위한 안나푸르나 트레킹에 나서야 했다. 본격적인 네팔 히말라야 산행을 위해 몸을 만들어야 했다. 거대한 설산들이 우리를 기다리고 있었다.

1) **한국국제협력단** Korea International Cooperation Agency
개발도상국의 경제, 사회 발전을 위한 한국의 대외원조기관. 네팔, 몽골, 스리랑카 등 세계 곳곳에 봉사단, 의사, 교사 파견 및 긴급 재난지역의 피해 복구를 지원하고 있다.

푼힐 전망대에서 바라본 안나푸르나 산군. 안나푸르나는 산스크리트어로 '풍요의 여신'이란 뜻이다.

안나푸르나의 비경을 품은 포카라

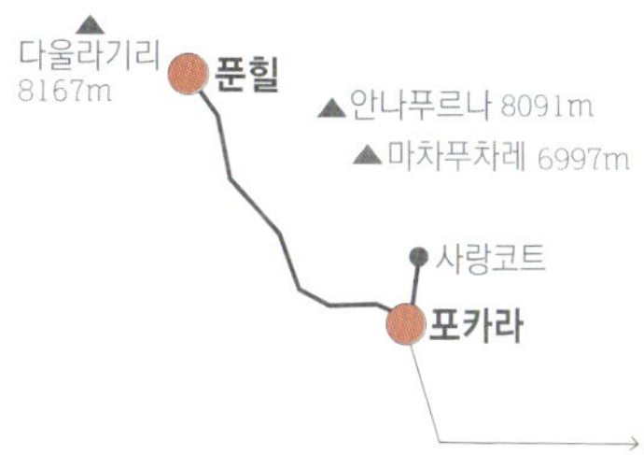

포카라 Pokhara는 네팔 최대의 관광 도시이자 안나푸르나 트레킹의 관문이다. 네팔간즈에서 마헨드라 고속도로로 나와 포카라를 향해 달린다. 중간에 작은 도시 부트왈 Butwal에서 북쪽으로 한참 동안 고개를 넘고 또 넘어야 한다.

평원 위로 뚫린 길을 달리다 보면 원숭이 떼를 만나게 된다. 원숭이들은 차 안에서 던져 주는 과일 조각이나 과자 부스러기를 얻기 위해 모여든다. 이 외에도 소 떼와 양 떼와도 자주 마주친다. 간혹 사슴도 보인다. 깊은 산 속에서는 표범도 발견된다. 이 무리들 때문에 고생하는 것은 운전자와 자동차다.

포카라에 들어서자마자 즐비한 호텔 간판과 식당 광고판들은 이곳이 관광 도시임을 한눈에 알게 했다. 포카라 뒤편으로 우뚝 서 있는 마차푸차레 Machhapuchhare, 6997m의 모습이 실로 장관이다. 마차푸차레는 네팔어로 '물고기 꼬리 Fish Tail'란 뜻이다. 안나푸르나로 가는

포카라 시내와 안나푸르나 산군을 조망할 수 있는 평화탑. 샨티 스투파라고도 불린다. 일본의 한 불교 종파가 세웠다.

서쪽 방향에서 보면 두 봉우리의 겹친 모습이 마치 '물고기 꼬리' 같다. 호숫가 뉴포카라 쪽 시내로 들어오니 서양식 클럽과 바가 즐비하고, 서양 관광객들이 붐빈다. 뉴포카라 지역의 한 호텔에 여장을 풀고 식당을 찾았다. 한국 식당이 참 많다. 상호도 재밌다. 산촌다람쥐, 산마루, 서울뚝배기, 낮술 등. 그중에서도 '낮술'이란 상호가 마음에 들어왔다. 멋지고 낭만적인 이름이 아닌가! 음식도 훌륭했다.

시내에서 한국 돈도 환전이 가능하다. 네팔 사람들은 대부분 한국인이라고 하면 선망의 눈으로 쳐다본다. 친구나 친척 중 한 사람 정도는 인천과 안산 등지에서 '코리안 드림'을 이뤘기 때문이다.

네팔 제 1의 관광도시

포카라는 1년 내내 관광객이 끊이지 않는 관광 도시다. 그래서 소득이 매우 높다. 단순히 휴식을 취하러 오는 관광객뿐 아니라 고산 트레킹, 패러글라이딩, 래프팅을 즐기러 오는 사람도 많다. 이곳은 공해 없는 청정지역이다. 또 수도 카트만두보다 훨씬 놀 거리가 많다.

북인도 배낭 여행자들 중 상당수는 부처님의 탄생지인 룸비니를 거쳐 이곳 포카라에 들른다고 한다. 거리엔 토산품, 직물, 골동품 가게가 많은데, 특히 삼엽충과 암모나이트 등의 화석을 파는 가게가 이채롭다. 히말라야는 수천만 년 전 바다가 치솟아 올라 이뤄진 산맥이어서 옛 고생대 바다생물 화석이 많이 발견된다. 고생대 화석은 박물관이나 〈과학동아〉 같은 잡지에서 사진으로만 봤지, 상점에 늘어 놓고 파는 것은 처음 봤다. 파키스탄, 인도와는 색다른 풍경이다. 포카라의 풍경을 한눈에 보려면 사랑코트 Sarangkot, 1592m와 평화탑 Peace Pagoda으로 가야 한다.

포카라는 1년 내내 관광객들의 발길이 끊이지 않는다. 페와 호수를 끼고 있는 올드포카라 시내.

네팔인들이 신성시 하는 물고기 꼬리모양의 마차푸차레 봉우리

사랑코트에 오르면 히말라야의 고봉들, 서쪽 다울라기리에서부터 안나푸르나 전 능선이 파노라마처럼 펼쳐진다. 특히 이곳은 붉은 노을이 황홀하다. 히말라야의 하얀 눈과 발갛게 달아오른 노을의 어우러짐은 뭐라 말로 표현할 수가 없다.

평화탑은 페와 호수 Phewa Lake 서쪽의 산꼭대기에 일본의 한 불교 종파가 세운 탑이다. 탑 바로 앞에 옥빛 페와 호수가 반짝이고, 안나푸르나 설산들과 마차푸차레가 한눈에 들어온다.

포카라는 올드포카라와 뉴포카라로 나뉜다. 페와 호수 주변이 신도시라면, 전통 가옥이 밀집한 주택가가 올드포카라다. 트레커들과 관광객들은 대부분 상업 지구가 있는 뉴포카라에서 지낸다.

자전거를 빌려 타고 올드포카라 주택가를 돌아봤다. 정겨운 골목길, 여인들이 마당에서 가을 햇살을 맞으며 머리를 말리거나, 아이들을 단장해 주고 있었다. 눈이 마주치자 하얀 이를 드러내며 웃는다. 그런데 빗이 낯익다 싶어 자세히 보니 참빗이다. 30~40년 전까지만 해도 한국의 가정에서 흔히 볼 수 있었던 물건이다. 당시 한국의 엄마들도 마당이나 마루에서 참빗으로 아이들 머리를 빗겨 주었었다.

올드포카라에는 1972년 네팔 정부에서 티베트 난민들을 위해 제공한 정착지 Tibetan Refugee Settlement가 있다. 중국의 침공 이후 티베트인들은 네팔, 인도 등으로 망명해 살아가고 있는 실정이다. 정착지의 커다란 철문을 통과하니 수공예 판매점들이 있지만 찾는 손님은 거의 안 보였다. 가게에는 커다란 안내문이 붙어 있다. '티베트 난민들이 손수 짠 카펫과 수공예품입니다. 많이 구입해 주세요. 힘겹게 살아가는 티베트 난민들의 삶에 도움이 됩니다.'

포카라의 밤은 또 다른 모습이다. 서양식 레스토랑이나 카페에서 록밴드의 음악을 즐길 수 있다. 네팔에서는 제법 이름난 밴드들이 출연한다. 멤버들 중에 서양인도 눈에 띄었다. 한국 음식은 물론이고 서양식 퓨전 음식도 꽤 훌륭하다. 밤에는 쉽게 눈에 띄지 않지만 마약을 즐기는 젊은이도 간혹 볼 수 있다. 히피들이 이곳에서 몇 달씩 죽치는 이유이기도 하다. 싼값에 '뿅' 갈 수 있는 지구상 몇 안 되는 곳이기 때문이다.

포카라 최고의 레저, 패러글라이딩

포카라의 매력 중 또 하나는 스릴 넘치는 레저를 즐길 수 있다는 점이다. 패러글라이딩은 그중에서도 가장 인기 있는 레저다. 하루에도 수백여 명의 동호인이 포카라 하늘을 오색빛으로 수놓는다. 일부 프로페셔널 파일럿은 '탠덤 Tandem(조종사의 앞에 관광객을 태우는 2인승)'으로 짭짤한 수입을 올린다.

동행한 박정헌 대장과 함께 사랑코트에서 탠덤으로 포카라 하늘을 날았다. 패러글라이딩은 아래에서 솟아오르는 기류를 타고 올라 오랫동안 비행하는 게 핵심이다. 아래 페와 호수가 햇살에 반짝이고, 저 멀리 히말라야 만년설이 시작도, 끝도 없이 뻗어 있다. 마치 '한 마리 새'가 된 것 같았다.

패러호킹 Parahawking이라는 특이한 패러글라이딩도 있다. 패러글라이더를 타고 매 혹은 독수리와 함께 하늘에서 노니는 것이다. 우선 길들인 매와 독수리를 하늘에 날린 다음, 패러글라이딩에서 닭고기 등 먹이로 유인한다. 그러면 매나 독수리가 탠덤 패러글라이더로 날아와 먹이를 먹으면서 같이 어우러지며 놀아 준다. 영국의 스콧 메이슨 Scott Mason 씨가 처음 선보였으며 요금은 일반 패러글라이딩보다 비싸다.

페와 호수는 해발 800m의 포카라 남쪽에 있다. 네팔에서 두 번째로 큰 호수다.
안나푸르나 등 히말라야의 설산에서 녹은 물이 흘러들어 형성된 것이다.

안나푸르나 트레킹 중에 만난 소녀들.
땔감과 물건을 나르는 고사리손들이 정겹다.

황태자의 길, 안나푸르나 트레킹 코스

숙소로 돌아와 다음 날 안나푸르나로 가기 위한 트레킹 장비를 꾸렸다. 이번 원정의 꽃이라 할 수 있는 롤왈링히말 Rolwaling Himal과 쿰부히말 Khumbu Himal에는 7000~8000m 산들이 우뚝우뚝하다. 이 고산지대를 통과하려면 반드시 고소 적응과 체력 훈련을 해야 한다.

고소 적응지로 안나푸르나의 ABC 트레킹 코스가 제격이다. 안나푸르나 일주 트레킹의 일부 구간에서 푼힐 Poon Hill, 3210m까지 왕복하기로 했다. 다음 날 아침 일찍 셰르파와 함께 트레킹에 나섰다. 체력이 모자라 어쩔 수없이 셰르파를 붙여야 했다.

안나푸르나 트레킹 코스에 들어가기 위해서는 '안나푸르나 보존지역 프로젝트 Annapurna Conservation Area Project'라는 일종의 산림청 같은 관공서에 신고해야 한다. 1인당 2000루피를 지불하면 그 자리에서 통행증을 발급해 준다.

안나푸르나 트레킹은 최근 몇 년 새 한국에서 '치유의 길'로 이름난 힐링 코스다. 사업가, 전문직 종사자, 남녀 직장인들이 '지친 머리'를 식히러 찾는 곳이다. 난코스가 아니면서도 단기간에 봄 여름 가을 겨울의 사계절 풍경을 만끽할 수 있다. 한국에 돌아와서도 안나푸르나 트레킹을 즐긴 사람을 많이 만날 수 있었다. 이제 ABC라고 하면 안나푸르나 베이스캠프 4130m라는 것은 상식이 됐다. 1980년 영국 찰스 황태자도 안나푸르나 트레킹 코스를 나흘 동안 걸었다고 한다. '황태자의 길'을 걷는다는 것에 어쩐지 우쭐해지는 느낌이다.

산행 서적의 내용을 빌리자면, 안나푸르나 트레킹은 한 바퀴 원을 그리며 도는 일주 트레킹 Circuit Trek과 베이스캠프 주변을 목표로 하는 생크추어리 트레킹 Sanctuary Trek이 있다. 일주 트레킹은 최소 12일에서 21일이 걸린다. 생크추어리 트레킹은 10~15일 코스로 많은 트레커들이 보통 ABC와 마차푸차레 베이스캠프, 안나푸르나 생크추어리, 푼힐을 다 볼 수 있는 생크추어리 트레킹 코스에 도전한다. 짧은 기간에 고도를 높이기 때문에 일주 트레킹보다 힘들다. 초보라면 한번쯤 다시 생각해 봐야 할 듯하다.

나야풀 Nayapul 마을에서 출발했다. 일행과 함께 마을을 나서며 고소증에 대해 조금 걱정이 되었다. 앞서 몇 차례 고생했기 때문이다. 얼마 안 돼 얕은 시내와 다리가 나왔다. 다리를 건너 서서히 고도를 높여 가야 한다. 가는 곳마다 식당이 많이 보인다. 의외로 길은 험하지 않았다.

산행에서 가장 먼저 눈에 들어오는 게 마차푸차레의 산세다. 산봉우리가 정말 영락없는 물고기 꼬리다. 물고기는 힌두교에서 매우 신성하다. 힌두 신화에서 물고기의 화신인 '마츠야' 신은 대홍수 때 최초의 인간을 구했다고 한다. 세상에 정의가 쇠하고 불의가 성할 때, 비슈누 신이 여러 형상으로 변신해 나타난다. 물고기, 거북, 멧돼지, 반인반수, 난쟁이 등 열 가지 모습으로 나타나 악을 물리친다고 한다. 그래서인지 이 산만큼은 특히 신성한 산으로 간주돼 등반이 허락되지 않는다.

걷고 또 걸었다. 비지땀이 흐른다. 울레리 Ulleri 마을에서 땀을 식히고 있는데 산 위쪽에서 산악 마라톤 행렬이 이어졌다. 며칠 동안 히말라야 고지를 달리는 일종의 철인경기로 서양인이 대부분이다. 붉은 옷의 자원봉사자들이 박수를 치며 격려를 한다. 쓰레기 수거만 하는 봉사자도 보였다. 선수 중엔 나이 지긋한 한국인도 눈에 띄었다. 경기 성남시 분당에서 회사를 운영한다는 70세의 어르신으로 사하라 마라톤 등 전 세계 오지 마라톤에 거의 다 참가해 왔다고 한다. 대단하다는 말이 절로 나온다.

오를수록 산소는 부족하고, 힘도 더 들었다. 하긴 해발 3210m나 되는 곳이니 그럴 만도 하다. 몸을 좀 빨리 움직이거나 사진 찍을 때 숨을 참으면 힘들다. 그나마 파키스탄과 인도에서 어느 정도 고소 적응을 한 상태라 다행이었다. 사실 파키스탄 자니 패스에서는 환청까지 들리고 머리가 터질 것 같았는데, 지금 이 정도의 증세는 아무것도 아니다.

안나푸르나와 다울라기리의 위용, 푼힐

도착한 푼힐은 '전망 좋은 곳'이다. 언덕 아래에는 로지 Lodge가 많아 숙박비는 저렴하다. 트레커들은 식사를 하며 약간의 음주와 안주를 곁들이는데, 일반적으로 로지는 식당을 같이 운영하기 하기 때문에 여기서 짭짤한 이윤을 남기는 듯했다.

오른쪽으로 안나푸르나의 능선이, 앞쪽으로 다울라기리의 위용이 한눈에 펼쳐진다. 안나푸르나 능선은 최고봉인 제1봉(8091m), 제3봉(7555m), 제4봉(7525m), 제2봉(7937m), 강가푸르나(7455m)가 연이어 있고, 제3봉 남쪽으로 물고기 꼬리 마차푸차레(6993m)가 이어진다. 안나푸르나가 '풍만한 여신'의 느낌이라면, 다울라기리는 '우람한 장군' 같다. 뭉툭하지만 겸손하고 진중해 보인다.

안나푸르나 설산 어딘가에 국민 영웅 박영석 대장과 두 명의 대원이 누워 있다. 인도에 있을 때 박영석 대장 일행의 비보를 들었다. 당시 혹시나 있을 생환 소식을 기다리며 술잔을 기울이며 밤을 새웠다. 우리 원정팀과 일정이 비슷해 네팔에서 조우할 수도 있다며 내심 기대했었다. 박 대장은 2011년 10월 18일 오후 4시경, 안나푸르나 남벽을 하산하던 도중 절박한 무전교신을 끝으로 소식이 끊어졌다. 헬기 수색을 몇 번이나 했지만 그들은 끝내 히말라야 설산에 꼭꼭 숨어 버렸다. 5600~5700m 빙하지대에 묻혔을 것이라는 추정만 할 뿐이다. 2005년 히말라야 8000m 이상 14개 봉우리는 물론이고 7대륙 최고봉, 세계 3극점을 모두 등반해 '산악 그랜드슬램'을 달성한 영웅은 그렇게 삶을 영화처럼 마무리했다. 산을 사랑한 사람들, 결국 산에 묻혔다. 로지 밖으로 보이는 안나푸르나가 감정샘을 자극한 듯, 센티멘털해졌다. 그리운 이들이 보고 싶기 때문이다.

다음날 새벽 5시에 단잠의 유혹을 이기고 눈을 떴다. 안나푸르나의 일출을 봐야 한다. 히말라야 해오름의 장관을 보고 싶은 건 동서양을 막론하고 누구나 똑같다. 어둠 짙은 꼭두새벽 저마다 플래시를 들고 언덕길을 오른다. 언덕 전망대는 이미 사람들로 만원이다. 안나푸르나 정상 오른쪽이 정동쪽이다. 어둠이 서서히 걷히면서 주변이 서서히 붉게 물든다. 그 위 하늘은 파란 물감을 뿌린 듯 선명하다. 구름 아래가 이글이글 붉게 타오른다. 붉은 해가 꼭지부터 솟아오른다.

곳곳에서 여러 나라 말로 탄성이 터져 나왔다. 동해바다와 독도 일출을 수십 번 봤지만, 순전히 취재를 위한 것이었기에 그다지 감성적이지 못했다. 하지만 히말라야의 일출은 달랐다. 히말라야에서 해돋이를 볼 거라고는 꿈에도 생각하지 못했었는데…. 막상 일출을 보니 아무 생각도 나지 않았다. 머릿속이 온통 붉은빛의 환희로 가득했을 뿐이다. 해는 금세 풍선처럼 두둥실 떠올랐다. 검붉은 주변 풍광도 순식간에 환해졌다. 다시 설산의 위용이 끝도 없이 펼쳐진다. 그렇다. 여기는 히말라야다.

안나푸르나 산군과 다울라기리를 한눈에 볼 수 있는 푼힐 전망대.

푼힐 전망대에서 바라본 다울라기리. 오른쪽으로 35km 떨어진 곳에 안나푸르나가 있다.

생동감 넘치는 네팔의 수도, 카트만두

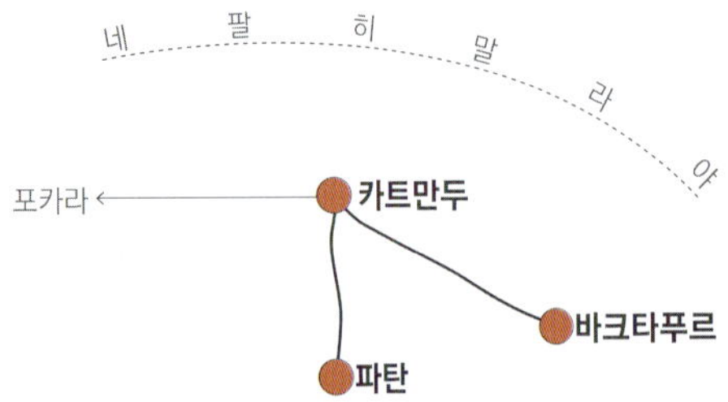

수도 카트만두로 향했다. 이곳에서 히말라야 산행에 필요한 식량과 장비를 마련하기 위해서다. 산행을 도와줄 수십 명의 포터도 구해야 했다.

카트만두! 해발 1324m에 있는 고원 도시. 카트(나무)와 만디르(사원), 즉 '나무 사원'이라는 뜻이다. 1596년에 라자 라치미나 싱이 한 그루의 나무로 지었다고 해서 붙여진 이름이라고 한다.

도시 전체가 눅눅하고 매연이 가득하다. 수많은 인파와 수십 년 된 자동차들, 오토바이들이 뒤섞여 정신이 하나도 없다. 엄청난 굉음에 고막이 터질 듯했다. 도로에는 고장 나기 일보 직전의 낡은 차량이 대부분이다. 사고가 안 나는 게 신기할 정도다.

거리 곳곳엔 공사 중인 곳도 많고 쓰레기도 수북하다. 일행 중 한 명이 '10년 전에 비하면 그나마 엄청 깨끗해진 거'라며 위로의 말을 건네지만 그다지 소용은 없었다. 실망하는 사이 외신 사진에서 보았던 마스크 쓴 교통경찰관들이 보인다. 카트만두는 베이징, 뭄바이 등과 더불어 대기오염이 심한 도시다. 대기오염은 보이지 않는 '살인자'다. 최근 한 환경학술지에 따르면 대기오염으로 한해 200만 명이 사망한다고 한다.

시끄럽고 분주한 생명력이 가득한 도시

퇴근길 교통지옥을 뚫고 카트만두의 번화가인 타멜 Thamel 지역의 한 호텔에 도착했다. 빌라 에베레스트 옆에 위치한 비즈니스 호텔급 숙소다. 빌라 에베레스트는 한국 산악인들에겐 중요한 포스트다. 엄홍길, 박영석 대장이 네팔 셰르파 앙도로지 씨와 같이 설립한 호텔이다. 히말라야 산행을 하는 많은 한국인이 이곳에서 장비 점검과 물자 구매를 한다. 또 산행을 도울 셰르파와 포터를 고용하고 등반 계획을 세운다. 이곳 출입문과 벽에는 수많은 한국 산악 단체들의 로고 스티커와 신문 기사, 명함, 자료 등이 덕지덕지 붙어 있다. 이것만 봐도

카트만두 번화가 타멜 거리의 아침 풍경. 모든 골목은 오토바이를 타고 출근하는 시민들의 물결로 장관을 이룬다.

타멜 거리 곳곳에 달아놓은 원색의 깃발들. 히말라야를 오가는 트레커들의 출발지이자, 마지막 휴식 장소다.

시내 중심부 두르바르 광장 앞에서 손님을 기다리는 인력거꾼들. 택시만큼 많은 게 인력거와 오토릭샤다.

한국 산악 등반의 역사를 짐작할 수 있다.

타멜은 우리의 명동, 이태원, 강남을 다 합쳐 놓은 분위기라고 보면 된다. 가장 값비싼 브랜드숍과 호텔, 카페, 바 등이 밀집한 최고의 명소다. 외국 관광객들이 몰려 있어 안전하다. 각종 산악 장비도 이곳에서 한국보다 저렴하게 살 수 있다.

시끄러운 도시 카트만두에도 조용하고 한산한 날이 찾아왔다. 공휴일이 아닌데 왜 그럴까. 호텔 종업원들이 '반다'라고 말해 주었다. 파업 혹은 대규모 시위를 말한다. 대개 파업이라기보다는 특정 정파나 단체들이 벌이는 대규모 시위다. 서민들은 생업에 지장이 많아 죽을 맛이다. 일반적인 시위나 거리 행진은 '줄루 Julu' 라고 한다. 정부기관, 학교, 상점들, 택시들도 참여하는 날이면 거의 공휴일 같다. 마오이스트 정권이 들어서기 전에는 반다나 줄루가 일상이었지만, 지금은 그나마 줄어들었다. 정권은 바뀌어도 국민의 삶은 크게 변하지 않았다. 왕 대신 다른 권력자로 대체됐을 뿐이다. 물론 왕정이 더 좋다는 뜻은 아니다.

대로변 주유소에는 기름을 넣으려는 차량과 오토바이 오토릭샤의 대기 행렬이 1~2km에 이른다. 수천 대는 족히 된다. 네팔석유공사에서 인도에 대금 지불이 제때 안 되면 기름 공급도 늦어져 이런 일이 자주 벌어진다. 인도에 석유 등 모든 물자를 의존해야 하는 네팔로서는 고질적인 문제다. 이로 인해 기름뿐 아니라 종이, 생필품 등의 사재기가 횡행해 서민들은 고달프다.

살아 있는 여신 쿠마리

타멜에서 나와 왕궁 지역에 들어서면 두르바르 광장이 있고 주변에 사원들과 구 왕궁 Old Palace이 있다. 수많은 노점상이 과일과 사원 신전에 바칠 노란 꽃을 판다. 가히 카트만두의 '중심 중 중심'이다. 광장 옆 3층 건물엔 '세계 유일의 살아 있는 여신 쿠마리 데비 Kumari Devi'가 살고 있다.

쿠마리 데비는 아무나 되는 게 아니다. 석가모니의 '샤카' 성을 가진 여성 중 4~12세 소녀들이 지원한다고 한다. 눈과 머리카락이 검고, 몸에 흉터도 없어야 하며, 이의 모양도 좋고 목소리가 깨끗해야 하는 등 32가지의 까다로운 조건을 통과해야 한다.

어두운 방에 가둬 놓고 공포 분위기를 연출했을 때 놀라지 않아야 하고, 이전의 쿠마리가 사용했던 옷이나 장신구 등을 가짜와 섞어 놓았을 때 진짜를 골라내야 한다. 쿠마리 선발은 네와르족의 특정 금은 세공인이 한다고 한다. 일단 쿠마리로 뽑히게 되면, 가족과 함께 이곳에서 살게 되는데 웃거나 울면 안 된다. 나갈 수도 없고, 다른 이들과 이야기해서도 안 된다. 1년에 여섯 번의 공식 행사 때만 그 모습을 보여 준다. 축제 때는 3일 동안 커다란 수레를 타고 지방 순례도 한다. 왕을 만나 축복을 내려 주기도 한다. 지금은 정권이 바뀌어 대통령이 최고다. 이 화려하고 영광스러운 여신 자리는 오래가지 않는다. 몸이 성숙해 초경이 시작되면 불결해진 걸로 여겨 집을 나가야 한다.

나머지 인생은 거의 불운하다고 한다. 어느 정도 재정 지원을 해 주지만 돈이 전부는 아니리라. 결혼을 하면 남자도 불행해진다고 해서 평생 외롭게 혼자 사는 쿠마리가 대부분이다. 심지어 어느 여인은 사창가에서도 일한다고 누군가 살짝 귀띔해 준다.

이런 특이한 관습이 언제부터 왜 시작됐는지는 미스터리다. 어떤 이는 마지막 말라 왕조 때 시작됐다고 한다. 어린 소녀를 좋아했던 왕이 소녀가 죽은 다음, 죄책감을 느껴 어린 소녀를 추대해 여신으로 만들어 참회한

네팔에서 원숭이는 특별히 사랑받는다. 힌두교에서 원숭이 신 하누만은 손오공처럼 자유자재로 변신하는 재주를 부린다.

데서 유래했다고 한다. 또 다른 설로는 말라 왕이 계곡의 수호 여신과 주사위놀이를 했는데 여신이 지는 바람에 잔뜩 화가 나 계곡을 지켜 주지 않겠다며 물러나 버렸다. 얼마 후 여신이 화가 풀려 소녀의 모습으로 환생해 왕에게 나타났지만 이번엔 왕이 그 여신을 왕국에서 쫓아내 버렸다. 이때 이 소식을 들은 왕비가 왕에게 '어린 소녀를 살아 있는 신으로 모시자.'라고 간청해 이런 제도가 생겨났다고도 한다.

원숭이들의 천국 스와얌브낫과 카트만두 전경

생동감 넘치는 네팔의 수도, 카트만두

카트만두에서 다른 명소는 몰라도 스와얌브나트 Swayambnath 사원은 꼭 들러야 할 곳이다. 사원에 가기 위해서는 타멜 거리에서 택시를 타야 한다. 택시는 작고 불편하지만 주택가의 좁은 골목길을 유유히 잘도 빠져나간다. 스와얌브나트는 네팔의 불교 사원 중 가장 오래된 곳이다. 맨 처음 눈에 띄는 것은 걸인 가족들이다. 그 다음이 원숭이들이다. 원숭이들이 하도 많아 '원숭이 사원'이라고도 불린다. 엄마, 아빠만 졸졸졸 따라다니는 새끼 원숭이들의 모습이 앙증맞다. 주변의 불탑과 불상은 이들의 놀이터다. 먹을 것, 특히 바나나 같은 과일은 조심해야 한다. 순식간에 달려들어 낚아채 가기 때문이다.

저녁 시간 직장에서 일을 마친 여성들이 집으로 돌아가고 있다.

원숭이는 힌두교에선 매우 사랑받는 동물이다. 원숭이신 '하누만 Hanuman'은 인도 서사시 '라마야나'에도 등장하는데 '자유자재로 변신할 수 있는 재주'를 지니고 있다. 몸을 작게 줄일 수도 있고, 크게 부풀리기도 한다. 산을 통째로 뽑아 올릴 수 있을 정도로 힘도 강하고 수백 리를 한 번에 건너뛰기도 한다. 〈서유기 西遊記〉에 나오는 손오공의 원류가 하누만이 아닐까 싶다.

언덕 끝까지 계단을 10여 분 오르니 그곳에 여러 형태의 사원이 자리 잡고 있다. 이곳에선 카트만두의 모든 시가지를 내려다볼 수 있다. 서울 남산의 N타워 같은 곳이다. 불교 사원이지만 힌두교 느낌도 강하게 풍긴다. 사실 불교나 힌두교는 로마 가톨릭과 그리스정교, 영국 성공회의 관계와 비슷하다고 할 수 있다. 모르는 사람들 눈에는 겉으로 봐서 구별이 쉽지 않다.

카트만두의 밤 풍경이 궁금해 저녁을 먹고 숙소를 나서 밤 거리를 거닐었다. 대통령궁 옆의 카지노에 들렀는데 인도 관광객이 대부분이었다. 내국인은 입장금지지만 일음알음으로 온 네팔인들도 보인다. 재밌는 건 인도 루피로 환전하고 인도 돈을 기준으로 베팅한다는 것이다.

숙소로 돌아오는 타멜 골목에서 택시가 잠시 멈추자 몸을 파는 여인들이 유혹한다. 예전에는 없던 풍경이

바크타푸르 궁 옆 힌두 사원. 신도들이 바친 음식 찌꺼기들로 먹을 것이 풍부한 사원 안은 비둘기들의 안식처다.

카트만두 외곽의 파탄 궁. 고색창연한 건물 외관과 세밀하기가 이를 데 없는 조각들은 네팔 예술의 으뜸이다.

라고 한다. 네팔도 이렇게 변해 간다. 타멜에서는 마약을 구하기가 매우 쉽다. 거리를 걷다 보면 살짝 옆으로 다가와 권한다. 헤시시 등의 마약은 이 나라에서도 불법이지만 아직도 횡행한다. 하지만 마약을 하다 적발되면 외국인이라도 감옥행이다.

고색창연한 파탄과 바크타푸르

다음 날 옛 왕국 파탄과 바크타푸르에 들렀다. 파탄은 카트만두에서 5km, 바크타푸르는 카트만두 동쪽 15km 지점에 있다. 모두 15~17세기 말라 왕조 당시의 왕국이다. 우리의 고구려, 백제, 신라처럼 삼국지를 연상케 한다. 카트만두, 파탄, 바크타푸르 세 왕국은 1768년 샤 왕조에 의해 통일될 때까지 좁은 땅덩어리에서 각각 문화를 꽃피웠다. 네팔 스타일 힌두 건축물의 백미 白眉가 여기에 몰려 있다.

두르바르 Durbar라고 하는 광장을 지나니 보는 이를 압도할 만큼 독특한 건축 양식의 궁들이 나타났다. 고색창연한 힌두식 건축물들이 석탑, 청동탑들과 어우러지며 장관을 연출했다. 건물 창이나 외부는 목조가 대부분이다. 압권은 목조 조각이다. 섬세하고 정밀하다. 이토록 뛰어난 작품은 유럽이나, 인도, 중국 어디에서도 보지 못했다. 네팔에 대한 선입견이 연기처럼 사라지고, 사람의 손으로 어떻게 저런 정교한 조각이 가능한지에 대한 놀라움만이 가득 찼다. 재밌는 점은 특정 영역의 목조 조각은 절대 사진 촬영 금지다. 촬영 금지 조각들은 예술적으로 뛰어나거나 역사적으로 의미가 깊기 때문에 외부 공개를 꺼리는 것이다. 아예 전담 보안요원이 하루 종일 지킨다. 〈론리 플래닛〉은 이를 '국제 유물 도둑들의 쇼핑 리스트에 사원 조각품이 들어가는 걸 막기 위해서'라고 설명한다. 이미 수많은 네팔의 사원 보물들과 미술품이 부패한 관리와 결탁한 미술품 도둑들에 의해 해외로 반출됐다.

돌아오는 길에 나가르코트 Nagarkot, 2150m를 스쳐 지나왔다. 히말라야 산맥 전경을 감상할 수 있는 카트만두 외곽의 명소다. 흰 설산들이 북쪽으로 겹겹이 펼쳐져 있다. 정작 에베레스트는 그 앞의 눕체 7855m, 로체 8516m 등 주변 산에 가려 보이지 않지만 앞으로 두 달 가까이 저곳에서 머물게 될 것이다. 걸어서 어떻게 저 긴 산들을 횡단할지 막막해졌다.

저녁 무렵 카트만두 빌라 에베레스트로 돌아왔다. 서울에서 공수받은 겨울 산행 장비를 받고, 여름옷 등 필요 없는 장비는 다시 서울로 보낸다. 밤에 인도 라다크에서 산 그림엽서로 회사 동료, 가족 친지들에게 미리 성탄카드 겸 연하장을 썼다. 산에 들어가면 위성전화 외에는 연락할 수단이 마땅히 없다. 생각나는 사람들이 더 있는데, 주소를 다 못 챙겨 와 카드를 보낼 수 없는 게 안타까웠다. 이제 롤왈링히말부터 들어가 쿰부히말로 들어간다. 그러면 한동안 또 바깥 세상과는 연락 두절이다.

시미가운 마을 고갯마루에서 바라본 가우리상카르 봉우리가 석양에 물들어 있다. 롤왈링히말의 으뜸산이며 힌두교 신자들은 시바 신이 살고 있다고 믿는다.

롤왈링히말, 죽음의 고개 테시라프차

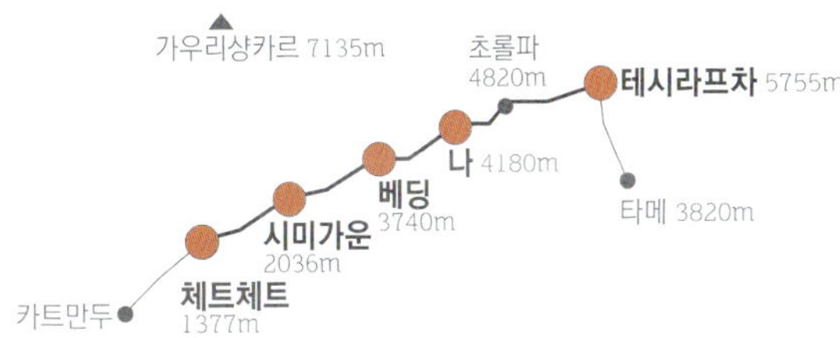

네팔의 히말라야 산맥 횡단을 본격적으로 시작하는 첫날이 밝았다. 카트만두 빌라 에베레스트의 아침은 분주하다. 파키스탄에서도 그랬지만 네팔의 전국 각지에서 온 셰르파와 포터들이 일행보다 더 일찍 일어났다. 셰르파와 포터는 일반적으로 같은 직업으로 알려져 있다. 엄밀히 구분하자면 셰르파는 고산 등반 안내인, 포터는 단순한 짐꾼 정도로 생각하면 된다.

횡단 일행은 모두 10명, 현지 직원과 셰르파와 포터들이 48명으로 모두 58명의 대무리다. 포터들 중엔 10대로 보이는 소년들도 눈에 띄었다. 내 사진 장비와 짐을 전담하는 포터가 3명이다. 한 명은 내 옆에만 붙어 다니면서 안전을 책임진다고 한다. 그의 이름은 앙 푸리 셰르파 Ang Puri Sherpha. 셰르파는 티베트말로 '동쪽 사람들'이란 뜻이다. 산에서 만나는 많은 포터와 고산 안내자의 이름엔 '셰르파'가 꼭 들어간다. 1953년 5월 에드먼드 힐러리 경과 함께 에베레스트에 최초로 오른 셰르파가 텐징 노르가이이다. 그 후 셰르파족의 이름이 널리 알려졌고, '고산 등반 안내자'라는 대명사로 굳어졌다. 앙 푸리 셰르파는 다섯 살 아이가 있는 건장한 이십대 후반의 가장이었다. 그는 고향 마을에서 이틀 밤낮을 걷고 버스를 갈아타며 카트만두까지 왔다고 한다. 평소에는 양을 치고 밭을 가는 평범한 농사꾼이지만 원정대가 찾으면 짐을 꾸려 한 달이든 두 달이든 돈벌이에 나선다고 한다.

연식이 10년도 훌쩍 넘어 보이는 지프가 기다리고 있었다. 흙탕길과 돌길을 어떻게 헤쳐 왔는지 궁금할 정도로 낡은 차였다. 셰르파와 포터 48명은 3대의 인도산 타타트럭 짐칸에 다닥다닥 붙어서 선 채로 달렸다. 역시 이곳도 도로 사정은 좋지 못했다. 머리를 창유리와 프레임에 부딪히기를 수십 번 마침내 체트체트 Chetchet 마을에 도착했다. 이 마을이 자동차로 갈 수 있는 끝이다. 인근 언덕 1377m으로 모든 물자를 옮기기 시작했다. 그래, 다시 시작이다. 히말라야의 대장정! 며칠 쉬었다고 다시 떨리고 두려워졌다.

롤왈링히말의 신성하고 아름다운 산들

롤왈링히말은 한국에서 일부 산악인을 빼고는 많이 알려지지 않은 곳이다. 요즘 들어 한국 탐험대가 이 코스를 즐겨 찾기 시작했다. 이곳에 가우리샹카르 Gaurishangkar, 7135m를 최고봉으로 체키고 Chekigo, 6257m, 초부체 Chobuche, 6685m 등의 아름다운 산들이 숨어 있다.

최초로 에베레스트에 오른 힐러리 경도 초오유를 등정하기 위해 건넌 유서 깊은 코스다. 시바 신이 살고 있다는 가우리샹카르는 힌두교 신자들에겐 매우 신성한 산이다.

롤왈링히말,
죽음의 고개 테시라프차

롤왈링히말 산중 마을의 집들은 엄청난 눈과 거센 바람을 견디기 위해 지붕 위에 많은 돌을 올려 놓는다.

산중 마을에선 발효된 기장에 물을 부어 몇 시간씩 끓여 증류하는 술인 라크시를 손수 빚는다.
가공 방법에 따라 50도에서 70도 사이의 독주가 만들어진다.

시미가운 Simigaun, 2036m, 도캉 Dokhang, 2792m, 베딩 Beding, 3740m, 나 Na, 4180m, 초롤파 Tsho Rolpa, 4820 호수를 거치면 죽음의 고개 테시라프차 Tesi Lapcha, 5755m가 나온다. 그곳을 넘어가면 마지막 마을 타메 Thame, 3820m가 나오는데, 여기부터 쿰부히말이 시작된다.

산행을 시작하기 위해 입구에 섰다. 옆 산에서 엄청난 폭발음이 잇달아 들렸다. 발전소를 짓기 위해 발파 작업을 하는 소리다. 네팔에서는 전력 공급원의 90%가 수력 발전이어서 발전소 건설이 곳곳에서 이뤄지므로 흔히 들을 수 있는 소리다. 하지만 이때만큼은 여정의 시작을 알리는 소리로 들렸다.

네팔 히말라야 산행의 첫 느낌은 가을 정취가 물씬하다는 것이었다. 가을 풀꽃들이 고단한 산행객들을 반기고, 마을 여인들은 밭에서 밀과 기장 등 1년 먹을 거리 추수에 한창이다. 산간 마을의 지붕은 온통 나무판으로 뒤덮여 있고, 그 위엔 큼지막한 돌들이 놓여 있다. 강풍에 지붕이 망가지는 걸 막기 위해서다.

술 익는 마을, 베 짜는 아낙

언덕 끝 시미가운 마을 고개에 이르니, 가우리샹카르 산이 홀연히 나타난다. 롤왈링히말의 으뜸산이다. 저 산 너머는 중국 땅이다. 고개 정상 로지 옆 공터에서 야영할 준비를 했다. 마침 로지에선 여주인이 술을 빚고 있었다. 네팔 전통주 라크시 Raksi로, 발효된 기장에 물을 부은 뒤 장작불로 몇 시간을 끓여 증류해 만든다. 맑은 원액이 위의 술통에서 아래 그릇으로 걸러져 모아진다. 여주인은 커다란 통과 술을 모으는 그릇 사이 틈새를 쇠똥으로 계속 발라 막았다. 쇠똥의 쓰임새가 참 많기도 하다.

뜨거운 원액 한 컵을 받아 마셨다. 코끝에 닿자마자 진한 향이 톡 쏜다. 몇 도냐고 물으니 '60도니, 70도니' 저마다 제각각이다. 50도가 넘는 것은 확실한 듯하다. 반 모금을 마셨는데도 헉! 숨이 막히고 헛기침부터 나온다. 마오타이나 보드카, 진도 홍주는 라크시에 비하면 한참 부드러운 술이다.

윗마을에선 또 다른 술인 '창 Chang'을 제조하는 모습을 보았다. 기장, 수수 등에 물을 부어 끓인 뒤 체에 걸러 짜낸다. 영락없는 막걸리 맛이다. 창이 진한 막걸리라면, 라크시는 보드카다. 통바 Tongba라는 술도 있다. 도수가 낮아 주로 젊은 여성들이 즐겨 마신다. 곡물을 발효시킨 원액을 대나무통에 넣은 뒤, 물을 부어 홀짝인다. 카트만두 주점에서도 판다. 몇 번이고 나무통에 물을 부어 빨대로 빨아 마신다.

베틀로 옷감을 짜고 있는 아낙이 눈에 띄었다. 겨울 외투용인지 두껍다. 네팔인들은 일부 생필품을 빼고는 거의 다 자급자족한다. 외양간을 지나 고갯마루에 올랐다. 저녁 햇살에 산봉우리들이 황금빛으로 물들었다. 이 고개는 가우리샹카르를 조망하는 최고 전망대다.

네팔 히말라야에는 '설인 雪人 예티 Yeti'의 전설이 무성하다. 롤왈링히말에 특히 그런 이야기가 많다. '예티'는 '설산에 사는 사람'이라는 뜻이다. 간혹 산악인들 중에 '설인을 봤다'는 이들이 있다. 그들이 찍었다는 '예티 사진'도 돌아다닌다. 산중 곰파에는 설인의 머리나 손이라고 알려진 전시물도 있다. 하지만 그런 것들은 실제로는 산양 혹은 곰의 가죽이거나 티베트승 미라의 한 부위라고 한다.

셰르파들은 '예티가 수컷이면 위쪽으로 도망가고, 암컷이면 아래쪽으로 뛰라.'라는 속설을 말하곤 한다. 수컷은 성기가 커서 위로 못 가고, 암컷은 큰 가슴 때문에 아래로 내려가기 힘들다는 것이다. 어쨌든 영국 스코틀

로지는 산행객과 포터들이 추위를 피하는 피난처다.
또한 편안히 수면을 취할 수 있는 안식처이기도 하다.

랜드 네스 호의 네시처럼 이런 '신비감' 하나 정도는 있어도 괜찮을 것 같다.

도로지 셰르파와의 만남

여전히 갈 길이 멀다. 고개를 수십 개 넘고 또 넘었다. 고도는 점점 높아져 간다. 중간중간 산사태의 흔적과 마주친다. 해발 1000m대에서 시작한 트레킹은 나흘 만에 벌써 4000m대에 올라섰다. 도캉 Dokhang, 2792m 마을과 베딩 Beding, 3740m 마을을 지났다. 베딩은 이 근처에서 가장 큰 셰르파 마을이다.

나 Na라는 동네에 들어서니 해발 4180m에 이른다. 한낮인데도 싸늘하다. 닷새 만에 기온이 봄에서 겨울로 바뀌었다. 순식간에 활엽수림대에서 침엽수림대로 들어서더니, 이젠 키 작은 나무가 주류다.

이곳에는 한국과 인연이 깊은 도로지 셰르파(60)가 살고 있다. 그는 1977년 고 故 고상돈[2] 씨와 함께 한국 산악 사상 최초로 에베레스트 등정에 성공했다. 일행과 함께 그의 집을 찾았다. 집 안 벽이란 벽엔 모두 손자 손녀들의 가족사진과 티베트 고승들의 사진이 걸려 있었다.

그는 고상돈 씨의 마지막 산소통을 들어 준 것에서부터 그 이후 상황까지 상세하게 기억하고 있었다. 엄홍길, 박영석 대장의 이름도 잘 알고 있었다. 그는 그 후에도 많은 한국 등반대와 같이 일했다. 그러다가 그 역시 동상으로 손가락을 잃었다고 한다. 돈도 벌 만큼 벌었다. 그런데도 그는 여전히 산골에서 살고 있다. 셰르파족은 돈이 많아도 카트만두 같은 큰 도시에 내려가 살지 않는다. 산에서 태어나 산에서 자란 그들은 이

[2] **고상돈**
1948-1979
제주출생. 1977년 9월 15일 한국 최초로 에베레스트 정상을 밟았다. 이후 1979년 5월 북미주 최고봉 매킨리 등정 후 하산길에 추락사 했다.

죽음의 고개 테시라프차를 건너는 원정대와 셰르파들. 바위 아래는 낭떠러지다. 경사가 매우 가파르고 미끄러운 빙벽이라 위험한 구간이다.

곳을 떠나 살 수 없다고 생각한다. 물론 이곳 사람들도 한겨울이 되면, 산 아래 큰 마을이나 카트만두의 자식들 집에서 겨울을 나기도 한다.

나에서는 이틀을 머물렀다. 야영지 뒷산에서 로프를 이용해 암벽을 오르내리는 훈련을 했다. 매듭법도 배웠지만 금세 까먹곤 했다. 다음 코스는 곧 악명 높은 테시라프차 고개를 넘어야 한다. 조금씩 머리가 지끈거리기 시작한다. 일부 대원은 감기에 걸렸고, 고산증세도 왔다. 다행히 약간의 우울증 외에 아픈 곳은 없다. 이제 5000m 고지 상황에 적응하는 일만 남았다.

빙하 호수 초롤파를 지나 테시라프차로

다음 날 여장을 꾸려 무거운 발걸음을 한 발 한 발 내디뎠다. 눈앞에 드넓은 호수가 반짝였다. 초롤파 Tsho Rolpa, 4820m 호수다. 체키고 Chekigo, 6257m를 바라보며, 호숫가 언덕에서 한참 동안 숨을 가다듬었다. 호수 끝에는 거대한 빙하가 떠다닌다. 수천, 수만 년 동안 저렇게 얼어 붙어 있었으리라. 초롤파는 겉보기엔 아름다운 빙하 호수지만, 지구온난화의 징표이기도 하다.

본격적으로 자갈밭 산길이다. 도캉 마을에 있던 민들레와 고사리 군락이 마지막으로 본 식물이었다. 히말라야의 수목 한계는 해발 4000m. 그 이후부터는 눈보라, 바윗돌, 얼음덩어리 그리고 하늘이 전부다.

행여 돌멩이에 발부리라도 걸려 고꾸라지면 그 자리서 바로 골절상을 입기 쉬운 곳이 바로 히말라야다. 히말라야는 결코 낭만도 꿈도 아니다. 수십 수백 굽이굽이 온통 크고 작은 돌과 모래로만 뒤덮인 산들뿐이다. 앞선 일행이 개미만 하게 보이더니 지금은 그림자도 비치지 않는다. 숨은 점점 가빠 오지만, 내 몸은 내가 책임져야 했다. 스틱도 돌에 잘못 꽂히면 위험하기 때문에 순간순간이 긴장의 연속이었다.

곁에 전담 셰르파 앙 푸리가 있지만 일행과 떨어지니 약간은 무서워졌다. 날이 점점 어둑어둑해지자 절로 마음이 급해졌다. 한참 정신없이 돌산을 넘다 보니 저 멀리서 앞서 갔던 포터들이 되돌아온다. 박정헌 대장이 보낸 지원부대다. 그들이 내 등의 짐을 빼앗다시피 가져간다. 맨몸으로 걸어도 힘든 길을 포터들은 왕복을 했다. 그들이 진정한 히말라야의 사람들이다.

빙하 절벽 아래에 텐트를 펼쳤다. 지명도 빙하 캠프 Glacier Camp다. 해발 4735m 빙벽 아래는 온통 크고 작은 바윗돌들로 뒤덮여 있어 애당초 반듯하게 텐트를 친다는 것 자체가 불가능하다. 이쪽 텐트에서 저쪽 텐트로 건너가기도 힘들다. 텐트 바닥의 울퉁불퉁 뾰족한 자갈들이 마구 등을 찔러 댄다. 돌산 위로 떠오른 달빛은 시리도록 푸르고 차게만 느껴졌다.

죽음의 고개 테시라프차

고난의 테시라프차를 넘는 날이 밝았다. 선발대가 깔아 놓은 로프와 사다리에 의지해 빙벽을 올라가다 보니, 절벽에 다닥다닥 붙어 있는 포터들과 일행의 모습이 개미처럼 보였다. 문득 사진작가 세바스티앙 살가도 Sebastiao Salgado의 '금 캐러 벽을 오르는 금광 노동자들 사진'이 떠올랐다. 절벽으로 가까이 가 보니 깎아지른 얼음 벽이다. 괜히 빙벽이 아니었다. 삐끗하면 그 자리에서 몇 백 미터 아래로 추락한다는 생각에 가슴이 떨려 왔다. 아이젠을 했지만 정확하게 내딛지 않으면 이내 미끄러진다. 짐 외에 카메라도 맡기라고 다른 대원들이 소리친다. 카메라는 목과 어깨에 비껴 멨다. 마지막 자존심이었다.

빙벽을 다 오르는가 했더니 곧바로 빙벽을 옆으로 에

롤왈링히말,
죽음의 고개 테시라프차

삶은 고단한 짐이다. 당장 그 짐들을 던져 버리고 싶을 때도 있다.
험한 산행길 중간엔 죽음의 그림자가 도사리고 있다. 어차피 삶은 크고 작은 도전이다.

고산지대의 날씨는 돌변하기 일쑤다. 세차게 몰아치는 강풍 때문에 한 발 한 발 옮기는 것도 쉽지 않다. 이 고개를 넘는 동안 눈밭에 방치된 시신을 여러 구 목도했다.

둘러 가는 코스로 이동해야 했다. 이 길 또한 만만치 않다. 박 대장이 어서 오라고 손짓한다. 대장의 명령을 거역할 수는 없다. 박 대장은 자신의 몸에 나를 로프로 단단히 연결했다. 이제부터 박 대장과 나는 살아도 같이 살고, 죽어도 같이 죽는 운명의 '자일 파티'다. 커다란 눈밭이 펼쳐진다. 바람이 미친 듯이 불어 댄다.

셰르파가 옆쪽을 가리킨다. 300m쯤 떨어진 왼쪽 언덕에 시신들이 있단다. 어렴풋하게 보일 뿐 정확한 식별은 어려웠다. 나도 저 신세가 안 되려면 정신 바짝 차려야지 하는 생각뿐이다.

마지막 언덕은 한마디로 '죽음의 고개'다. 돌개바람이 몰아쳐 몸이 휘청거린다. 해는 중천에 떴는데도, 쌓인 눈이 미친 바람에 날려 앞이 전혀 보이지 않았다. 오호라 이게 바로 말로만 듣던 화이트 아웃White out이로구나! 다리 힘은 빠질 대로 빠졌다. 앞서 간 일행의 발자국을 그대로 밟으며 한 발 한 발 언덕을 올랐다. 바람은 고갯마루에 이를수록 엄청나게 휘몰아쳤다. 금방이라도 몸이 날아갈 것 같다. 다리가 휘청거렸다. 어떻게 하든 견뎌 내야 한다는 생각뿐이었다. 500m쯤 남았을까.

"다 왔어! 힘내!" 동료들이 외치는 소리가 아득하게만 들렸다. 때마침 캠프에서 포터 두 명이 들고 나온 뜨거운 오렌지 주스 한 통을 다 비우고서야 기운이 나는 듯했다. 다시 절벽 아래 공터에 캠프를 차렸다. 내가 가장 늦은 줄 알았는데, 더 뒤처진 대원들이 있었다. 한 대원은 강풍에 넘어졌는데, 포터들의 부축으로 겨우겨우 이 악명 높은 고개를 통과했다.

고개를 넘었다는 안도감에 차츰 주변의 풍광이 보이기 시작했다. 광풍은 앞산의 눈을 휩쓸어 거대한 회오리를 만들어 냈다. 마치 산꼭대기에 불이 나 흰 연기가 피어오르는 듯하다.

"이 기자는 행운아야!" 다큐멘터리를 책임지는 김형운 PD가 말을 꺼냈다. 내가 무슨 뜻인지 몰라 뜨악한 표정을 짓자 그가 설명을 시작했다.

"대한민국의 내로라하는 산악인이 로프로 묶은 것은 생사를 같이한다는 뜻이야. 당신이 떨어지면 같이 죽는 거거든."

그렇구나! 저만치 떨어져 있는 박 대장의 얼굴을 힐끔 바라봤다. 못 들은 척 무표정이다.

이날 밤은 자는 것도 공포 분위기였다. 산 위에서 바윗돌이 끊임없이 떨어졌다. 와르르 쿵! 쿵! 낙석 소리가 날 때마다 잠에서 깼다. 저게 우리 텐트 위에라도 떨어지면 그 자리에서 저승길이다. 가슴 졸이며 설핏 잠이 드는가 했더니 그대로 곯아떨어져 버렸다.

롤왈링히말 산행의 마지막 날, 텐트를 걷는데 포터들이 웅성거린다. 돌무더기 아래에 네팔 포터로 보이는 시신이 몇 구 방치돼 있다는 것이다. 서양인이나 한국 등반객이라면 어떻게든 수습했을 텐데 이들에겐 그 자리가 삶의 마지막 안식처가 돼 버렸다. 가련한 설산의 영혼들이여!

내려가는 코스는 비교적 수월하다. 야크도 있고, 가축들이 조금씩 보인다. 저 건너 쿰부히말의 능선들이 첩첩하다. 앞마을이 타메Thame다. 점점 발걸음이 가벼워진다. 이제 네팔 히말라야 산맥의 중심부를 가로질러야 한다. 쿰부히말에는 에베레스트, 로체, 마칼루, 초오유 등 '세계의 지붕' 8000m급 거봉들이 기다리고 있다.

석양이 롤왈링히말의 하얀 설산을 붉게 물들였다. 산촌 마을의 어둠은 일찍도 찾아온다.

롤왈링히말 테시라프차 고개를 겨우겨우 넘고 나면 평화로운
셰르파 마을 타메를 만난다. 쿰부히말로 넘어가는 길목이다.

쿰부히말 가는 길, 타메에서 고쿄까지

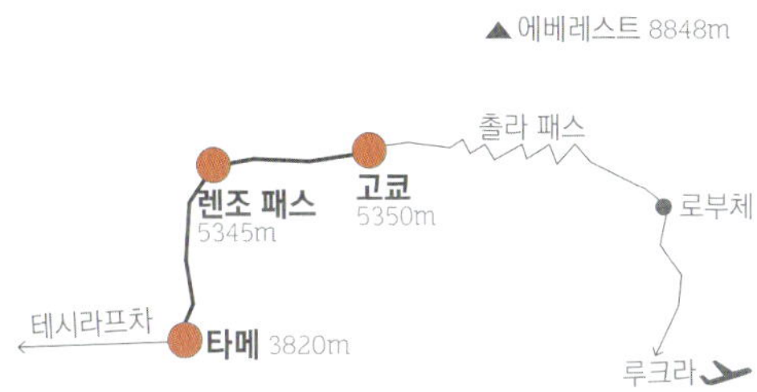

타메 Thame, 3820m는 셰르파 마을이다. 롤왈링히말 너머 쿰부히말의 들머리가 그곳이다. 마을 위쪽 커다란 곰파를 보니 안심이 된다. 달아 놓은 지 몇 년이 흘렀는지 색이 바래 꾀죄죄한 타르초와 룽다가 곳곳에서 펄럭인다. 이곳에서 북쪽으로 쿰부히말의 중심부로 진입한다.

보통 쿰부히말 트레킹은 지리 Jiri 혹은 루크라 Lukla에서 출발해 남체 Namche, 탕보체 Tangboche, 딩보체 Dingboche, 로부체 Lobuche를 거쳐 칼라파타르 Kala Pattar에 이른다. 이곳에서 에베레스트 베이스캠프를 다녀오는 코스가 일반적이다. 아니면 남체에서 왼쪽 방향으로 몽라 Mong La와 마체르모 Machermo를 거쳐 고쿄 피크 Gokyo Peak까지 가는 코스도 있다.

원정대 코스는 롤왈링히말에서 넘어왔기 때문에 거꾸로다. 타메를 시작으로 고쿄 피크, 촐라 패스, 로부체, 딩보체, 탕보체, 남체를 거쳐 루크라까지 내려간다. 높은 지역에서 낮은 곳으로 물 흐르듯 내려가는 것이다.

텐징 노르가이의 이야기가 있는 타메 마을

타메는 앞뒤로 히말라야 산들이 마을을 휘감고 있는 명당이다. 먼 옛날부터 물자 교역이 활발했던 곳이다. 지금은 목축과 소규모 농사가 대부분이다. 등산객들을 상대로 숙박과 음식 장사를 곁들인다.

마을 한가운데에 자리 잡은 로지에 들어갔다. 주인은 의사 템바 셰르파 박사. 그의 집엔 세계적 산악인과 명사들의 친필 글과 사진들이 곳곳에 붙어 있었다. 무엇보다 태양열 발전 장치와 위성안테나까지 있어 전화와 인터넷도 가능해 반가운 마음이 들었다. 그는 이 마을이 뉴질랜드 에드먼드 힐러리와 에베레스트 최초 등정을 했던 셰르파 텐징 노르가이가 어릴 적 살았던 곳이며 텐징의 집이 바로 뒷집이라고 알려 주었다.

타메는 네팔 분지에서 티베트 땅으로 넘어가는 히말라야의 목젖 같은 곳이다. 예전부터 셰르파족이 많이 거주했다. 텐징이 살았던 집일 가능성이 높아 보였다. 그러나 텐징의 출생지와 성장지에 대해선 아직도 의견이 분분하다. 다만 이 근처 쿰부히말에서 자랐을 것이라는 게 공통 의견이다. 한때 텐징은 티베트승이 되기 위해 동자승 생활도 했는데, 모진 훈련을 못 견뎌 뛰쳐나왔다고 한다. 1953년 에베레스트 꼭대기에 오르자마자 그가 찾은 것은 황금 송아지였다고 한다. 어릴 적 아버지에게서 에베레스트 정상에 황금 송아지가 살고 있다는 전설을 들었기 때문이다.

힐러리가 영국 엘리자베스 여왕에게 바칠 선물을 위해, 그리고 자신의 명예를 위해 가장 높은 곳에 도전했다면, 텐징은 오로지 가난을 벗어나기 위해 올랐다. 누가 먼저 올랐느냐의 논란은 무의미하다. 텐징은 죽을 때까지 이 질문에 한번도 답하지 않았다. 사실 체력으로 보나 경험으로 보나 셰르파가 훨씬 강하다. 힐러리의 증언에 의하면 에베레스트 정상 아래서 텐징은 30분 정도 산 정상에 오르지 않고 자신을 기다렸다고 한다. 재밌게도 힐러리의 등정 사진은 없다. 하켄에 깃발을 매달고 서 있는 텐징의 사진만 존재한다. 힐러리는 정상에 15분 정도나 머물면서 왜 자신의 사진을 남기지 않았을까. 나중에 힐러리는 텐징이 사진기를 다룰 줄 몰라서 찍지 못했다고 설명했다.

텐징이 에베레스트를 오른 후 국적 논란으로 힘든 시기가 있었다. 인도, 네팔, 티베트에서 저마다 자기 나라 사람이라며 가만 놔두질 않았다. 그는 티베트계 고산족 일원으로 태어나 네팔 쿰부히말에서 성장하고, 인도 다르질링에 등산 학교를 만들어 거기서 여생을 보냈다.

그에게는 자신이 에베레스트 정상에 처음 오른 것이나, 자신의 국적이 어느 나라인지는 의미가 없었다. 그는 "티베트 사람들에게 에베레스트와 주변 산들은 한 몸일 뿐이고 '정상'이란 개념은 없었다."라고 말했다.

쿰부히말의 산행을 위해 지친 몸을 추스르고 밀린 빨래를 했다. 양말을 빨리 마르게 하려고 태양열 집광판에 올려놓았다가 몽땅 태워 먹었다. 돌담 밖에선 마을 개구쟁이들이 호기심 어린 눈으로 나의 일거수일투족을 지켜본다. 소녀와 소년들이 좀처럼 웃지 않는다. 얼굴과 손등은 잔뜩 텄다. 한 아이의 코에서는 콧물이 흥건하다. 다른 아이들 콧구멍에서도 누에 두 마리가 들락날락한다. 옷이 노스페이스다. 아차, 아니다. 자세히 보니 'HORTN FACE'라고 쓰여 있다.

개구쟁이들과 눈 맞춤을 하던 중 갑자기 돌담에서 돌 하나가 떨어졌다. 돌이 그만 한 아이의 발등에 떨어졌나 보다. 꼬마가 울음을 터뜨렸다. 난감했다. 내가 떨어뜨리진 않았지만 나 때문에 비롯된 일이다. 다행히 뼈

쿰부히말로 가는 길,
타메에서 고쿄까지

시리디시린 공기, 산소도 희박한 가파른 등반. 게다가 20~30kg의 짐을 지는 등에는 온 가족의 삶과 꿈이 있다.

렌조 패스 고갯마루에서 바라본 쿰부히말. 먼 옛날 이곳은 바다였다.
물 아래에서 커다란 땅덩어리들이 부딪혀 하늘 위로 치솟은 땅, 이곳이 히말라야다.

에 이상은 없는 듯 곧바로 아무 일 없다는 듯 걸어갔다. 안도의 한숨이 나왔다. 오랫동안 그 개구쟁이들의 얼굴이 삼삼하게 여울졌다. 나의 어린 시절과 닮았다.

저녁에 마을 사람들과 술자리를 가졌다. 맥주와 산에서 만든 술을 가리지 않고 마셨다. 네팔 전통 노래인 레샴 피리리 Resham Firiri도 빠지지 않았다. 한국의 '아리랑' 같은 노래로 네팔 여행을 한번이라도 다녀온 사람이라면 귀에 익숙할 것이다.

"비단의 옷감이 팔랑팔랑 바람에 나네."라고 말하는 이도 있고, "뽕잎이 바람에 하늘거리네"라는 해석도 있다. 자료엔 영어 해석이 "My heart is fluttering like the silk in the wind."라고 나오기도 한다. 어느 것이든 음률은 같지만, 가사는 지방마다 다르다. 정말 '아리랑'처럼 명확한 뜻과 역사가 알려지지 않은 듯하다. 셰르파들은 특유의 집단 노래도 함께 부르고 일부 취한 포터는 즉석에서 덩실덩실 춤도 춘다. 두 손을 벌려 리듬에 맞춰 몸을 들썩이는 게 우리 어르신들의 어깨춤과 비슷하다.

파키스탄 낭가파르바트에서도 새벽녘 포터들이 모닥불을 피워 놓고 노래와 춤을 즐겼다. 하루의 고단함이 술과 노래, 춤으로 조금이나마 누그러지는 걸까? 나를 맡은 셰르파 앙 푸리도, 음식 담당 린지도 오랜만에 회포를 푸는 듯 수줍고 쑥스럽게 춤을 추었다.

네팔의 포터들은 파키스탄 북부의 포터들에 비해 훨씬 온순하다. K2 길목인 곤도고로라까지 가는 동안 우리는 파키스탄 포터들의 시위로 머리가 아팠었다. 반드시 자기네 마을 사람만 포터로 써야 한다고 우기기도 하고, 일인당 짐의 무게를 25kg에서 20kg으로 줄여 달라고 하다가 돌연 16kg 이상은 못 지겠다고 버티기도 했다. 날씨가 춥다며 일인당 임금을 4000루피씩 더 달라고도 했다. 늘 강경파 몇 사람이 주도했다. 몇 사람이 목소리를 높이면 나머지 얌전한 포터들도 금세 격해졌다. 박정헌 대장은 이들을 달래기 위해 양도 몇 마리 잡아 대접하고, 어르기도 했지만 첩첩산중에선 그들이 왕이었다. 갑과 을이 뒤바뀐 셈이다.

네팔 셰르파들은 표정도 밝고 25kg 정도 짐은 문제도 아니었다. 한마디로 우직했다. 아마도 이슬람 문화권인 파키스탄과 힌두와 불교 문화권인 네팔의 차이도 그 이유가 될 수 있는 것 같다.

쿰부히말로 가는 길,
타메에서 고쿄까지

쿰부히말 최고의 뷰포인트 렌조 패스

2라운드 산행이 시작됐다. 짙은 안개 구름이 몰려올 때는 약간 섬뜩한 생각도 들었다. 이번 코스는 그저 길고 긴 경사진 언덕을 올라가는 느낌이다.

룽데 Lungde에서 1박 후 강행군을 계속했다. 가끔 외국 트레커들과 마주쳤다. 그들은 우리 일행만큼 단체가 아니었다. 둘 혹은 삼삼오오 포터와 함께 느긋하게 걷는다. 결코 시간에 매이지 않고 움직인다.

룽데를 지나고부터 지형이 조금 거칠어진다. 가파르고 험한 고개인 렌조 패스 Renjo Pass, 5417m를 만났다. 기암괴석의 바윗돌 수천 개를 밟은 끝에 겨우 고갯마루에 올라섰다. 히말라야의 모든 고개에는 티베트 불경이 인쇄된 오색 깃발이 나부낀다. 에베레스트와 주변 고봉들이 파노라마로 펼쳐진다. 숨통이 트인다. 이곳은 쿰부히말의 상당 부분을 가장 넓게 조망할 수 있는 뷰포인트다. 사진으로만 보았던 에베레스트를 처음 두 눈으로 확인하는 순간이다. 저렇게 생겼구나. 한눈에 툭 튀어나와 뽐내는 모습은 아니다. 주변에 7000~8000m 산들이 많아 유심히 살펴봐야 가려 낼 수 있다. 에베레스트는 약간 뭉툭하다. 험상궂은 뚱보

고승들의 유물을 보관하는 불탑, 초르텐. 스투파라고도 부른다. 마을 사람들은 탑돌이를 하며 각자의 염원을 기원한다.

아저씨 느낌이라고나 할까. 구간을 나눠 파노라마용으로 주변을 카메라에 담았다.

이제 긴 내리막이다. 길은 얼음과 모래 자갈로 뒤범벅이다. 숨이 깔딱 넘어갈 만큼 힘든 구간을 일러 '깔딱 구간'이라 농담처럼 부르는데, 이 깔딱 구간이 하루에 몇 군데씩은 꼭 있다. 얼음 절벽을 내려갈 때는 '왜 이렇게 대중적인 트레킹 코스에 밧줄, 구름다리, 나무덱 같은 안전장치가 없을까?' 라는 의문이 들었다. 지날 때는 몰랐는데 뒤돌아서 지나온 빙벽을 바라보면 아찔하다.

해는 빨리도 졌다. 아니 높은 산들이 많아 해가 눈앞에서 빨리 사라진다는 게 맞겠다. 어둑어둑 땅거미가 깔릴 즈음 고쿄 Gokyo, 4750m에 닿았다. 왼쪽으로 초오유 Cho Oyu, 8153m가 병풍처럼 이 마을을 둘러싸고 있다. 너무 추워 포터들이 자는 부엌에서 한참 동안 몸을 덥혔다. 나무가 부족해 소똥 말린 것을 태우는데 화력이 상당하다.

고쿄 피크에서 맞은 일출

다음 날 새벽, 고쿄 피크 Gokyo Peak, 5360m에 올라 해돋이를 맞았다. 기대만큼 황홀한 일출은 아니다. 에베레스트 옆 촐라체 너머에서 솟은 태양은 이미 산 위로 한참 올라와 있었다. 산이 너무 높아서 붉은빛이 이미 사라진 뒤였다. 칸첸중가의 타이거힐이나 안나푸르나 푼힐 전망대에서 본 여명의 빛과는 사뭇 다르다.

일행 중에 누군가 저 에베레스트에서 티베트 쪽으로 카일라스[2] Kailas, 6656m가 바로 보인다고 하자 '보이네', '안 보이네' 논쟁이 붙었다. 카일라스는 불교, 힌두교뿐 아니라 자이나교 등의 성지이자 영산 靈山이다. 고대 인도에서 우주의 중심으로 여겼던 수미산 須彌山

[2] **카일라스**
Mount Kailas, 6656m
티베트 서쪽 중국령에 있는 신령한 산. 다이아몬드 모양으로 우뚝 솟아 있다. 산스크리트어로 '수정'을 뜻한다. 순례자들은 산을 도는데 평생의 업보를 지우기 위해서다. 일주 거리가 약 50여 킬로미터나 된다.

렌조 패스를 넘어 고쿄 피크 중턱에서 바라본 마을과 호수. 고쿄 피크에서 바라보는 에베레스트와 초오유 조망도 훌륭하다.

강풍이 만년설을 휩쓸어 올려 눈산에 하얀 연기를 피우는 듯하다.

이 바로 카일라스다. 신들이 살고 있는 산이기 때문에 당연히 입산금지다. 사실 카일라스는 여기서 한참 떨어진 곳에 있다.

히말라야 산길은 험난하다. 하지만 상인들은 그 길로 수백 년 동안 야크에 온갖 짐을 싣고 네팔과 티베트 산중을 오갔다. 요즘은 전통적인 수제 상품 대신 중국 공장에서 만들어 낸 생필품이 물밀듯이 들어오고 있다. 히말라야 물자 이동은 건기인 4~5월, 10~11월에 집중적으로 이뤄진다고 한다.

때마침 200여 마리가 넘는 야크 행렬을 만났다. 야크를 모는 사람은 불과 서너 명밖에 되지 않는다. 저마다 내는 방울 소리가 요란하다. 희뿌연 먼지를 일으키며 터벅터벅 걸어가는 모습이 장관이다.

앙상한 가지에 맺힌 은빛 얼음꽃

촐라 패스라는 관문을 넘어서면 눈앞에 신세계가 펼쳐진다. 저 멀리 왼쪽이 아름다운 봉우리로 이름난 아마다블람이다.
사진 속 여인들은 호주에서 온 용감한 대학생 토라와 세라 자매다.

에베레스트와 촐라체, 그리고 산악인 박정헌

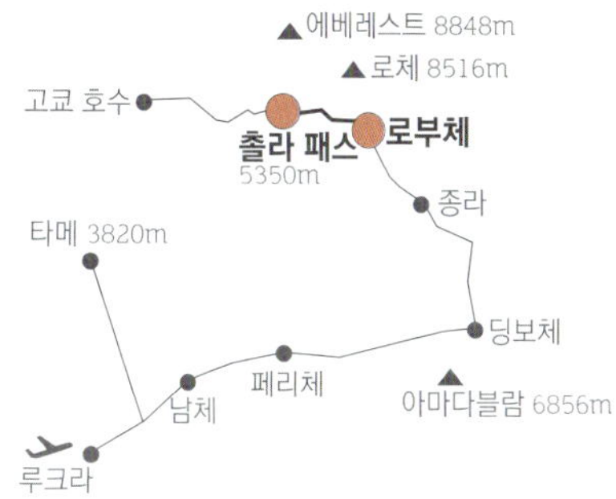

몸이 천근만근이었다. 매일 아침 몽둥이로 얻어맞은 듯하고 얼굴은 탱탱 부어오른 지 오래다. 롤왈링히말을 출발할 때 카트만두에서 면도를 했지만, 수염은 벌써 얼굴을 덮어 버렸다. 수염의 존재 의미를 새삼 깨달았다. 강한 자외선과 매서운 바람으로부터 얼굴 살갗을 보호하기 위해 히말라야에서는 꼭 필요한 존재다. 이즈음에는 거울을 볼 때마다 화들짝 놀랐다. 오호라, 흰 수염이 수십 가닥이나 보였기 때문이다. 서글프다. 이제 사십 중반의 적잖은 나이다. 정신 바짝 차리고 살아야 한다는 생각이 퍼뜩 들었다.

이때부터 부쩍 일행의 말수가 줄어들었던 것 같다. 특별히 할 말도 없는 데다 트레킹 중엔 말을 많이 할 수도 없다. 말을 많이 하면 금방 숨이 차오른다. 그래도 경험 많은 대원들은 어깨 처진 대원들에게 격려의 말을 잊지 않는다. 가끔씩 농담도 던지는데 그 배려가 고마웠다.

촐라 패스를 넘어 눈밭을 걷고 나면 가느다란 등산로가 바위산을 끼고 계속된다. 저 너머에는 수만 년에 걸쳐 형성된 커다란 빙하가 절벽을 이루고 있다.

촐라 패스 넘어 만난 히말라야 최고의 절경

촐라 패스 Chola Pass, 5350m를 넘는 날이 밝았다. 숙소에서 막 나와 고쿄 호수 옆을 지나칠 때만 해도 한가로웠다. 그것도 잠시, 거친 자갈밭의 시작이다. 아래는 빙하다. 빙하를 넘으면 바위산, 눈밭이 이어진다. 풀밭도 나무 그늘도 이곳에서는 사치다. 산 넘어 산, 고개 넘어 고개다. 끝이 안 보이던 길 끝에 드디어 촐라 패스 고갯마루가 나타난다.

수십 마리 새들이 옅은 겨울 햇살을 즐기며 놀다가 사람들의 발걸음 소리에 화들짝 놀라 달아났다. 날지 못하는 히말라야 눈꿩이다. 그런데 전혀 날지 못하는 것도 아니었다. 어떤 것은 절벽 아래로 낙하하면서 날갯짓으로 한참을 날아갔다.

두 여인이 힘겹게 포터 둘과 함께 뒤따라 올라왔다. 호주에서 온 여대생들, 토라와 세라 자매다. 부모님께 겨우 허락을 받고 한 달 동안 트레킹을 한다고 했다. 이 험한 길을 여자 두 명이서 도전하다니, 얼마나 용감한가!

촐라 패스 아래쪽으로는 온통 눈밭과 빙판이다. 다시 아이젠을 붙여야 했다. 옆은 거대한 빙하가 폭포처럼 얼어붙었다. 규모에 입이 떡 벌어질 정도다. 저 얼음덩어리가 물이 되어 쏟아져 내린다면 그대로 나이아가라 폭포다.

이때부터 내리막길이다. 빙판길을 1km 정도 벗어나자, 산 너머로 지금껏 본 중에 가장 아름다운 풍경이 펼쳐졌다. 히말라야에서 가장 멋진 풍광이 아닐까 하는 생각이 들었다. 고생 끝에 오는 낙이 이런 건가 보다. 절벽 위 너럭바위가 산세를 감상하기에 안성맞춤이다. 주변에는 수많은 산행객들이 쌓아 올린 돌탑이 즐비하다.

내리막길에서 본 풍경은 감탄사를 연발케 할 정도로 아름다웠다. 눈앞으로 아마다블람 Amadablam, 6856m이

이제 내리막길이다. 중간중간 트레커를 기다리는 로지에 들르는 재미도 쏠쏠하다.

우뚝 서 있고, 오른쪽으로는 촐라체 Cholatse, 6440m가 사천왕 四天王처럼 우뚝 버티고 서 있는 풍경이라니!

아마다블람은 히말라야에서 가장 아름다운 봉우리 중 하나다. 쿰부히말을 트레킹하다 보면 어디에서든 아마다블람의 아름다운 자태를 볼 수 있다. 바로 옆에 촐라체가 하늘 위로 치솟아 있다. 자세히 보면 소름 끼칠 정도로 거친 바위산이다. 골 사이사이 쌓인 흰 눈덩이 때문에 산이 더 시커먼 느낌이다.

6000m 이상 고산 등정이 아니라면, 히말라야 트레킹은 보통 사람이라도 충분히 도전할 수 있다. 사실 끝내고 나니 이런 자신감과 함께 주변의 고봉들을 둘러볼 마음의 여유도 생겼다. 산마다 생김새도 다르고 그 느낌도 달랐다.

촐라 패스를 넘어 아랫마을 종라 Dzonglha까지 내려오는 데 여덟 시간이 걸렸다. 힘들고 긴 하루였다. 하지만 촐라 패스를 넘으며 바라본 이곳 풍광이 고단함을 잊게 했다. 일행과 현지 안내인들은 큰 고개를 다 넘은 걸 기념해 다시 술 파티를 벌였다. 로지에서의 아늑한 모닥불과 로지 여인들의 호기심 어린 해맑은 미소가 없었으면 히말라야는 한층 더 적막했을 거다.

마을 언덕 위에 올라 넋을 잃고 아마다블람의 아름다움을 감상했다. 하늘의 별들이 하나 둘씩 불을 켜더니 금세 수천, 수만 아니 수십만 개가 반짝반짝 빛나기 시작했다. 이라크 전쟁을 취재하기 위해 갔던 중동 사막의 밤 풍경도 이렇진 않았다. 이렇게 많은 별은 난생처음이었다. 아마다블람을 배경으로 15mm 초광각렌즈에 별

에베레스트와 촐라체,
그리고 산악인 박정헌

박정헌 대장이 거벽 등반가로서의 삶을 포기해야 했던 촐라체 앞에 다시 섰다.
죽음의 문턱에서 살아나온 그는 탐험가로서의 인생을 다시 시작했다.

들을 담았다. 언 손을 겨드랑이 사이에 끼워 녹이고 다시 셔터 누르기를 한 시간여. 그렇게 종라 마을의 밤은 깊어 갔다.

산악인의 운명을 바꾼 촐라체

박 대장은 여기 도착해서부터 말이 없다. 한참을 바라본다. 다음 날 로부체 Lobuche, 6135m 정상에서 날아올라 촐라체 상공을 성공적으로 비행한 다음 동료들이 축하할 때도 그는 말이 없었다. 나중에 서울에 돌아와 다큐멘터리 화면을 보고 나서야, 그가 촐라체 아래 언덕에서 대성통곡했다는 걸 알았다.

촐라체! 비운의 산이다. 야속한 산이다. 아니 나쁜 산이다. 그를 오늘 이 자리까지 다시 오게 만든 산 촐라체. 목숨을 겨우 건진 대신 손가락과 발가락을 잘라야 했고, 거벽 등반가로서의 전도유망한 삶을 포기하게 만들었던 산이다. 그리고 한 달 전에는 친구를 저 세상으로 데려갔다.

박 대장이 오른 똑같은 코스 촐라체 북벽을 오르다 사망한 산악인 김형일 대장. 예전부터 박 대장은 그와 함께 "촐라체에서 만나 당신은 암벽을 오르고, 나는 패러글라이더로 날자."라며 다짐했다고 한다.

박 대장의 인생을 바꿔 놓은 촐라체 사고는 2005년 1월 16일에 일어났다. 이곳에서 후배 최강식과 함께 북벽을 통해 정상을 밟았다. 그러나 그 기쁨도 잠시, 최 대원이 베르크슈룬트 Bergschrund라고 일컬어지는 대형 크레바스에 추락했다. 박 대장은 한 가닥 자일을 놓지 않고 두 시간의 사투 끝에 후배를 구했다. 그리고 세 시간이면 충분한 거리를 2박 3일 동안 기다시피 내려왔다. 간신히 야크들이 묵는 움막을 찾았으나 곧 혼절했다.

두 명의 조난자를 발견해 구출한 이는 두나르 셰르파(77)다. 두나르는 두 사람을 집으로 데려가 부인과 함께 3일 동안 따뜻한 야크 우유를 먹이며 살려 냈다. 그의 두 딸 밍마와 페마는 눈이 무릎까지 쌓인 험난한 촐라 패스를 밤새 넘어 베이스캠프의 동료 대원들에게 박 대장의 쪽지를 전했다.

박 대장은 구사일생으로 살아났으나 손가락 여덟 개와 발가락 두 개를 잘라야 했다. 산은 그의 삶의 전부였다. 하지만 더는 오를 수 없었다. 그는 몇 년 동안 좌절에 빠졌다. 하지만 다시 일어섰다. 암벽 등반가가 아닌 패러글라이딩 원정대장으로 비운의 촐라체를 다시 찾은 것이다.

촐라 패스를 넘기 전부터 셰르파들을 통해 두나르 부부를 찾았다. 그들은 마을에 없었다. 노환으로 병세가 깊어지고, 겨울철이어서 카트만두에 있는 아들 집으로 옮겼다고 했다. 박 대장은 카트만두의 아들 집까지 노부부를 찾아갔다. 중심가에서 약 20분 떨어진 제법 한적한 주택가, 노부부는 갑작스레 찾아온 박 대장을 보고 놀람과 기쁨이 교차하는 듯했다. 준비한 고급 빵을 거실에 놓고, 두나르 옹을 안으며 또다시 눈물을 터뜨렸다. 노인은 멋쩍은 웃음을 지으며 박 대장을 안았다. 숙연한 분위기는 잠깐, 서로 안부를 물으며 웃음꽃을 피운다. 노인은 박 대장의 사라진 손가락 마디를 하나하나 어루만지며 연신 "라무르차(괜찮으냐)?"라고 묻는다.

쿰부히말의 여정을 마치고 카트만두에 머물고 있는 두나르 옹 부부를 만나는 박정헌 대장

노인은 다 죽어가는 두 산악인에게 밥숟가락을 떠먹이는 모습을 몸짓으로 표현했다. 언 손, 언 발이 풀리면서 비명을 지르며 고통스러워하는 박 대장의 당시 모습도 생생하게 회상했다. 두나르 옹은 중풍을 맞아 하반신 마비에 언어장애를 앓고 있었다. 독실한 티베트 불교 신자인 노부부는 "죽기 전에 인도 다람살라에 있는 달라이 라마를 알현하는 게 평생 소원이다."라고 말했다.

박 대장은 생명의 은인에게 마지막 여행이 될지도 모른다며 인도에 가서 맛있는 거라도 사서 드시라며 100달러를 선물했다. 집을 나오면서 박 대장은 "사랑과 행복이란 단어의 의미를 히말라야의 산골에서 처음으로 마음속 깊이 느끼고 배웠다."라고 말했다.

박 대장과 최 대원이 구출될 당시 먹고 마신 우유와 음식은 두나르 부부가 어려운 산간 생활에서 몇 달 동안 먹고 마실 분량이었다고 한다. 죽어가는 그들을 살리기 위해 두나르 부부는 조금도 아끼지 않았다. 할머니가 물이 순식간에 얼어 버리는 날씨에 부엌일을 마치고 오면, 할아버지는 말없이 이불 속에서 할머니를 안아 주고, 체온으로 언 몸을 녹여 주는 그 모습을 매일 밤 바라보았다고 한다. 그때마다 '행복이란 바로 저런 거구나!' 하고 느끼며 배웠다는 게 박 대장의 말이다. 그때부터 남은 삶을 어려운 사람들을 위해 의미 있게 살겠다고 다짐했다고 한다. 현재 박 대장은 히말라야 산간지역 10여 군데에 어린이 도서관을 짓는 사업을 추진하고 있다. 또한 그의 고향 경남 진주에 '히말라야 아트 갤러리'를 만들어 히말라야의 아름다움과 뛰어난 문화를 알리고 있다. 암벽 등반가로서의 삶은 끝났지만, 탐험가로서의 삶이 시작되었다.

촐라체에서 딩보체 마을로 내려가는 길. 트레킹의 진수를 맛볼 수 있다.

히말라야의 뜻과 에베레스트 산의 진짜 높이

히말라야 Himalaya는 산스크리트어로 히말 Himal(Snow)+알라야 alaya(House), 즉 '눈의 거처'란 뜻이다. 에베레스트는 영국인들이 1865년 영국왕립지리학회 초대 측량부 장관 조지 에베레스트 George Everest 경의 이름을 따서 붙인 것이다. 네팔 지도에는 에베레스트란 이름의 산이 없다. '사가르마타 Sagarmatha'가 있을 뿐이다. 네팔의 모든 정부 공식문서나 행정구역명엔 사가르마타가 표준이다. 산스크리트어로 '하늘의 머리 Head of the Sky'라는 뜻이다. 하지만 셰르파들은 초모룽마 Chomo rungma라고 부른다. '세상의 어머니'라는 뜻이다.

중국도 초모룽마를 차음해 주무랑마 珠穆朗瑪라고 한다. 19세기 중반까지만 해도 칸첸중가가 히말라야의 최고봉인 줄 알았다. 하지만 영국 측량대가 실제 측량을 하다 보니 더 높은 산이 칸첸중가 너머에 있었다. 보통 에베레스트의 높이는 8848m로 알려졌다. 하지만 8880m나 8863m로 표시되기도 한다. 미국 탐험대는 GPS 장비를 이용해 8850m라고 발표했다. 2005년 중국의 한 기관은 8844.4m라고 주장했다. 기준이 되는 해수면의 높이가 날마다 들쭉날쭉 달라질뿐더러, 측정 방법에 따라 또 다를 수밖에 없다. 게다가 산꼭대기 위의 빙설이 3.5m나 된다. 어찌됐든 네팔 정부가 인정하는 공식 높이는 8848m다.

혹자는 지구온난화에 의해 3.5m나 되는 빙설이 녹아 내려 높이가 점점 낮아지고 있다고 말한다. 지질 학자들은 지각운동에 의해 해마다 6mm씩 동북쪽으로 움직이면서 높아진다고 말한다. 한국의 내로라하는 산악인 중에는 휴대전화 번호 뒷자리가 '8848'인 경우가 많다. 고 박영석 대장이 그랬고, 엄홍길 대장도 그렇다.

렌조 패스에서 바라본 에베레스트 주변의 파노라마 뷰. 가장 넓은 영역을 한눈에 조망할 수 있는 최적의 전망대다.

히말라야 정복의 역사

유럽 산악인들은 19세기 중반 유럽의 최고봉 알프스를 정복했다. 유럽에는 더 오를 곳이 없었다. 그러자 하나 둘씩 세계 최고봉이 있는 히말라야로 눈을 돌리기 시작했다.

히말라야 등정은 영국이 가장 적극적이었다. 1883년 영국 그레이엄 Graham이 네팔 쪽 6000m 히말라야를 오른 이후 톰 롱스태프 Tom Longstaff, 빌 틸먼 Bill Tilman 등이 뒤를 이었다. 1950년대 네팔 정부가 히말라야의 문호를 연 후, 유럽 강국들은 앞다퉈 8000m급 봉우리의 문을 두드렸다. 1950년 프랑스 원정대가 안나푸르나를 오르며 8000m급 정복의 시동을 걸었다. 그로부터 3년 후인 1953년 영국 엘리자베스 여왕의 대관식을 기념하기 위해 에베레스트 정복에 나선 뉴질랜드의 에드먼드 힐러리와 셰르파 텐징 노르가이가 세계 최초로 미답의 땅을 밟는다.

그 뒤 1954년 오스트리아가 초오유를, 1955년엔 영국이 칸첸중가를, 프랑스가 마칼루를 차례로 올랐다. 1956년엔 스위스가 로체, 일본이 마나슬루, 1960년 다시 스위스가 다울라기리 정상에 깃발을 꽂았다.

에베레스트와 촐라체,
그리고 산악인 박정헌

에베레스트 등정에 대한 이야기는 무수히 많다. 가장 슬프고 낭만적인 주인공은 영국 등산가 조지 맬러리 George Mallory 1886~1924다. 그는 1924년 6월 8일 해발 8220m의 제6캠프를 떠난 후 동료 앤드루 어빈 Andrew Irvine과 함께 실종된다. 그의 시신은 실종 후 72년이 지난 1999년 5월 1일에 발견된다.

힐러리가 에베레스트를 처음 등정했을 때 아무런 흔적도 없었고, 당시의 장비와 등반 기술로 볼 때 등정에 실패했다는 게 통설이다. 당시 처음 등정에 성공했느냐, 실패했느냐가 지금 와서 중요하진 않아 보인다. 그는 등정 자체보다 오르는 과정을 중시하는 등로주의 登路主義의 개척자다. "왜 산에 오르느냐?"라는 질문에 "산이 거기 있으니까 Because it is there."라고 한 말은 지금까지 회자된다.

영국은 처음 원정대를 꾸릴 때 군대식의 대규모 군단을 조직했다. 소수의 산악 등정대 외에 수십 명의 셰르파와 수백 명의 포터가 뒤따르는 식이다. 1970년대부터는 소규모로 오르는 방식이 대세다. 이탈리아 출신의 라인홀트 메스너 Reinhold Messner가 그 대표적인 예다. 1978년 에베레스트 무산소 최초 등정뿐 아니라 히말라야 8000m 14좌를 무산소로 처음 완등했다.

한국은 1977년 9월 15일 고상돈이 한국 최초로 에베레스트 정상에 태극기를 꽂았다. 나라별로는 세계에서 여덟 번째 기록! 산 정상에서 그는 무전기로 "여기는 정상, 더 오를 데가 없다."라고 말했다. 세계 최고 봉우리 14개를 처음 완등한 한국인은 엄홍길이다. 2000년 K2를 마지막으로 세계에서 7번째 기록을 세운다. 2001년 박영석 역시 K2 정상에서 14개의 거봉을 마무리한다(그러나 공식 세계 기록은 박영석이 2001년 여름 K2 등정으로 8번째로, 엄홍길이 2001년 가을 시샤팡마를 끝으로 9번째로 기록). 한왕용은 2003년 브로드피크 정상을 마지막으로 11번째 기록을 남긴다.

여성 산악인들의 활약도 대단했다. 지현옥의 빛나는 성과를 이어받아 오은선과 고미영은 여성 세계 최초 14좌 완등 경쟁에 돌입한다. 고미영은 낭가파르바트 등정 후 하산길에 사고를 당했다. 오은선은 1997년 가셔브룸 2봉 등정 이후 2010년 봄 안나푸르나 1봉을 마지막으로 여성 세계 최초(전체 21번째) 완등 기록을 세웠다. 안타깝게도 칸첸중가 등정의 진실 논란이 일면서 여성 세계 최초 14좌 완등 기록은 논쟁거리로 남아 있다.

이후 김재수가 2011년 가을 초오유를 마지막으로 등정하면서 28번째를 기록했다. 2013년엔 산악인 김창호가 무산소로 에베레스트 등정에 성공해 최단기간 14좌 무산소 등정 기록을 남긴다. 한국은 모두 6명의 8000m급 완등자를 배출했다. 가히 경제에 이어 산악 등반에서도 선진국이다. 하지만 이런 화려한 영광 뒤로 수많은 산악인의 희생을 피할 수 없었다.

한국 산악사에 정통한 산악인 김창호는 1962년 히말라야 도전 이후 한국 산악인 80여 명이 히말라야 설산에서 생을 마감했다고 한다. 한국 최초의 에베레스트 등정자 고상돈은 1979년 북아메리카 최고봉인 알래스카의 매킨리 McKinley, 6194m 등정 후 하산길에 자일 사고로 추락한다. 그 뒤에도 여성 산악인 지현옥, 전도유망했던 오희준, 이현조 등 수많은 산악인이 목숨을 잃었다. 2009년엔 여성 산악인 고미영이 낭가파르바트에서 하산길에 추락사했다.

우리가 움직이던 2011년 하반기에도 한국 산악계에 겹겹의 비보가 들렸다. 안나푸르나에서 박영석 대장과 신동민 · 강기석 대원이, 쿰부히말의 촐라체에서 거벽 등반가 김형일 · 장지명 씨가 유명을 달리했다. 2013년 김창호 대장과 함께 에베레스트를 무산소로 올랐던 서성호 대원이 고소증으로 사망했다.

부처님의 자비, 힌두 신들의 보호, 어느 신이든 절대자의 살핌 없이는 저 고봉을 오를 수 없다.
거대한 자연의 품에 마음과 몸을 맡기고 겸허하게 한발 한발 나아갈 뿐이다.

아마다블람의 야경. 칠흑같은 어두운 밤하늘에서 뿜어 나오는 수많은 별빛!
어둠이 짙으면 짙을수록 더욱 밝게 빛난다.

내리막에서 만난 산간 마을 사람들

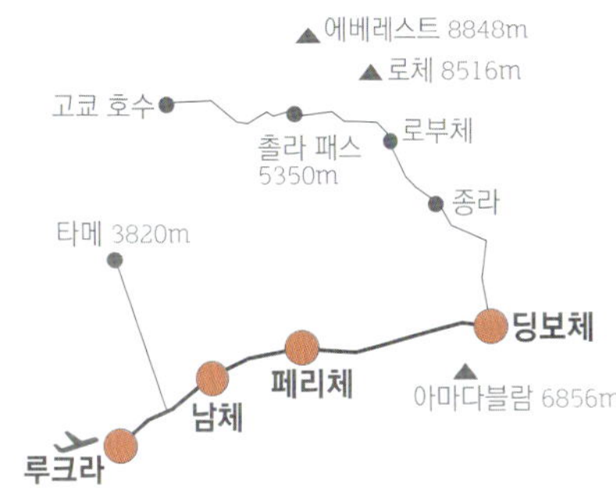

로부체 일정을 마치고 오는 길은 완만한 내리막길이다. 좌우의 거대한 산들이 그림 같은 병풍을 이뤘다. 눈앞의 아마다블람은 다가갈수록 점점 더 커진다. 영락없이 영화 〈사운드 오브 뮤직〉에 나오는 알프스 풍경이다. 요들송이 들리는 듯하다.

배낭과 스틱을 내려놓고 이미지 사진을 찍었다. 저녁 시간, 아마다블람의 야경은 볼 때마다 색다르고 찍어도 찍어도 새로웠다. 문득 '이제 가면 언제 또 이곳에 올 수 있을까' 하는 생각이 들어 부지런히 셔터를 눌렀다.

파키스탄에서부터 여기까지의 험난했던 과정이 주마등처럼 스쳤다. 길을 걷다 보니 어느새 이곳까지 왔다. 아마 우리 삶도 그렇지 않을까. 가슴이 뻐근하고 뿌듯하다. 갑자기 헬리콥터 소리가 요란하게 들렸다. 또 누군가 조난당했음에 틀림없다. 어느 나라 누구일까. 가슴이 아프다.

산간 마을마다 깃든 산악 영웅들의 자취

언덕 위의 커다란 마을 딩보체 Dingboche, 4350m는 아마다블람이 가장 뚜렷하게 보이는 동네다. 뒤돌아보면 멀리 촐라체가 있고 그 왼쪽으로 페리체 Periche, 4280m와 타워체 Tawoche, 6542m, 오른쪽 끝에 로체 Lhotse, 8501m와 아일랜드 피크 Island Peak, 6189m가 우뚝우뚝 신하들처럼 서 있다. 전망 좋기로 으뜸인 동네다. 이틀 밤을 머물렀지만 한 달을 지내도 행복할 것 같았다.

셰르파들이 미리 도착해 잡아 놓은 로지에 여장을 풀었다. 셰르파들과 로지 주인들은 오랜 친구 사이다. 어쩌면 친척일지도 모른다. 마을은 온통 돌집과 돌담으로 이뤄졌다. 히말라야 전체가 돌산이니 그럴 만도 하다. 빈집이 많은데, 벌써 겨울이 성큼 다가와 주민 대부분이 산 아래나 대도시로 옮겨 갔기 때문이다. 몇몇 주민만이 트레커들을 맞기 위해 남아 있었다.

점심식사 후 한국 가족과 위성전화 통화를 마친 박정헌 대장이 놀란 얼굴로 소식을 전한다. 북한 김정일 국방위원장이 사망했단다. 사망 시각은 12월 17일 아침 8시 30분이라는데, 발표를 늦게 했다고 한다. 대원들은 술렁이며 마음을 졸인다. 혹시 전쟁이 일어나는 것은 아닐까, 가족은 괜찮은 건가, 한국에 돌아갈 수 있을까? 별의별 상상이 꼬리에 꼬리를 물었다.

걱정 속에서도 여정은 계속되었다. 팡보체 Pangboche, 3940m 마을은 티베트 불교의 유서 깊은 곰파가 있는 곳이다. 또 어린이 학교인 '엄홍길 휴먼스쿨'도 있다. 엄홍길 대장은 2013년 12월 현재 팡보체 외에 세 개의 학교를 더 세웠다. 아랫마을 쿰중 Khumjung에는 에베레스트 최초 등정자인 힐러리 경이 세운 '힐러리 스쿨'이 있다.

세계 유명 산악인들은 히말라야 곳곳에 고산족 어린이 학교를 세우고 있다. 파키스탄령 낭가파르바트 인근 마을엔 최초 14개 고봉 완등자 메스너가 지은 학교도 있다.

마을 어귀를 빠져나가자 수많은 추모비가 서 있다. 공동묘지다. 서양 산악인들의 묘비에서부터 지역 원주민의 묘비가 여기저기 뒤섞여 있다. 문득 길가 한쪽의 한글 묘비가 눈에 들어온다. 2007년 5월 16일 에베레스트 서남벽에 스러져 간 산악인 오희준과 이현조의 추모비다.

히말라야에 안식한 한국 산악인들의 추모비

'천상을 향하던 벗들이여,
험난한 벽도 칼날 같은 설릉도
결코 장애물이 될 수 없었던 영웅들이여,
에베레스트 남서벽에 새로운 선을
그으려던 그대들은
아아 안타깝게도 어둠조차도 느끼지 못한
눈사태로 유성처럼 사라지고 말았네.
더 높은 곳을 더 험한 곳을 향해 쉼 없이 달려간
그대들 희망의 발자취는 영원하리라.'

내리막에서 만난
산간 마을 사람들

딩보체에서 팡보체로 내려오는 중턱의 로지. 산 아래로 내려올수록 로지는 더욱 견고하고 현대적으로 단장돼 있다.

포르체 마을 로지 주인의 아이들. 어릴 적부터 세계 각국에서
온 트레커들을 봐 왔기에 이방인에 대한 호기심은 없어 보인다.
왼쪽이 재롱둥이 리마다.

동판 부조에 돌덩어리 하나가 묘비로 놓여 있다. 부조 머리 쪽엔 노스페이스 로고가 새겨져 있다. 마지막은 '함께 그리워하는 산우들이'로 끝난다. 잠시 눈을 감고 묵념을 했다. 이름으로만 들어 온 이들이지만, 가까운 이들의 후배이자 친구들이다.

다시 포르체 마을로 내려갔다. 아직도 4000m 고지. 우리가 묵은 로지 주인장의 네 살 꼬마 공주 리마 Lima가 깜찍한 재롱을 피운다. 어눌한 토막 영어로 거리낌 없이 말을 붙여 왔다. 동네 영어교실에서 익힌 솜씨란다.

짐짓 어른인 우리에게 큰 소리로 야단도 친다. 귀엽다. 외부인에 대한 경계심은 전혀 찾아볼 수 없다. 외국인들의 왕래에 익숙하기 때문이다. 네 살이지만 결코 응석받이가 아니다. 혼자서 차가운 수돗물에 자기 양말과 신발 빨래를 거뜬히 해낸다. 한국의 네 살배기와는 천지 차이다.

히말라야의 겨울 구름은 오묘하다. 무지갯빛을 발한다. 신비하다. 어찌 보면 악마가 입을 벌려 삼킬 듯 기괴하기도 하다. 금세 광풍이 몇 차례 일더니, 양털 구름이 푸른 하늘에 일자 모양으로 획을 긋는다. 한참을 히말라야의 하늘을 바라보며 상념에 젖었다. 고단한 일정 속에서 잠시 잠깐 느껴 보는 여유다.

남체마을의 한 숙소에는 '엄홍길'이라는 이름의 방이 있다. 그 방에서 엄홍길 대장을 만났다.

남체에서 만난 산악인 엄홍길

점심 뒤 실망스러운 뉴스가 날아왔다. 여행사에서 '부탄 입국이 거절됐다.'라고 알려 왔다. 부탄 왕국은 당초 원정대 입국을 허용하고 가격 협상까지 벌였었다. 도대체 무슨 이유일까.

부탄은 전통 불교 왕국으로 히말라야의 동쪽 끝에 있다. 한 해 입국 인원을 엄격히 제한한다. 얼마 전 젊은 왕자가 새로운 왕이 돼 좀 유연하게 바뀔 줄 알았는데 아쉬움이 가득하다. 히말라야의 동쪽 끝자락 부탄 코스는 포기해야만 했다.

남체 Namche, 3420m로 내려오는 내내 구름이 발갛게 불이 붙어 있었다. 활활 산불이라도 난 것처럼 서쪽 하늘이 붉디붉게 물들었다. 남체는 산 발치다. 루크라 쪽에서 올라온 많은 트레커들은 이곳에서 하루 이틀 묵는데 본격적인 고산 적응을 위해서다.

호텔 주인이(시설은 커다란 여관 수준이다) 한국 산악인들이 우릴 찾는다고 전했다. 엄홍길 대장 일행이었다. 뛸 듯이 반가웠다. 밀레 정용권 이사(현 엠투어 글로벌 대표)의 얼굴도 보였다. 서로 얼싸안고 재회의 기쁨을 만끽했다.

정 이사는 나에게 히말라야를 알게 해 준 멘토다. 그가 아니었으면 히말라야는 꿈도 못 꿨을 것이다. 그는 히말라야 산중에 있는 나에게 몇 번이나 통화를 시도했었다고 말했다.

엄 대장의 이번 히말라야 방문은 자신의 휴먼재단 일 때문이었다. 자신이 만든 학교와 지역 주민에게 '사랑의 기부'를 하러 온 것이다.

그날 저녁 엄 대장 일행과 식사를 같이 했다. 우리 원정팀은 빈털터리나 마찬가지였다. 오랜 산중 생활에 행색도 그렇고 물자도 바닥났다. 엄 대장 일행은 그야말로 '번쩍번쩍'했다. 서울에서 히말라야에 막 도착했기 때문에 술, 반찬, 과일 모두 풍성했다. 체면 불고하고 게걸스럽게 먹어 댔다. 아마도 우리는 그날, 엄 대장 일행의 양식을 반쯤은 먹어 치웠으리라. 그래도 그는 얼굴 한번 찡그리지 않았다. 고생하고 온 후배들이 대견스러운 듯 연신 함박웃음을 지을 뿐이었다.

겨울이 다가오면서 구름 빛도 예사롭지 않다. 구름이 수분을 잔뜩 품어서인지 구름 전체가 무지개빛을 연출했다

없는 게 없는 남체 시장

다음 날 아침 남체 시장을 둘러보았다. 마침 장날이라 주민들과 상인들로 북적였다. 장 보러 온 티베트 스님도 눈에 띄었다. 장날은 여러 산중의 부족이 마을을 나와 이야기꽃을 피우는 날이기도 하다. 대부분은 셰르파족이다.

시장엔 달걀, 신발, 옷, 오렌지, 닭, 양배추, 호박, 각종 양념 등 없는 게 없다. 하나같이 노란 플라스틱 박스에 담겨 진열돼 있다. 동충하초 冬蟲夏草 줄기인지, 애벌레 같은 것도 있다. 석청 石淸도 보인다. 동충하초는 야르사굼바 Yarsagumba라고 불리는데, '여름 식물 겨울 곤충'이라는 티베트말이다. 한자말과 똑같다. 3500m 고지대에서 많이 발견되는데, 진균이 곤충의 애벌레 속에서 자라나 곤충을 죽인 후 버섯으로 성장한 것이다.

동충하초는 '히말라야의 비아그라'로 불린다. 그만큼 값비싸게 팔린다. 동충하초의 제철인 여름에는 교사와 학생들이 학교 문을 닫고 채집에 나설 정도다. 시골 마을 시장의 노점에서도 판다.

문제는 석청이다. 고산 절벽의 바위틈에 있는 벌집을 떼어내 꿀을 딴다. 이 또한 값이 비싸 석청 채취를 주업으로 삼는 주민이 많다. 한때 네팔 트레킹을 다녀오면 수백 달러씩 주고 석청을 사 오는 게 유행이었다. 한 통계를 보면 2000년대 중반까지 한국은 단연 제일의 석청 수입 국가였다.

우리나라의 유명 백과사전을 봐도 석청의 효능에 대해 '일반 꿀보다 토코페롤, 칼슘이 풍부해… 산삼에 버금가는 건강식품으로 많이 애용된다.'라며 칭찬 일색이다. 문제는 석청의 약효가 그리 믿을 수 없을 뿐더러, 오히려 잘못 먹었다간 위험하기까지 하다는 거다. 한 해에도 몇 명씩 석청을 먹고 복통, 구토, 마비 등을 호소하며 119 앰뷸런스 신세를 지고 있다.

히말라야 고산지대에는 랄리구라스라고 하는 산철쭉이 지천에 깔려 있다. 네팔의 국화 國花가 이 꽃이다. 로도덴드론 Rhododendron 혹은 만병초라고도 불린다. 우리나라 철쭉처럼 키 작은 관목이 아니다. 10m 또는 15m 이상의 큰 나무가 숲을 이룬 곳이 많은데 낮은 지대의 꽃은 괜찮지만, 3000m 이상에서 자라는 꽃에는 그레이아노톡신이라는 독성 물질이 들어 있다. 고산벌들이 바로 이 산철쭉 꽃에서 꿀을 모은다. 결국 석청은 '독꿀'인 것이다. 혹자는 소주에 조금 타 먹으면 좋다고 하는데, 이 또한 설득력이 없다. 많은 식품, 의약 전문가들이 이구동성으로 석청의 해로움을 지적한다. 하지만 아직도 히말라야 일부 여행자들의 쇼핑 리스트엔 석청이 빠지지 않는다.

조르살레 Jorsalle, 2805m 마을로 가기 전에 셰르파 앙푸리가 마지막 에베레스트 뷰 포인트를 알려 주었다. 한동안 에베레스트는 시야에서 안 보였었다. 오직 그가 알려 준 곳에서만 소나무 틈새로 에베레스트가 아득하게 보였다. 한참을 바라보며 작별 인사를 했다. 비록 멀어서 작아 보이지만, 그 모습은 여전히 웅장하다.

쿰부히말의 종착역, 루크라 가는 길

동네 공항이 있는 루크라까지 내려오는 길은 완만하고 평화롭다. 긴 여행이 곧 끝난다고 생각하니 후련하기도 하지만 한편으론 섭섭했다.

루크라에 이르기 전 이름 모를 작은 마을을 지났다. 마을에서 뛰어노는 아이들을 한참을 바라보며 휴식을 취했다. 소년들이 당구대 같은 나무판 위에서 '카롬 Carom'이라는 놀이를 즐기는 모습이 시야 속에 들어왔다. 카롬은 원반 돌을 손가락으로 밀쳐 구멍에 넣는 것인데 네팔의 국민 게임이다. 시골 동네 곳곳에서 볼 수

네팔에 사는 부족들

바깥세계엔 셰르파족이 가장 많이 알려졌다. 산악인들이 주로 이들과 탐험에 나서기 때문이다. 쿰부히말 주변에만 3만5000여 명이 살고 있다. 예전엔 산 너머 티베트와의 교역으로 먹고살았지만, 요즘은 관광업에 종사하는 사람이 대부분이다.

셰르파는 종족의 이름이면서 성 姓이다. 포터들의 이름을 물으면 성과 이름이 같은 사람이 많아 처음엔 헷갈린다. 우리 팀에도 파상 셰르파가 두 사람이었다. 그래서 '키 큰 파상', '술 잘 먹는 파상'이라고 구별해 불렀다. 셰르파족은 아이 이름을 태어난 요일에 따라 짓는다. 자연히 같은 이름이 많을 수밖에 없다. 월요일에 태어나면 다와 Dawa, 화요일에 태어나면 밍마르 Mingmar라고 부른다. 라크파(Lhakpa, 수요일), 푸르바(Phurba, 목요일), 파상(Pasang, 금요일), 펨바(Pemba, 토요일), 니마(Nyima, 일요일) 이런 식이다. 남자 여자 똑같이 짓는다. 이 밖에도 네팔 전역엔 여러 부족이 살고 있다. 네와르족 Newars은 100만 명이 넘는다. 카트만두 계곡 쪽에 몰려 있으며, 유명한 예술가가 많다. 네와르 건축과 미술 양식도 이들의 창조성에서 비롯됐다.

포터들 중에는 셰르파족 외에 구룽, 타망, 라이족 등이 있다. 구룽족 Gurungs은 티베트-미얀마계인데 안나푸르나가 있는 포카라 주변에 많이 산다. 구르카 용병으로 많이 활동한다. 라이족과 림부족은 동부 네팔 국경 산악 지역에 많이 산다. 인도 시킴에서 이들을 많이 만났다. 이들도 쿠쿠리라는 칼을 들고 다니며, 구르카 용병으로 많이 들어갔다. 타망족 Tamangs은 카트만두 북부에 많이 살며 육체 노동자가 많다. 카트만두 기념품 가게에서 만나는 탱화나 카펫은 대부분 이들의 손을 거쳤다고 보면 된다. 순수 티베트족도 있다. 이들은 중국의 티베트 침공 때 히말라야 산맥을 넘어 온 12만 명의 망명자 중 일부다. 1만2000여 명이 네팔로 이주해 살고 있다. 카트만두 시내 호텔, 음식점 사장들은 거의 티베트계로 상업적으로 성공한 이가 많다.

내리막에서 만난
산간 마을 사람들

시골 어디를 가든 청년들이 나무판에 돌을 올려놓고
구멍에 넣는 '카롬'을 하는 모습을 쉬이 볼 수 있다.

물건을 나르는 좁교 행렬. 3000m 위에서는 야크가 힘을 발휘하고, 그 아래에서는 좁교가 짐을 나른다. 좁교는 야크보다 털이 적고 몸집도 작다.

있는 풍경이지만, 이 풍경과도 곧 작별이라 생각하니 가슴이 울컥했다. 동네를 지나치자 다리를 건너기 전 눈에 익은 조각품이 서 있다. 천하대장군, 지하여장군이다. 과연 누가 만들었을까? 한국의 전통물을 이곳서 만난다니!

체불룽이라는 마을에 다다르자 작고 아담한 흰 건물이 눈에 띄었다. '토토하얀병원'이다. 2011년 10월 14일 사단법인 아름다운 사람들, 네팔복지법인 네사랑, 스포츠토토, 블랙야크 등에서 후원해 만든 병원이다. 한국 산악인들을 도와준 네팔인들에게 보답하기 위해 병원을 지었다고 한다. 세상은 이래서 살 만한가 보다. 우리나라 독지가들과 기업, 단체들의 후원으로 지어진 학교와 병원, 그리고 수도 시설 등이 많다.

루크라 바로 윗마을 파크딩 Phakding에서 야크보다는 작고 당나귀보다는 큰 동물 '좁교'를 만났다. 야크와 물소를 교배시킨 동물로, 야크보다는 털이 적고 몸집도 작다. 보통 남체 마을 아래에서는 좁교가, 그 위에서는 야크가 짐을 나른다. 야크는 해발 3000m 아래에서는 힘을 못 쓰기 때문에 해발 2000~3000m 정도에서는 좁교가 짐을 운반한다. 내리막에서 만난 히말라야 계곡의 철교에는 하산객들이 걸어 놓은 비단 조각 '카다크'가 나풀거린다. 셰르파족은 손님을 환영하

카트만두에서 쿰부히말로 가장 빨리 진입하는 방법은 루크라까지 비행기로 가는 것이다.

거나 헤어질 때, 반가움이나 아쉬움의 정표로 카다크를 준다. 나도 로지에 들를 때마다 받은 카닥을 목과 배낭에서 풀어 다리 난간에 걸었다. 이제 아쉽지만 설산과 헤어질 시간이다.

드디어 루크라 마을에 도착해 공항으로 향했다. 공항은 경비행기 전용으로 커다란 운동장이 활주로다. 커다란 버스터미널 같다. 활주로 아래는 낭떠러지다. 이륙할 때는 절벽 아래로 미끄러져 내려가면서 두둥실 탄력을 받고, 착륙할 때는 골짜기에서 절벽으로 오르는 동안 자연히 속도가 줄어든다. 비행기표에는 지정 좌석이 없다. 그냥 전망 좋은 곳에 앉으면 된다. 카트만두로 갈 때는 오른쪽 창가에서 에베레스트와 고산들을 볼 수 있다. 루크라에 올 때는 왼쪽이 고산 밀집 지역이다.

드디어 비행기가 이륙해 루크라에서 카트만두로 향했다. 비행기에서 본 히말라야의 아름다움은 또 다르다. 날이 맑아 한 달 내내 걸었던 가우리샹카르와 에베레스트 산군도 구별할 수 있었다. 비행기로 한 시간도 안 되는 거리를 한 달 동안이나 두 발로 걸었다. 우습다.

남체 마을 너머에 저녁노을이 타오른다. 고산의 공기층이 아래 지역과 달라 아침저녁 노을빛이 다르다.
히말라야 트레킹에서 만날 수 있는 신기한 볼거리 중 하나다.

지진과 지구온난화, 자연재해를 품고 있는 히말라야

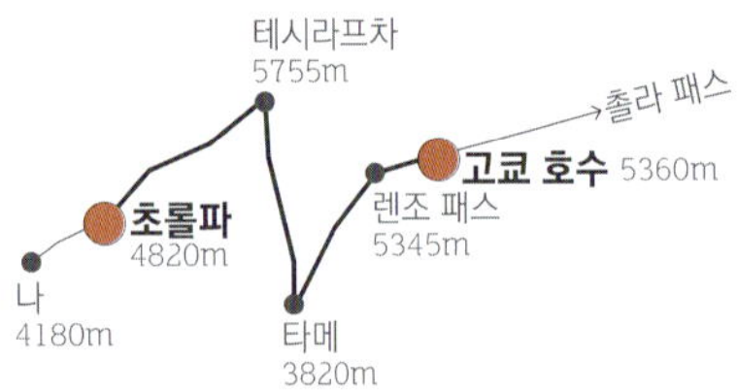

히말라야는 아름답다. 하지만 대부분은 지진 위험 지역이다. 지리학에서 환태평양 지진대와 더불어 대표적인 알프스-히말라야 지진대에 속한다. 매일 땅 아래에서는 지각이 꿈틀대고 있다고 해도 과언이 아니다. 지질학자들에 따르면, 6000만 년 전 땅속 깊은 곳에서 인도-호주판 Indo-Australian Plate과 유라시아판 Eurasian Plate이 충돌해 대지각변동이 일어났는데, 위로 밀려 올라온 게 히말라야 산맥이다. 아직도 인도-호주판이 유라시아판을 밀어내 해마다 27mm씩 상승하고 있다고 한다. 따라서 에베레스트 정상도 해마다 6mm씩 높아진다.

지진의 위험이 상존하는 히말라야 땅

그만큼 히말라야는 지진이 발생할 확률이 매우 높은 지역이다. 2015년 4월25일 네팔에서 진도 7.8의 초강력 지진이 일어났다. 1934년 네팔-비하르 지진 이후 가장 큰 규모여서 네팔과 인도 파키스탄 등에서 최소 8000여 명이 사망하고 1만6천여 명이 부상을 입었다. 사실 이 통계가 정확(?)하다고 볼 수도 없다. 2011년 필자의 탐험기간만 해도 히말라야 지역에서 큰 지진이 세 번이나 일어났다. 9월에는 인도 시킴지역에서,11월에는 네팔 고르카 Gorkha 지역에서 연달아(12일, 13일) 일어났다. 연속되는 천재지변에 주민들은 막대한 재산피해 뿐 아니라 정신적 공황 상태를 겪었다. 故 박영석 대장을 덮친 안나푸르나의 눈사태가 지진과 전혀 연관이 없다고는 할 수 없다. 낭가파르바트 루팔 벽에서 머무는 동안에도, 수십 번의 크고 작은 눈사태를 목도했다. 루팔 벽 아래 초지에 설치한 텐트에서 잠을 자다가, 우르릉 쾅쾅 하는 소리에 새벽잠을깨곤 했다. 꼭 천둥소리와 흡사했다.

앞서 인도 편에서도 언급했지만, 2005년 10월 인도-파키스탄의 분쟁 지역인 카슈미르에서 일어난 대지진은 엄청났다. 당시 통계는 희생자가 7만5000명이라고 했다.

겉보기에는 아름다운 호수가 엄청난 자연 재앙이 될 수 있다. 지구온난화로 10년 안에 히말라야 산맥의 50여 군데에서 큰 홍수가 발생할 수 있다고 유엔환경계획 UNEP이 경고했다.

롤왈링히말의 초롤파 호수. 고지대 호수는 물을 가둘 수 있을 때까지
커지다가 둑이 터지면 산아래 마을은 순식간에 휩쓸리게 된다.
이런 재앙을 막기 위해 많은 노력을 기울이고 있다.

이 지역의 가옥 구조가 너무 허술해서 지진이 일어나면 폭삭 무너져 내려 희생이 훨씬 크다.

파키스탄 역시 똑같은 상황이다. 북부 카라코람 하이웨이 KKH를 지나칠 때 지진으로 사라져 버린 마을을 여럿 목격했다. 사위를 둘러봐도 쉬이 무너질 것 같지 않은 높은 산들인데, 이곳이 지진 위험 지역이라는 게 도무지 믿어지지 않았다. 산간 지역의 지진은 특히 속수무책이다. 구조 작업이나 복구는 부지하세월이다. 2010년엔 훈자 너머 중국 쪽으로 통하는 KKH 옆에서 산사태가 일어나 강이 막히는 바람에 바다 같은 호수가 만들어졌고, 아직도 수많은 이재민이 텐트촌에서 생활하고 있다.

2013년 봄 파키스탄을 다시 방문했을 때도 치트랄 한국건설회사 현장 사무소에 도착해 차에서 막 내리는순간, 우리를 맞으려던 현장 직원들이 "지진!"이라고 외치며, 사무실에서 모두 뛰쳐나와 황망했었다. 차에있어서 못 느꼈지만, 사무실 안에선 책상이 흔들릴 정도였다고 한다. 나중에 진원을 추적해 보니 산 너머 아프카니스탄 쪽이었다. 중국 쓰촨 성에서 일어난 지진역시 유라시아판과 인도판의 경계선상이다. 모두 히말라야와 근접한 지역이다. 지질학자들은 머지않아 히말라야 지역에 지금보다 규모가 큰 대지진이 일어날 수있다고 경고한다.

히말라야를 위협하는 건 비단 지진만이 아니다.겉보기엔 아름다운 빙하 호수! 에메랄드 빛 청정 호수는트레커들의 식수가 되고, 아름다운 풍경도 되지만 산아래 사는 주민들에겐 대재앙이 될 수도 있다.

몸살 앓는 초록파 빙하호수

롤왈링히말에서 쿰부히말 지역으로 넘어가기 전, 거대

초롤파 호수 바로 아래 계곡 초지에 설치된 원정대 캠프

한 빙하호인 초롤파 Tsho Rolpa, 4820m 호수가 있다. '초, Tsho'는 호수란 뜻이다. 여정의 시작 전부터 꼼꼼하게 살펴보자고 마음먹은 곳이다. 지구온난화의 현장을 직접 확인하고 싶었기 때문이다. 호수 저 너머로 체키고 산이 장군처럼 호위하고 있고, 호수 위는 빙하가 녹기 전 모습 그대로이다. 호수 위쪽 빙하는 거대한 얼음덩어리다. 수천 년 아니 수만 년 전부터 녹고 얼기를 되풀이해 왔다.

이 빙하가 녹고 있어 호수 물이 매년 늘어나고 있다.엄밀히 말하면, 겨울 동안 얼어붙는 양보다, 나머지 기간에 녹아내리는 물의 양이 많아졌다. 돌과 흙으로 허술하게 쌓은 제방이 터지면, 계곡 아래 마을들은 한순간에 물바다가 된다. 학자들은 이를 '수직 쓰나미 VerticalTsunami'라고 부른다. 바다에서 일어나는 쓰나미가 수평적으로 몰려오는 엄청난 파도라면, 수직 쓰나미는 산 위에서 거대한 물 폭탄이 쏟아져 내려오는 것이다. 마을이 쑥대밭이 될 뿐 아니라, 히말라야의 비경을 볼 수 있는 트레킹 루트도 직격탄을 맞게 된다. 그래서 일본 기술진이 곳곳에 감시카메라와 계측기 등을 설치해 놓았다. 호수 맨 끝자락엔 제방과 함께 작은 배수관문을 만들어 계속 물을 빼고 있었다.

지진과 지구온난화,
자연재해를 품고 있는
히말라야

동행한 셰르파 린지는 "매년 히말라야 전역에서 호수의 둑이 터져 마을이 침수 피해를 보는 곳이 많다. 10여 년 전만 해도 보지 못했던 빙하 호수들이 수십 개씩 새로 생겨나고 있다. 어쩌면 20~30년 뒤에는 히말라야에서 눈을 보지 못할 수도 있다."라고 말하며 한숨을 쉬었다.

하긴 아프리카에서 가장 높다고 하는 킬로만자로 정상의 눈도 매년 줄고 있고, 북극의 얼음도 녹고 있다고 하니 이젠 놀랄 만한 뉴스도 아니다.

네팔 히말라야 일정 내내 날씨가 변덕이 죽 끓듯 하

부탄과 네팔의 고지대 평균기온이 1970년대 중반보다 섭씨 1도 정도 높아져
설원과 빙하가 녹고 고지대 호수의 수위가 빠르게 상승하고 있다.

트레킹 중 목도한 롤왈링 히말의 산사태. 히말라야 전체가 지진 위험 지역이다.

여 원정대로서는 어려움이 많았다. 그야말로 변화무쌍한 날씨였다. 네팔 최대의 관광 도시인 포카라로 가는 길 역시 계속 안개가 더욱 심해졌었다. 날씨 때문에 관광객이 줄어드니, 현지인들이 한 해 생활을 걱정할 법도 하다.

포카라에서 23년 동안 살아 왔다는 쿠시 씨는 "아름답기로 유명한 마차푸차레 Machhapuchhare 산의 웅대한 모습을 집에서 아침마다 쉬이 볼 수 있었는데, 올 처음으로 안개 때문에 잘 보이지 않는다."라며 우려했다. 쿰부히말의 관문인 루클라 공항도 짙은 안개 때문에 비행기가 발이 묶이는 경우가 허다하다.

지진과 지구온난화, 자연재해를 품고 있는 히말라야

히말라야를 아프게 하는 원인들

히말라야의 자연재해는 매년 세계적인 주요 이슈 중 하나다. 홍수와 지진 등이 동시에 발생하는데, 지구온난화가 그 중요한 원인이다.

히말라야는 매년 많은 설빙이 녹아내려 자연 호수가 계속 새롭게 생겨나는데, 과학자들의 조사에 의하면 1960년 이후 3500만㎡로 호수의 면적이 늘었다고 한다. 1985년에는 타메 계곡 Thame Valley의 디그초 호수 Dig Tsho Lake의 자연댐이 붕괴했다.

카트만두에 위치한 국제통합산악개발센터 ICIMOD에 따르면 힌두쿠시 히말라야(파키스탄 지역)에만 빙하 호수가 2만여 개나 있다고 한다. 지구온난화로 히말라야 고지대의 빙하가 급속도로 녹아내렸기 때문이다. 그중 179개의 빙하 호수가 붕괴 직전의 위험에 처해 있다. 지금까지 중국에서 29번, 네팔에서 22번, 파키스탄에서 9번, 부탄에서 4번의 빙하 홍수가 일어났

자연재해를 미연에 방지하기 위한 인간의 노력도 치열하다. 초롤파 호수의 범람을 막기 위해 댐을 만들고 수문을 통해 물을 빼내고 있다.

다고 밝혔다.

홍수는 단순히 지구온난화 현상 때문만은 아니다. 기후 변화에 따른 몬순 Monsoon성 집중호우도 큰 영향을 미친다. 이 지역은 6월부터 9월까지 몬순 강우가 내린다. 큰비가 한꺼번에 쏟아지면 강이 범람해 마을을 덮친다. 2008년 8월에 큰비로 사프트코시 Sapt Kosi 강이 범람해 수백만 명의 이재민이 발생했다. 최근 2013년 6월 20일에도 인도 히말라야 지역에 몬순 폭우로 홍수와 산사태가 일어났다. 1000~2000여 명이 목숨을 잃었다.

홍수의 원인 중 또 다른 하나는 벌목에 따른 산림 황폐화 Deforestation다. 네팔 인구의 80% 정도가 아직도 나무를 연료로 난방과 요리를 해결한다. 히말라야 어디를 가든 산에서 땔감을 거둬 이고 지고 가는 주민을 만날 수 있다.

그리고 전력 생산을 위해 히말라야 산간 마을 곳곳에 설치하고 있는 수력발전소도 많은 논쟁의 대상이다. 이 지역에서 전기를 만들어 내는 데는 수력발전 이상의 대안이 없지만 불가피하게 자연의 정상적인 순환을 파괴하기 때문이다.

해당 나라들은 엄청난 재앙을 조금이라도 줄이기 위해 대책을 마련하느라 분주하다. 2012년 초에도 부탄에서 인도, 네팔, 방글라데시, 부탄의 고위 관계자들이 모여 회의를 열었다. 같은 해 남아프리카공화국 더반에서는 유엔 기후회의가 열렸다. 전세계가 히말라야의 미래를 걱정하고 있다. 지금 히말라야는 아프다.

새벽부터 시작한 산행은 몇 날 며칠이고 계속된다. 고단한 하루 하루가 지나면 어느새 목적지에 다다르고 삶의 또 다른 목표를 향해 우리는 걷고 걷는다.

가을걷이가 끝난 들판을 지나는 여인들과 소년. 저 많은 짐을 이고 지고 어디로 향하는 것일까?

네팔 동쪽 다란과 일람, 그리고 끝나지 않은 여정

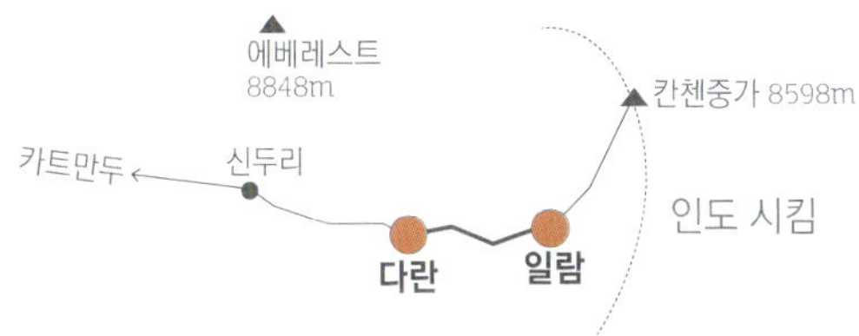

비행기로 다시 돌아온 카트만두에서 네팔 동부의 중심 도시인 다란 Dharan으로 향했다. 다란은 히말라야 고산 지대와 평원 사이의 언덕에 있는데, 네팔에서는 드물게 소득이 매우 높은 곳으로 인구가 약 10만 명에 이르는 도시다.

이 지역에는 좋은 학교가 많다. 외국에서 돈을 번 사람들이 돌아와 자식들 교육에 매달렸기 때문이다. 예전 영국 군부대가 있던 자리에는 동네팔에서 가장 큰 병원이 들어섰다. 또한 퇴역 구르카 용병들이 모여 사는 마을은 고급 주택이 즐비하다. 이처럼 이곳이 높은 생활 수준을 유지하는 것은 구르카 용병을 많이 배출했기 때문이다.

세계적 용병 부대 네팔의 구르카 용병

구르카 용병은 로마 교황청을 지키는 스위스 용병처럼 충성스럽고 용맹한 외인부대로 유명하다. 1814년 영국제

네팔, 인도, 파키스탄 할 것 없이 히말라야 산중 마을들은 대부분 생활 환경이 열악하다.

국주의가 인도를 점령하고 네팔까지 진격했다. 전쟁에서 진 네팔은 영국에 용맹스러운 구르카 용병을 제공하는 조약을 맺고, 그 대신 영국으로부터 형식적으로나마 독립적 지위를 인정받았다. 영국은 직접적인 수탈 대신(사실 네팔에서 뺏을 것이 그리 풍부하진 않았을 것이다) 부지런하고 용맹한 인력을 활용하는 전략을 택한 것이다. 구르카 용병은 처음에는 동인도회사의 사병으로 활동했지만, 전투에서 혁혁한 공을 세우자 영국군에 편입됐다.

구르카 용병대의 채용 절차는 까다롭고 혹독하다. 히말라야의 거칠고 가파른 경사길 5㎞를 25㎏짜리 돌을 진 채 55분 안에 달려야 한다. 그럼에도 200명 선발에 2만8000여 명의 네팔 젊은이들이 지원했다고 하니, 네팔 젊은이들에게 선망의 직업이다. 구르카 용병 대원이 되면 '쿠쿠리 Kukuri'라는 약 45㎝ 길이의 전통 칼을 소유할 수 있다. 이 쿠쿠리는 이들 전투원의 상징이다.

구르카 용병의 필수무기인 쿠쿠리 칼.

구르카 용병은 제 1·2차 세계대전 동안 우직하게 활약했다. 무려 30여만 명의 네팔 용병이 영국군에 편입돼 싸웠다. 이 중 4만여 명이 희생됐다. 물론 영국군에 비하면 턱없이 낮은 임금과 처우를 받았지만, 어떤 악천후와 험한 지형에서도 용감하게 싸웠다. 그들의 용맹은 '겁쟁이가 되는 것보다는 죽는 게 낫다!'라는 용병대 모토에서 잘 나타난다.

2004년 런던에서 공부할 때 영국 전몰장병기념일 Remembrance Day(우리의 현충일과 같다) 행사를 지켜보았다. 제1차 세계대전이 끝난 1918년 11월 11일 11

구르카 용병의 용맹성과 충성심은 전 세계가 인정한다. 네팔계 민족이 많이 살고 있는 인도 시킴 주의 구르카 용병 동상. 뒤에 보이는 산이 칸첸중가다.

시를 기념해 매년 같은 시각에 장엄한 의식이 벌어진다. 붉은 개양귀비꽃을 가슴에 달기 때문에 '포피데이 Poppy Day'라고 한다.

행사장은 트래펄가 광장과 웨스트민스터 사원 사이 정부기관이 밀집한 화이트홀 Whitehall 거리다. 길 한가운데에 세워진 충혼탑 주변에 엘리자베스 여왕과 총리, 장관들이 참석한다. 반백의 할아버지들이 주렁주렁 훈장이 달린 군복을 입고 행진한다. 영연방 국가 소속의 노인들이 국기를 앞세우고 퍼레이드를 하는데, 카키색 군복의 동양계 노인들이 보였다. 이들이 바로 네팔의 구르카 병사들이었다. 당시 신문에서는 구르카 용병들의 시민권 부여 등 지위 향상 문제가 뜨거운 이슈였다. 지금은 구르카족을 지원하는 사회단체, 언론, 의회의 노력으로 옛 네팔 용병들의 처우가 개선되고 시민권 취득이 쉬워지고 많은 혜택이 주어지고 있다.

세계대전이 끝난 뒤에도 이들은 아프가니스탄과 보스니아 등의 분쟁 지역에서 활약하고 있다. 연봉을 약 2만5000달러나 받는다니, 네팔 보통 사람들 소득보다 수십 배나 되는 큰돈이다. 그들은 싱가포르에서는 경찰로, 말레이시아에선 군인으로 활동하기도 한다. 브루나이 국왕의 경호대도 네팔 출신을 고용한다. 인도 군대의 최정예 부대에도 많이 지원해 외화벌이를 하고 있다. 외국에서 목숨을 담보로 군인 생활을 하지만, 고향 가족들은 그 덕에 부유한 생활을 한다. 네팔의 국가 경제에도 상당한 보탬이 된다.

가난한 산골 마을을 찾은 이방인들을 보기 위해 전교생이 교사들과 함께 밖으로 나왔다.
10년 뒤, 20년 뒤 이 아이들은 어디에서 무엇을 하고 있을까? 이 마을은 또 얼마나 변해 있을까?

인도는 다르질링차, 네팔은 일람차가 유명하다. 온 산과 들에 차나무가 가득해 초록 물결을 이룬다.

정직한 맛이 훌륭한 일람 마을의 차

일람은 네팔의 동쪽 끝, 1200m의 언덕에 있는 차 茶 마을이다. 네팔에서는 차 하면 일람차를 꼽는다. 카트만두 관광객들이 모이는 타멜에서는 수십 가지의 일람차를 구할 수 있다. 차의 내용물보다 고급스러운 포장에 관심이 더 간다. 고급 나무 상자도 있고, 도자기 포장도 있다. 인도의 다르질링차보다 품질이 더 우수하다고 그들은 주장한다. 물론 다르질링차가 세계적으로는 더 알려져 있다. 차에 박식한 한 대원은 전 세계로 수출돼 잘 알려진 다르질링차보다 일람차의 맛이 더 정직해 맛볼 만하다고 평한다.

카트만두의 지인 별장이 이곳에 있어 네팔의 마지막 여행지로 일람을 선택했다. 별장 주변으로 온 사방이 차밭이다. 남도의 보성이나 하동에 가면 언덕 부근에 차를 심었지만, 이곳은 산 전체와 평지까지 모두 차밭이다.

아침에 일어나 차밭을 돌아봤다. 해는 아직 올라오지 않아 아침 안개가 스멀스멀 천지를 덮고 있었다. 차나무에 꽃이 피어 있다. 흰 잎 가운데 노란 술이 앙증맞다. 참 예쁘다. 낮에는 실컷 음악을 들었다. 서울에서 가져 온 우리 가요와 팝송을 몇십 번 들었는지 모른다. 오랜만에 좋아하는 아일랜드 노랫가락에 흠뻑 취해 본다. 이제는 리듬을 다 외울 정도다. 대원들 사이에서 6개월 내내 가장 인기 있는 가수는 단연 '백지영'. 그녀의 '총 맞은 것처럼'은 아마 수백 번은 들었으리라.

50m 정도 떨어진 유일한 옆집은 1인 라디오 방송국이었다. 젊은 방송국장은 제 나름의 소명 의식을 갖고 방송국을 운영하고 있었다. 역사는 이런 사람 하나하나의 노력으로 앞으로 나아간다. TV도, 영화도, 인터넷도 접할 수 없는 산골 마을에 1인 방송국은 주민들에게 뉴스와 음악을 들려주는 중요한 매체다.

먹거리가 떨어져 마을 시장에 들렀다. 우리네 시골 시장과 다를 바 없다. 시골 할머니가 채소 광주리를 앞에 놓고 아낙들이 주는 큰돈을 입에 물고 주머니에서 잔돈을 센다. 노점상 아가씨가 빨간 빛깔의 음식을 파는데 사람들이 의외로 많이 사 먹는다. 판 Pan이란 음식이다. 빈랑

생불 소년 반잔 이야기

산간 마을에 머무는 동안 한 로지 식당 달력에 어린 소년의 사진이 있었다. 네팔의 많은, 특히 티베트 불교를 믿는 사람들이라면 모두가 알고 있는 유명 인물이다. 그는 살아 있는 부처로 알려진, 타망족 출신의 소년이었다. 그의 본래 이름은 람 바하두르 반잔 Ram Bahadur Banjan. 그는 15세였던 2005년 말 비르간즈 Birganj의 동쪽 숲에서 물과 음식을 일절 먹지 않고, 명상 수행을 한 것으로 소문이 났다. 한때 그를 보기 위해 수천 명의 신도와 구경꾼이 몰려들었다. 그와는 50m 정도 떨어져 지켜보았다고 한다. 10개월 동안 그랬다고 하니 경천동지할 일이다. 네팔 정부가 과학기술학술원에 조사를 의뢰했다.

만일 이 모든 행위가 진실일 경우 '기적'이라고 전 세계에 선포하기 직전이었다. 그런데 갑자기 소년이 홀연히 사라진다. 그리고 몇 번 나타나 설법을 한 이후 2008년 말에 또다시 카트만두에서 동남쪽으로 150km 떨어진 란탄푸리 Rantanpuri 정글에 출현해 세상을 놀라게 한다. 그의 요즘 이름은 구루 다르마 상가 Guru Dharma Sangha 혹은 팔덴 도르제 Palden Dorje다. 그는 1990년 4월 9일 부처님이 태어난 룸비니에서 멀지 않은 란탄푸리에서 태어났다. 지금은 33세. 요즘 사진을 보면 매우 잘생긴 얼굴이다. 2005년 5월 몸이 아파 집에서 쉬는 도중 사라졌고, 이후 숲에서 명상을 하고 있는 모습이 발견되었다. 11월에는 뱀에게 물려 죽을 고비를 넘기고 다시 살아나 '깨달음 Enlightment'을 얻었다고 한다.

그는 '살아 있는 부처'로 불리는 것을 거부한다고 하지만, 그를 추종하고 따르는 수많은 신도의 행렬을 보면 가히 살아 있는 부처라고 믿을 만하다. 그의 열렬한 추종자들은 그가 자연과 소통하고, 동물들의 언어를 안다고 믿고 있다. 그에 대한 자세한 내용은 홈페이지(www.dharmasangha.com)에 나와 있다. 믿거나 말거나다.

세계 어디에서나 어린이는 어린이다. 한 가정에서 나라에서 이들은 미래요 희망이다.

네팔 동쪽 끝
다란과 일람, 그리고
끝나지 않은 여정

나무의 잎사귀를 열매와 다른 식물 재료를 섞어 만드는데, 디저트로 가장 인기 있다고 한다.

히말라야 사람들은 대부분 따뜻했다. 나와 일행에게 진심으로 대해 주는 게 느껴졌다. 서울에선 쉬이 느낄 수 없는 친절함이었다. 아쉬움을 뒤로하고 시장에서 별장으로 돌아오는 길은 그 어느 때보다 짧게 느껴졌다.

시작이 있으면 끝이 있는 법. 이제는 여행을 마무리해야 할 때다. 파키스탄의 카라코람 히말라야에서, 인도의 동북쪽 끝 시킴과 네팔 끝 일람의 차밭까지 180일간의 히말라야 유랑 流浪이 끝났다. 언젠가 이 아름답고 정겨운 산골 마을들을 다시 올 거라고 다짐하고 또 다짐했다. 웃음, 눈물, 도전, 실망, 두려움, 좌절로 뒤범벅된 긴 시간이었다. 형언하기 어려울 정도로 아름답고 거대한 자연 앞에서 한없이 작아진 자신도 돌아봤다. 견디기 힘든 자갈밭과 눈밭, 추위에 몸과 마음을 추스르지 못한 적도 있었다. 돌이켜보면 원정 기간 내내 가장 소중했던 건 결국 '사람'이었다. '사람'은 '사랑'이었고 '스승'이었다.

삶은 기나긴 여행이며 유랑이다. 또 다른 유랑의 시간이 언젠가는 다시 올 것이다. 아직 유랑은 끝나지 않았다.

나마스테 Namaste! 안녕하세요! '내 안의 신이 당신의 신에게 인사합니다.'라는 뜻이다. 세상에 이렇게 아름다운 말이 또 있을까!

안녕, 히말라야! 히말라야는 이들에게 삶의 터전이자 성스러운 땅이다. 바로 그들의 신들이 이곳에, 그리고 그들 안에 살고 있기 때문이다.

Index 파키스탄

스카르두 Skardu ········· 79/90

북파키스탄 발티스탄 지방의 중심 도시. 이슬람교를 믿지만 티베트가 오랫동안 지배했던 땅이다. 한 시간 떨어진 곳에 있는 시가포트Sigah Fort를 추천한다. 세상에서 가장 작은 호텔방이 있으니 찾아보시길!

와가보더 Wagarh Border ········· 129

긴장의 현장에서 축제처럼 펼치는 국기하강식 경쟁을 보면서 기쁨보다는 우울함이 더 컸다. 남북한을 가르는 휴전선은 더 위험하고 슬프다. 파키스탄-인도 군인들의 우스꽝스러운 제식 동작과 함성 경쟁이 볼만하다.

이슬라마바드 Islamabad ········· 24/27

영국에서 독립한 후 새롭게 금을 그어 만든 신생 도시라 전체적으로 깨끗하다. 세종시처럼 행정수도 역할을 한다. 카라치가 매우 큰 경제도시지만 너무 남쪽에 위치해 배제됐다고 한다.

자니 패스 Zani Pass, 3840m ········· 58

첫 산행지고 고소증에 시달린 곳. 산 아래 2640m의 우툴 Uthul마을에서 고소 적응을 충분히 못한 탓이다. 고갯마루에 서면 멀리 힌두쿠시에서 가장 높은 트리치미르 Trichimir, 7760m 주변으로 설산이 펼쳐져 장관이다.

치트랄 Chitral ········· 36/38

옛날 작은 왕국의 궁이 있는 소도시. 치트랄 궁은 동화 '알라딘'에서 본 듯한 형태다. 경찰서 등록소 벽에 외국인 방문통계표를 나라별로 연도별로 붙여 놨다. 여행위험국으로 인식돼 관광객이 급감해 울상이었다.

칼라시 Kalash ········· 38/43

계곡 안쪽 깊숙이 들어가, 그들만의 전통과 문화를 간직하며 힘겹게 살아가는 특별한 마을. 화려한 색상의 전통 의상과 족두리 장식이 매우 강렬하다. 사진 촬영을 하려면 충분히 교감을 나눈 후에 정중히 부탁하는 게 좋다.

큐라 Khewra ········· 108

이슬라마바드-라호르 사이 국도에서 떨어진 소금 산으로 산 속 전체가 암염으로 가득하다. 광산 내부는 소금 조각을 조명으로 비춰 이색적이다. 한국에서 구하지 못하는 소금 조각 기념품을 사는 것도 좋을 듯.

페샤와르 Peshawar ········· 35/117/120

간다라 양식이 번창했던 곳. 알렉산더 대왕의 동방 원정로였다. 자살 테러 등으로 매우 위험해 방문하는 데 용기가 필요했다. 스카르두 출신 운전사도 가는 걸 꺼렸다. 아프가니스탄 분위기의 파슈툰문화가 지배적이다.

하라파 Harappa ········· 119

역사책에서나 봤던 인더스문명의 요람이기에 큰 기대를 안고 갔다. 그러나 보존 관리가 되지 않고 폐허처럼 그대로 방치해 둔 걸 보고 실망이 컸다. 그래도 뛰어난 벽돌 도시문화가 기원전 2500년 경에 존재했다니 놀랍다.

후세 Hushe, 3050m ········· 92/97

K2로 가기 위해 반드시 넘어야 하는 고개, 곤도고로라 등반의 출발지다. 사람들은 포터 일과 농사,목축으로 살고 있다. 한 포터의 집을 방문했는데, 가난 때문에 딸들을 학교에 못 보낸다는 게 슬펐다.

훈자 Hunza ········· 74/79/83

배낭 여행객의 마음을 홀리는 매력적인 카라코람의 보석 마을. 수려한 풍경과 유창한 영어를 구사하는 친절한 마을 사람들이 매력적이다. 알티트, 발티트 두 성을 둘러보며 골목길을 걷노라면 세상 시름을 다 잊게 된다.

KKH Karakoram Highway ········· 26/53/74/106

파키스탄 북부와 중국 신장을 연결하는 고속도로. 세계에서 가장 높고 아름다운 길로 알려졌지만 거친 바위산 사이를 통과하는 흙돌길이다. 옛 실크로드와 길이 많이 겹쳐 그 흔적을 찾는 것도 여행의 또 다른 묘미다.

Index 인도

사르초 Sarcho, 5360m ········· 164
자동차로 갈 수 있는 세계에서 두 번째 높은 타그랑 고개 Thaglang La를 지나면 만나는 마을, 아니 휴게소다. 주변은 마치 화성 표면처럼 황량한 산뿐이다. 새벽에 본 보름달 빛조차 얼어붙은 듯 추워 보였다.

소나마르그 Sonamarg, 2800m ········· 152
스리나가르를 벗어나 레 쪽으로 가는 길에 만나는 첫 자연 리조트 마을. 승마, 래프팅, 바이크 등 레저의 천국이다. 말을 타고 빙하로 가는 코스도 인기다. 어떤 사람들이 인도 부자들인지 여기서 어느 정도 알 수 있다.

스리나가르 Srinagar, 1700m ········· 148/158
영국인들이 개발한 휴양 도시. 밤에 달 호수 Dal Lake 주변, 수상 호텔 조명의 물비침이 몽환적이다. 호수 옆 무굴제국 샤 자한 황제가 만든 정원이 인기다. 수상 호텔 숙박 후 새벽 수상 시장 보는 건 필수!

시킴 Sikkim ········· 207
델리에서 동북쪽에 있는 특별자치주. 인구 대부분은 네팔계와 렙차족이다. 중국과 접경해 정치적, 군사적으로 매우 중요하다. 주도 강토크에서는 철저한 환경 보호 정책을 펼치기 때문에 쓰레기 함부로 버리면 큰일난다.

암리차르 Amritsar ········· 142/144
파키스탄-인도 국경 마을 와가보더를 지나 인도 땅에서 만난 펀자브 도시. 시크교 총본산인 황금사원의 모습은 황홀하기까지 하다. 인도 정부와 시크교 간의 유혈 충돌로 수많은 신자들이 학살당한 비극의 역사를 갖고 있다.

우타르카시 Uttarkashi ········· 186
인도 북부 히말라야 아래 갠지스 강을 끼고 있는 도시. '우타르'는 '북쪽'이란 뜻이다. 가르왈 히말라야 원정의 출발점이기도 하다. 수천 년간 산 아래 언덕에 다랑논을 일궈 왔는데, 그 규모가 엄청나다.

카르길 Kargil, 3650m ········· 154
조지라 Zoji La를 넘으면서 만나는 국경 마을. 인도지만 이슬람 문화가 강한 지역으로 히잡을 쓴 여인들과 모스크를 많이 볼 수 있다. 파키스탄군과 몇 번의 전쟁을 겪어 거리 곳곳엔 아직도 총탄 자국이 남아 있다.

칸첸중가 Kanchenjunga, 8586m ········· 208
네팔과 인도 사이에 있으며 '웅장한 다섯 봉우리가 있는 눈 덮인 요새 Great five-peaked snow fortress'란 뜻을 가지고 있다. 그만큼 산봉우리 모양이 아름답다. 시킴 강토크에서도 다르질링 타이거 힐에서도 보인다.

케일롱 Keylong, 3080m ········· 159/163
레에서 히마찰프라데시의 마날리로 가는 도중 머문 마을. 마을에 도착하기 전 운전사가 검문소를 무단 통과해 경찰들이 쫓아와 한때 긴장했었다. 식사 초대 받은 집에서 아들이 아버지보고 '아바'라고 말해 깜짝 놀랐다.

타글랑 고개 Thaglang La, 5360m ········· 163
레에서 마날리로 향하는 길 중 가장 높고 황량한 고개다. 바람이 매우 거세고 수풀도 없다. '지구가 멸망하고 난 뒤의 땅이 이런 것일까?' 하는 상상을 해 봤다. 옛 라다크 지방을 여행하려면 고산적응에 신경 써야 한다.

탈라이사가르 Talaysagar, 6904m ········· 193
인도 히말라야 강고트리에서 우뚝 솟은 미봉으로 등정하기 쉽지 않은 고난도 산이다. 1998년 9월 한국인 산악인 세 명(김형진, 최승철, 신상만)의 목숨을 앗아간 비운의 산이기도 하다.

파르마르트니케탄 Parmarth Niketan ········· 183
요가의 도시 리시케시에는 수많은 아시람(수행소)이 있다. 이곳은 갠지스 강 주변에서 가장 큰 아시람이다. 저녁에 열리는 힌두 종교 의식은 매우 이색적이다. 주변 음반가게에서 힌두 음악 CD 하나 사는 것도 좋을 듯.

Index 네팔

안나푸르나 Annapurna, 8091m ········· 233/241

'풍요의 여신'이란 뜻답게 산군이 55km나 길게 뻗어 있다. 끝에는 물고기 꼬리 모양의 마차푸차레가 있다. 히말라야에서 가장 인기 있는 트레킹 코스 중 하나로 관광도시 포카라에서 출발한다.

에베레스트 Everest, 8848m ········· 257/272/299

세계 최고봉. 실제로 보니 장엄하다는 느낌 외엔 큰 감동은 없었다. '하늘의 머리'라는 뜻의 사가르마타 Sagarmatha와 '세상의 어머니'라는 의미의 초모룽마 Chomo rungma가 더 멋진 이름 같다.

일람 Ilam ········· 325

네팔 동부의 최대 차 생산지로 마을의 산과 들판이 온통 차밭이다. 여정의 막바지를 이곳 차밭 사이에 위치한 여행사 사장 앙도르지의 별장에서 보냈다. 네팔 사람들은 일람차가 최고라고 자랑한다.

종라 Dzonglha ········· 286

촐라 패스 너머 촐라체를 바로 앞에 둔 마을. 이곳에서 보는 촐라체의 위용이 대단하다. 멀리 아마다블람 조망도 훌륭하다. 꽁꽁 언 손을 녹여 가며 아마다블람의 야경을 담았다.

초롤파 Tsho Rolpa, 4820m ········· 311

롤왈링 계곡에 있는 네팔 최대의 빙하 호수로 깊이가 무려 131m다. 거대한 트라카딩 빙하의 끝자락이 녹으며 생긴 자연 호수로 지구온난화의 대표적 사례. 이곳을 넘으면 롤왈링히말에서 가장 험난한 코스가 기다린다.

촐라 패스 Chola Pass, 5350m ········· 285

고쿄 마을에서 이 고개를 넘어야 에베레스트 쪽으로 접근할 수 있다. 얼음과 바위, 모래가 뒤섞인 너덜지대를 지나 만나는 험난한 고개. 바위와 눈, 얼음이 범벅이 된 마지막 관문. 이 고개를 넘으면 남체 방향은 내리막이다.

카트만두 Kathmandu ········· 246/250

인구 320만의 네팔 수도. 주변을 포함해 왕궁과 사원 등 볼거리가 많아 무료하지 않은 도시다. 홍대 앞 혹은 명동 같은 타멜 지역에서의 휴식은 달콤하다. 공기는 매우 안 좋다. 인근 왕궁 도시 파탄, 바크타푸르 방문은 필수.

쿰부히말 Khumbu Himal ········· 271

에베레스트 산군이 있는 지역 전체를 지칭한다. 네팔 산행 중 가장 전형적인 트레킹 코스 중 하나로 짧게는 10일에서 길게는 3주 정도 걸린다. 코스는 체력과 시간에 따라 선택할 수 있다.

테시라프차 Tesi Lapcha, 5755m ········· 264

롤왈링히말의 절정이라 부를 수 있는 고개다. 아찔한 얼음 절벽을 넘어야 하고, 강풍과 화이트 아웃으로 죽음의 공포를 느낀 곳이다. 1951년 힐러리가 설표(표범의 일종) 발자국을 따라 이 험산을 넘어갔다고 한다.

파탄 Patan ········· 222/226

카트만두에서 남쪽으로 5km 떨어진 중세 왕궁 마을. 두르바르 광장 주변을 천천히 둘러봐도 반나절 정도면 충분하다. 옛 영광의 도시를 차근차근 살펴보며 수공예품이나 탱화 제작소를 방문하는 것도 좋다.

포카라 Pokhara ········· 233

800m 분지에 위치한 네팔 최고의 관광 도시. 시간을 잊게 하는 도시 중 하나로 안나푸르나 트레킹의 출발지이기도 하다. 페와 호수 주변 뉴포카라에는 서구적인 카페, 레스토랑이 많다.

푼힐 Poon Hill, 3210m ········· 241

안나푸르나 트레킹 구간 중 가장 인기 있는 곳. 고소 적응하기 좋으면서, 주변 경관이 아름답기 때문이다. 다울라기리와 안나푸르나 산군이 파노라마 뷰로 펼쳐진다. 일몰과 일출은 놓치지 않는 게 좋다.

도움 글

<검은고독흰고독>라인홀트메스너,김영도역,필로소픽,2013
<론리플래닛디스커버리인도>론리플래닛편집부,안그라픽스,2012
<마라난타>민희식 • 장성욱,화남,2005
<실크로드학>정수일,창비,2007
<실크로드사전>정수일,창비,2013
<실크로드여행>이지상,북하우스,2003
<알피니즘도전의역사>이용대,마운틴북스,2007
<인도,그찬란했던배낭여행기>강중구,좋은땅,2013
<파키스탄카라코람하이웨이걷기여행>진우석,대원사,2010
<파키스탄나의사랑>전재옥,예영,2008
<AConciseofHistoryofPakistan>M.R.Kazimi,Oxford,2009
<HimalayaBookX14>대한산악연맹부산광역시연맹,BF출판사,2012
<HIMALAYA>박종우,에디션제로출판사,2009
<LonelyPlanetNepal>Mayhew,B,LonelyPlanet,2009
<Pakistan&TheKarakoramhighway>LonelyPlanetPublications,LonelyPlanet,2008
<TheOxfordCompaniontoPakistanHistory>AyeshaJalal,Oxford,2012

도움 주신 분들

강완구(전 국방부 기조실장), 고범수(창쿠글로벌 대표), 고영회(전 대한변리사협회장), 권정상(연합뉴스 본부장), 김녕만(사진가, 사진예술사 고문)
김관영(전라북도 지사), 김득중(정보통신산업진흥원 부원장), 김병관(전 서울대학교 병원 부원장), 김원익(하나종합물류 대표), 김의성(영화배우)
김재은(행복플랫폼 해피허브 대표), 김종완(전재외동포재단 사업이사), 김준영(성균관대 재단이사장), 김형호(현대종합금속 고문)
김호진(아세아종합법률 대표변호사), 김홍창(김앤장 변호사), 동아미디어그룹 임직원, 박봉규(LH 본부장), 박승대(스마일킹 대표)
박용만(전 대한상공회의소장), 박장호(법무법인 화우 고문), 박홍인(워크컴퍼니 편집장), 서중석(연세대학교 법인이사, 전 부총장)
손해복(장수한의원 원장), 신경수(서울기술사학원 원장), 신성범(국회의원), 안규백(국방부장관), 양영훈(여행작가), 양종훈(상명대학교 교수)
엄홍길(산악인, 엄홍길휴먼재단 상임이사), 여운태(전 육군참모차장) 우시언(전 새만금 군산경제자유구역청장), 유경숙(세계축제연구소 소장)
이석연(변호사, 전 법제처장), 이선봉(화우 변호사) 이성곤(워크컴퍼니 대표), 이영진(성균관대 석좌교수,전 헌법재판소 재판관)
이의재(대한산악연맹 부회장), 이종한(치과 원장), 이종현(서울시 특별보좌관), 이중희(한국케이블TV방송협회 사무총장)
이형세(경찰수사연구원장), 이효성(성균관대 명예교수, 전 방송통신위원장) 임애균(재즈스토리 대표), 임영록(신세계프라퍼티 대표)
임춘묵(부원 대표), 장사익(음악인), 장영순(전 현대백화점그룹 이지웰/드림투어 대표), 장용재(광장 변호사), 장정모(네팔 코리안트렉 대표)
전대영(우리기술 부사장, CFO), 전만수(블루오션산업 회장), 정몽석(현대종합금속 회장) 정병일(베코 인터내셔날 대표), 정연욱(국회의원)
정용권(전 엠투어글로벌 대표), 정희선(성균관대 석좌교수, 전 국립과학수사연구원장), 정혜연(S&D 건축사사무소 소장)
창용찬(대한스포츠문화산업협회 회장), 제니홍(주한영국대사관 수석공보관), 조호현(가치파트너즈 대표), 최경주(한국폴리테크 회장)
최원일(한국나노기술원 대외협력처장), 최용석(장르작가), 최혜원(팔당산삼수목원 원장), 하준수(KBS 기자), 한병도(국회의원), 한왕용(산악인)
황정환(아리아리그룹 회장), 캐논코리아, 한국사진기자협회, KT, 주인도 한국대사관, 주파키스탄 한국대사관, 주네팔 한국대사관

Ang Dorgee(Nepal Villa Everest), Ghulam(Pakistan Trango Adventure)
Mehboob(Pakistan Agent), Muhammad Ali(Adventure Pakistan)
Ringee(Nepal Agent), Sanat Kumar(Nepal Government Officer)
Shabbir Hussain(Pakistan Agent),Suresh Kumar Phakur(India Agent), X-Himalaya 원정대

삶의 지혜를 가르쳐 주셨던 아버지,
여느 여인들처럼 인고와 희생으로 돌봐주셨던 어머니,
평생 군인으로 곧게 사셨던 장인어른,
하늘에 계신 세 분께 이 책을 바칩니다.